Daniel L. Araoz
Die Neue Hypnose

3 —

Reihe
Pragmatismus & Tradition
Band 3
Herausgegeben von
Thies Stahl

Daniel L. Araoz

Die Neue Hypnose

Aus dem Amerikanischen von
Olaf Ringelband

Junfermann Verlag • Paderborn
1993

© Junfermannsche Verlagsbuchhandlung, Paderborn 1989
2. Auflage 1993
Copyright © der amerikanischen Ausgabe 1985 by Daniel L. Araoz
by arrangement with Mark Paterson and Brunner/Mazel Inc.
Originaltitel: The New Hypnosis
Übersetzung aus dem Amerikanischen: Olaf Ringelband
Cover-Illustration: Michael Ryba

Satz: adrupa Paderborn
Druck: PDC – Paderborner Druck Centrum

CIP-Kurztitelaufnahme der Deutschen Bibliothek:

Araoz, Daniel, L.:
Die neue Hypnose / Daniel L. Araoz. Aus d. Amerikan. von Olaf
Ringelband. – Paderborn: Junfermann, 1989
(Reihe Pragmatismus & [und] Tradition, Bd. 3)
Einheitssacht: The new hypnosis <dt.>
ISBN-3-87387-005-3

NE: GT

ISBN 3-87387-005-3

Inhalt

Für Mechy, meine Schwester,
und meine Brüder
Jorge, Alejandro und Fernando

Vorwort des Übersetzers

Die Hypnose hat in den letzten zehn Jahren auch im deutschsprachigen Raum gewaltigen Auftrieb erfahren. Immer mehr Therapeuten lernen hypnotische Techniken und Strategien, es haben sich zwei deutsche Hypnosegesellschaften gebildet, und es finden deutsche und internationale Hypnose-Kongresse in Deutschland statt. Dieser Aufschwung ist sicherlich auf das zunehmende Interesse an der Arbeit und Person *Milton H. Ericksons* zurückzuführen. Die Eleganz, die Effektivität und die Ungewöhnlichkeit der Therapietechniken *Ericksons* hat zahlreiche Therapeuten angezogen. Heute, gut zehn Jahre nach dem Erscheinen des ersten deutschsprachigen Buches über *Erickson,* hat die Hypnose in Deutschland eine eigene Entwicklung durchgemacht. Die anfängliche Begeisterung für Ericksonsche Hypnose ist der Erkenntnis gewichen, daß vieles von dem, was *Erickson* lehrte, eng an seine Person gebunden war und nur sehr bedingt von anderen nachvollziehbar ist. Heute fragen sich viele Hypnosetherapeuten, was die Essenz der neuen Hypnosetechniken ist, die mit dem Namen *Erickson* verknüpft sind. Einerseits verdankt die Psychotherapie *Erickson* eine Reihe von innovativen Techniken. Andererseits jedoch scheint der eigentliche Kern der Hypnose in bestimmten therapeutischen Grundhaltungen zu bestehen.

Araoz stellt in dem vorliegenden Buch dar, welches für ihn die Grundlagen der Neuen Hypnose sind. Er liefert so einen wichtigen Beitrag für die Diskussion, in der es um die Neubestimmung der Position der Hypnose innerhalb des therapeutischen Methodenspektrums geht.

Es wird den Therapeuten, der sich noch nicht eingehend mit Hypnose beschäftigt hat, wundern, daß das laut Araoz erste Kennzeichen der Neuen Hypnose *Klientenzentriertheit* ist. Gilt doch die Hypnose von jeher als ein besonders autoritäres und rigides Verfahren. Araoz betont dagegen, daß die Basis jeder Art von therapeutischer Veränderung die Beziehung zwischen Klient und Therapeut ist und daß die Person des Klienten mit all ihren Gefühlen, Verhaltensweisen und Eigenheiten im Mittelpunkt dieser Beziehung steht.

Daraus ergibt sich auch das laut Araoz zweite Merkmal der Neuen Hypnose: die Betonung des individuellen Prozesses des *Erlebens*. Ausgangspunkt von tiefgehenden, „therapeutischen" Veränderungen ist ein Erleben der Dinge, die im Rahmen der oben skizzierten Beziehung entstehen.

Die Betonung der Klientenzentriertheit und der Wichtigkeit des individuellen Erlebens ist sicher kein Charakteristikum, das ausschließlich der Hypnose zu eigen ist. Die humanistischen Schulen, insbesondere die klientenzentrierte Therapie, haben stets die Bedeutung der Personenzentriertheit und der Wichtigkeit des individuellen Erlebens betont. Die Hypnose, so wie Araoz sie versteht, sieht sich auch nicht in Konkurrenz zu diesen Therapierichtungen. Im Gegenteil: Araoz gibt den Therapeuten der verschiedenen therapeutischen Schulen in dem vorliegenden Buch eine Vielfalt hypnotischer Techniken in die Hand, mit deren Hilfe sie den Prozeß der Veränderung im Klienten fördern können.

Die Neue Hypnose ordnet sich so eine bescheidene Rolle innerhalb der Vielfalt der Therapiemethoden zu: Sie versteht sich nicht als eine eigenständige Schule, sondern sie besteht aus einer Reihe von Techniken, die sich in fast jede Therapierichtung integrieren lassen. Die Hypnose versucht mit dieser Haltung die Entwicklung zu vermeiden, die viele andere Therapierichtungen eingeschlagen haben: die der Abgrenzung von anderen Richtungen bis hin zur hermetischen Abschottung gegen neue Ideen.

Wenn man sich in Europa mit Hypnose beschäftigt, so richtet sich der Blick in der Regel nach Amerika. *Erickson* war Amerikaner, seine zahlreichen Schüler wie *Zeig, Rossi* und viele andere kommen aus Amerika nach Europa, um die hiesigen Therapeuten in Hypnose zu unterrichten. Auch auf dem Gebiet der experimentellen Hypnose fallen einem zuerst amerikanische Namen wie *T.X. Barber* oder *Edmunston* ein. Dabei vergißt man, daß der Ursprung der Hypnose in Europa liegt. Damit sind nicht nur die Pioniere der Hypnose wie *Braid, Mesmer, Bernheim* oder *Freud* gemeint, sondern die gesamte abendländische Tradition des Humanismus, dessen Ideen sich in den neuen Therapiemethoden wiederfinden lassen. Interessanterweise wurden mir beim Übersetzen dieses amerikanischen Buches diese europäischen Wurzeln der Hypnose bewußt. Araoz selbst ist ebenso der amerikanischen Tradition (d.h. den Lehren von *Erickson*) wie der europäischen verpflichtet. Er weist in diesem Buch besonders stark auf die europäischen Wurzeln der Hypnose hin. Besondere Aufmerksamkeit widmet er der Schule von Nancy (und in ihrer Nachfolge der sogenannten Neuen Schule von Nancy), die Ende des letzten Jahrhunderts eine Theorie der Hypnose entwickelt hat, die dem heutigen, modernen Hypnoseverständnis erstaunlich nahe ist. Araoz erinnert daran, daß Hypnose, wie wir sie heute verstehen, nicht erst mit *Milton H. Erickson* anfing.

So ist zu wünschen, daß das Buch von Araoz eine Hinwendung zu einer eigenen, europäischen Entwicklung der Theorie und Praxis der Hypnose unterstützt. Bisher wurde häufig zu starr auf das geblickt, was aus Amerika zu uns kommt. So fruchtbar die zahlreichen Anregungen von amerikanischen Autoren und Therapeuten auch sind – die europäischen Therapeuten sind eigenständig genug, sich auf die hier bestehende Tradition der Hypnose zu besinnen.

Olaf J. Ringelband
Hamburg, März 1989

Vorwort

Ernest L. Rossi, Ph.D.

Renaissance! Renaissance! Wieder einmal befindet sich Hypnose in einer der aufregenden Wachstumsphasen innerhalb des immer wiederkehrenden Selbstregenerationsprozesses. Araoz ist ein leidenschaftlicher Fürsprecher und Förderer der gegenwärtigen Renaissance der Hypnose. In diesem Buch fügt er mehrere verstreute Stränge scheinbar widersprüchlicher Trends der klassischen und der modernen Hypnose zu einem Gebilde der Einheitlichkeit und des Verstehens zusammen. Er integriert die klinischen Fähigkeiten von *Milton H. Erickson* mit den akademischen und experimentellen Arbeiten von *T.X. Barber, Sarbin* und *Coe, Ernest Hilgard* und vielen anderen auf eine überraschende Art und Weise. Verschiedenste Ansätze aus vielen kreativen Richtungen stellen die Quelle für das dar, was Araoz „die Neue Hypnose" nennt. In der Breite der Anwendungen reicht sie von Psychophysiologie (z.b. Psychoneuroimmunologie) bis zur Familientherapie und noch weiter.

Was ist die Neue Hypnose? Die, die sie praktizieren, sind jeder für sich so vital und unternehmungslustig, daß im Moment jeder eine andere Sicht davon hätte. Araoz stellt jedoch die zentralen Punkte so dar, daß die meisten von uns ihm zustimmen würden. Auf jeden Fall handelt es sich bei der Neuen Hypnose um kein Umprogrammieren! Wir haben den primitiven Mythos der Hypnose fallengelassen, es gebe so etwas wie „Hypnotisierbarkeit", d.h., daß Versuchspersonen auf irgendeine Art und Weise in den entleerten und automatenhaften Zustand gebracht werden, in dem man ihnen befehlen kann, gesund zu werden. Die Neue Hypnose dagegen nutzt mehr die den Menschen innewohnenden natürlichen geistigen Prozesse und ihre Individualität. Die Idealvorstellung der Neuen Hypnose ist es, den Prozeß zu fördern, durch den Menschen lernen, ihre eigenen Ressourcen und Potentiale dazu zu nutzen, ihre Probleme auf ihre individuelle Art und Weise zu lösen.

Hypnose wird schon seit langem als die Mutter aller Psychotherapien angesehen. Sowohl *Freud* wie auch *Jung* haben sie früher ange-

13

wandt. Sie entwickelten beide neue Techniken aus der eher primitiven Form der direkten Hypnose, die sie gelernt hatten. *Freud* nannte seine Technik „freie Assoziation", *Jung* die seine „aktive Imagination". Beide dachten, sie würden die Hypnose hinter sich lassen. In der Tat können wir heute aus der historischen Perspektive freies Assoziieren und aktive Imagination als Verfahren sehen, die *Milton H. Erickson* indirekte Arten der Hypnose genannt hätte. Die Neue Hypnose umfaßt alle Ansätze, in denen der Schwerpunkt der Aufmerksamkeit von dem alltäglichen, konditionierten und beschränkten Bezugsrahmen verschoben wird. Freies Assoziieren, aktive Imagination und alle Variationen davon sind Techniken zur Änderung einer bestimmten Geisteshaltung und dienen dazu, einen Menschen aus den Grenzen des Gewohnten zu befreien und ihm zu helfen, all das Neue und Kreative in sich zu erleben, das darum kämpft, ans Tageslicht zu kommen. Vieles spricht dafür, daß die meisten psychotherapeutischen Schulen – wie z.B. die klientenzentrierten Ansätze, Gestalt, TA, die Verhaltens- und die kognitiven Therapien, die rational-emotiven, die humanistischen, existentiellen und transpersonalen Ansätze – sich aus Einsichten heraus entwickelt haben, die von ihren jeweils unterschiedlichen Versuchen herrührten, Geisteshaltungen zu verändern. Daß der Fokus auf der Änderung von begrenzenden Geisteshaltungen liegt, ist der gemeinsame Nenner und die Essenz der Neuen Hypnose.

In diesem Buch scheint es manchmal so, als ob die Neue Hypnose sich in der Position einer aufgeregten Mutter befände, die all ihre verlorenen psychotherapeutischen Kinder zurückruft, die durch die Fremde einer verständnislosen Welt gewandelt sind, und nun darum kämpft, sie zu einer zänkischen aber fruchtbaren Familie zu einen. Das wird nie passieren, aber Araoz leistet einen lobenswerten Beitrag dazu, ihre Plausibilität und Nützlichkeit aufzuzeigen.

Der Segen und der Fluch der Neuen Hypnose liegt in dem neuen Ausmaß an Einsichten und Fähigkeiten, die vom Hypnotherapeuten verlangt werden. Die neuen Fähigkeiten des Beobachtens und Kommunizierens, die bei der Neuen Hypnose betont werden, sind für den Therapeuten ein Segen, der aus seinem dogmatischen Schlaf des in der Vergangenheit Gelernten erwachen will. Die Herausforderung, in der Neuen Hypnose neue Dinge zu lernen, wird aber die Bewußtheit und die Fähigkeiten aller Therapeuten – egal welches Ausbildungsstandes oder welcher Schule – erweitern. Der Fluch der Neuen Hypnose ist jedoch, daß wir von dieser Explosion der Innovation so überwältigt werden, daß wir in Versuchung geraten, den einfachen Weg zu gehen: Den, diese paar Ansätze, die wir zu lernen geschafft haben, zu dogmatisieren und vor dem Rest zu verschließen, bevor wir die ganze Spannweite dieses neuen Gebiets voll und ganz verstanden haben und es durch empirische Forschung untermauert haben.

Es ist genau ein Dutzend Jahre her, daß ich meine Studien bei *Milton H. Erickson* und damit meinen persönlichen Einstieg in die Neue Hypnose begann (zum Zeitpunkt des Erscheinens der amerikanischen Ausgabe dieses Buches – 1985. A.d.Ü.). Die tief verwurzelten Annahmen aufzugeben – die in der akademischen Ausbildung gebildeten über frühe Lerntheorie und Behaviorismus sowie meine späteren aus der Ausbildung in Freudscher und Jungianischer Analyse – war für mich immer wieder verwirrend und manchmal niederschlagend. Solche radikal neuen Ansätze wie paradoxe Interventionen, Implikationen, Doppelbindungen, Symptomverschreibungen und Reframing durch Realitäten zweiter Ordnung oder Metaebenen-Realitäten kennenzulernen hat bei mir für einige Zeit ein begriffliches Schwindelgefühl bewirkt. Immer wieder und wieder wurde ich gezwungen, der Kindheit des gestrigen Verstehens zu entwachsen. Noch heute muß ich darum ringen, mit meinen gelernten Imitationen zu arbeiten, um neue Ebenen des therapeutischen Verstehens und Funktionierens zu erreichen.

Wenn also nun Araoz' Darstellung der Neuen Hypnose manchmal erheiternd ist, so müssen wir doch immer daran denken, daß es ernsthafte Anstrengungen unsererseits verlangt, diese Techniken mit Integrität in sich aufzunehmen. Auf der persönlichen Ebene verlangt es ein Eingeständnis der Notwendigkeit, sich immer wieder zu einem weiteren Wachstum seines Verständnisses und seiner Fähigkeiten anregen zu lassen. Auf der beruflichen Ebene verlangt es die Demut, die noch immer engen Horizonte unseres Wissens zu erkennen und die Notwendigkeit zu erkennen, empirisch-experimentale Forschung fortzuführen und auszuweiten, damit wir das, was wir jetzt glauben zu wissen, bestätigen und erweitern können.

Los Angeles, Kalifornien

15

Vorbemerkung

Theodore Xenophon Barber, Ph.D.

In den letzten 30 Jahren sind dramatische Veränderungen in der Art und Weise geschehen, in der hypnosuggestive Techniken in der Psychotherapie Verwendung finden. Der klientenzentrierte hypnosuggestive Ansatz, wie er charakteristisch für die 80er Jahre ist, ist eher flexibler, freizügiger und kooperativer als die therapeuten-zentrierten Ansätze der 50er Jahre, in denen der Schwerpunkt auf ritualisierten hypnotischen Induktionstechniken und direkten Suggestionen lag. Diese innerhalb einer Generation aufgetretenen Veränderungen lassen sich auf drei Hauptgründe zurückführen.

Zuerst wurden die neuen hypnosuggestiven Techniken durch die Ergebnisse einer Reihe von tiefgehenden Untersuchungen angeregt, die in den 50ern, den 60ern, den 70ern und etwas weniger in den 80ern durchgeführt wurden. In diesem Zeitraum hat die Regierung der Vereinigten Staaten, insbesondere das National Institute of Health, mindestens fünf Millionen US-Dollar für Hypnoseforschung ausgegeben. *Hilgard, Orne* und *Barber* gründeten zentrale Forschungslabors, und sie sowie andere Forscher (wie *Weitzenhoffer, Spanos, Shor, Sheehan, Sarbin, Perry, Levitt, Fromm, Evans, Edmonston, Coe* und *Bowers*) veröffentlichten ungefähr 1 000 wissenschaftliche Artikel.

Obwohl diese Forscher in verschiedenen sekundären Punkten verschiedener Meinung waren, so wurde doch ein allgemeiner Konsens darüber erreicht, daß Hypnose bisher falsch verstanden und interpretiert worden war und daß sie nicht das war, wofür man sie bisher gehalten hatte. Ein Jahrhundert lang wurde von der Öffentlichkeit der Glaube akzeptiert, daß gut ausgebildete Hypnotiseure durch den Induktionsprozeß praktisch alle kooperativen Versuchspersonen in einen Zustand der Hypnose oder Trance versetzen können, in dem diese dann die Fähigkeit verloren haben – oder keine Anstrengungen in dieser Richtung unternehmen konnten –, eigene Überlegungen und selbständiges Verhalten zu haben, und so ihre

Gedanken, Erlebnisse und ihr Verhalten in der Hand der Hypnotiseurs lagen. Dieser Glaube wurde von den Autoritäten nicht ernsthaft in Frage gestellt.

Obwohl diese starre Auffassung noch immer in der Öffentlichkeit vorherrscht, wird sie heute von keinem ernst zu nehmenden Hypnoseforscher mehr vertreten. Statt dessen gibt es unter Forschern einen Konsens darüber, daß die Art, wie Menschen auf Hypnosuggestionen – z.B. Suggestionen für tiefe Entspannung, Suggestionen für veränderte Sinneswahrnehmungen wie Handwärme oder Suggestionen für mehr Körperkraft oder Ausdauer – eingehen, weit weniger von der Art der vom Hypnotiseur durchgeführten formalen oder ritualisierten Induktion und mehr von vielen anderen auf vielfältige Art und Weise verknüpften Variablen abhängt, von denen die meisten die Versuchsperson und nicht den Hypnotiseur betreffen. Die interagierenden Variablen, von denen die Reaktionsbereitschaft (responsiveness) abhängt, sind z.B.: die Erwartungen der Versuchsperson und ihre Motivation gegenüber der spezifischen Situation, die Fähigkeit der Versuchsperson, zu imaginieren, zu phantasieren und Tagträume zu haben, die Gefühle und Einstellungen und Beziehung zu dem Hypnotiseur und die „Kommunikationspotenz" des Hypnotiseurs, d.i. seine oder ihre Fähigkeit, Gedanken und Suggestionen vorzubringen, anzubieten, die für die jeweilige Versuchsperson bedeutsam und von tiefer Wirkung sind.

Der Übergang von den therapeutenzentrierten, eher autoritären Ansätzen der 50er Jahre zu den klientenzentrierten, demokratischeren Ansätzen der 80er wurde ferner durch die Veränderungen in der Kultur Amerikas dieser Zeit angeregt. Zu diesen kulturellen Veränderungen zählen: ein Anstieg des durchschnittlichen (Aus-)Bildungsniveaus der Amerikaner, eine deutliche Ausweitung der Massenmedien, insbesondere des Fernsehens, sowie ein steigendes Bewußtsein in weiten Bevölkerungskreisen sowohl gegenüber überflüssigen, fortwährenden militärischen Involvierungen bzw. Aktionen als auch gegenüber der Bedrohung eines atomaren Holocaustes. Dies erzeugte Protestbewegungen und eine größere Bereitschaft, vorhandene Autoritäten in Frage zu stellen. Im Laufe der Veränderungen der amerikanischen Kultur in den 50er, 60er und 70er Jahren erschienen die traditionellen therapeutenzentrierten Techniken, bei denen der Schwerpunkt auf ritualisierten Tranceinduktionstechniken liegt, mehr und mehr überholt, altmodisch, und zunehmend mehr Therapeuten und ihren Klienten wurden sie sogar fremd.

Ein dritter wichtiger Faktor, der den neuen hypnosuggestiven Ansätzen zugrunde liegt, ist die Entwicklung der Psychotherapie in den letzten dreißig Jahren. In dieser Zeitspanne sind viele innovative psychotherapeutische Ansätze entwickelt worden, die flexibler, kreativer, permissiver, demokratischer und kooperativer sind als die frühen Psychotherapieformen. Innovative psychotherapeutische Ansätze wie klientenzentrierte Therapie, Gestalttherapie, Existentielle Therapie, Kognitive Verhaltenstherapie und humanistische Therapie, die es in den 50er Jahren entweder noch nicht gab oder gerade am Entstehen waren, gehören heute zum Handwerkszeug jedes kreativen Therapeuten. Weil die neuen hypnosuggestiven Ansätze zur gleichen Zeit wie diese flexibleren und permissiveren psychotherapeutischen Ansätze entwickelt wurden und weil die hypnosuggestiven Techniken und die psychotherapeutischen Ansätze parallel von den gleichen Therapeuten angewendet wurden und so harmonisch miteinander integrierbar zu sein hatten, wurden die neuen hypnosuggestiven Methoden ebenfalls eher flexibel, kreativ, permissiv und kooperativer. Und so wurden sowohl die hypnosuggestiven Techniken als auch die allgemeinen psychotherapeutischen Ansätze in der Form, wie sie von innovativen Therapeuten dieser Zeit wie *Erickson, Sacerdote, Spiegel* und *Watkins* genutzt wurden, weniger ritualisiert und mehr klientenzentriert. In der Tat fing *Erickson* zu Beginn dieser Zeit an, sich mehr und mehr den klientenzentrierten Ansätzen zuzuwenden, wodurch nicht nur die Entwicklung der hypnosuggestiven Techniken, sondern auch die Entwicklung der Psychotherapie im allgemeinen beeinflußt wurde.

Das vorliegende, sehr nützliche Buch von Araoz setzt den Aufschwung der „Neuen Hypnose" fort. In ihm werden die Grundprinzipien der Neuen Hypnose aufgelistet, und ihre Anwendung wird an hilfreichen Beispielen dargestellt. Die Rolle des Hypnotherapeuten als die eines Lehrers oder Führers, der eine offene und kooperative Beziehung zu den Klienten hat und ihnen so hilft, auf neue Art und Weise zu fühlen, zu imaginieren, zu denken und zu erleben, wird darin betont. Es wird zu recht hervorgehoben, wie wichtig es ist, daß sich der Hypnotherapeut voll und ganz auf seine Klienten einläßt und daß er nicht nur auf der verbalen, intellektuellen Ebene mit ihnen kommuniziert („Suggestionen gibt"), sondern mit allen Gefühlen, Verwicklungen und mit der ganzen inneren Verbindlichkeit.

Bei der Anwendung der „Alten Hypnose" haben Therapeuten typischerweise formelle und ritualisierte Tranceinduktionen durchgeführt, die „Tiefe der Trance" beim Patienten untersucht, und sie waren häufig besorgt darüber, ob der Patient auch ausreichend genug „hypnotisiert" wäre. Therapeuten, die die neuen hypnosuggestiven Ansätze anwenden, sind sich der irreführenden Annahmen, die dem Konzept der „Trancetiefe" zugrunde liegen, bewußt, und sie helfen dem Klienten, wie Araoz darstellt, neue Fähigkeiten der Nutzung von Hypnosuggestionen zu lernen, damit sie sich entspannen können, zu einem inneren Frieden kommen und neue Bereiche entdecken können. Weil das Ziel ist, dem Klienten seine automatischen negativen Autosuggestionen bewußt zu machen und sie einzustellen und gleichzeitig konstruktive Suggestionen zu lernen, liegt die Betonung viel stärker darauf, den Klienten eine neue Art der Selbsthypnose zu lehren, die mit einer ruhigen und konzentrierten Einübung von Fähigkeiten, Eigenschaften und Verhaltensweisen, die der Klient erreichen möchte, einhergeht. Dieser Ansatz hat Implikationen, die weit über das enge therapeutische Setting hinausgehen. Aus der Perspektive betrachtet, die Araoz in diesem Buch darstellt, lehrt die Neue Hypnose uns alle, selbsthypnotische Übungen zum Erreichen von Frieden und für eine größere Bewußtheit und Zufriedenheit im täglichen Leben einzusetzen. Dieses Buch zeigt also sowohl einen Weg zu einer Verbesserung unserer therapeutischen Fähigkeiten auf als auch zu Verbesserungen unseres persönlichen Lebens und dem unserer Klienten.

Framington, MA

Einleitung

Das erste Kapitel in meinem Buch „Hypnosis and Sex Therapy"
(1982) hieß „Die Neue Hypnose". Verschiedene Menschen, deren beruflichen Rat ich schätze, schlugen vor, ich solle dieses Kapitel und
das darin vorgestellte Konzept erweitern. Als ich anfing, darüber
nachzudenken, erkannte ich, daß die Neue Hypnose bereits eine exi-
stierende Tatsache ist, die insbesondere im angloamerikanischen
Sprachraum in den letzten 10-15 Jahren entstanden ist, wie ich im
Kapitel 1 darstellen werde.

Dieses Buch stellt die effektivste Methode dar, Menschen zu helfen, Ziele zu erreichen, die sie anstreben und die bisher unerreichbar
schienen. Diese Methode wird die Neue Hypnose genannt, weil sie
auf den Konzepten und Prinzipien der wissenschaftlichen Hypnose,
angefangen bei *Mesmer* (ca. 1775), beruht. Die Neue Hypnose geht
jedoch zum einen über den Bereich der Traditionellen Hypnose
hinaus und zum anderen über den eher engen Fokus der sogenannten Ericksonschen Hypnose und ihrer Ableger wie Neurolinguisti-
sches Programmieren.

Die Neue Hypnose ist effektiver als die Traditionelle Hypnose,
weil sie erlebnisorientierter und klientenzentrierter ist und weniger
eng an die in Laborexperimenten gefundenen Konzepte gebunden
ist. In die Neue Hypnose sind auch die reinen klinischen Anwendungen der Hypnose integriert, ebenso wie der Großteil der Veröffentlichungen von *Erickson* und die experimentellen Beweise von *T.X.
Barber* und Mitarbeitern bezüglich der Effektivität der nicht-traditionellen Verwendung der klinischen Hypnose.

Ich setze die Neue Hypnose nicht mit dem Ericksonschen Ansatz
der Hypnose gleich. Ursprünglich hatte ich geplant, diesem Buch
den Untertitel „In den Fußstapfen Milton H. Ericksons" zu geben –
in Anlehnung an den Titel eines meiner Workshops, den ich in vielen
Teilen Amerikas gegeben habe. Später hat sich dann in den ganzen
USA und in anderen Ländern ein Kult um die Person *Milton Ericksons* entwickelt. Ich wollte nicht ein Teil dieses Kults um *Milton H.
Erickson* werden, weil jeder Kult eine Selbstbeschränkung darstellt.

Erickson lehrte durch seine Eigenheiten und seinen Humor, durch seine unorthodoxen Methoden und Parabeln weit mehr als in seinen Arbeiten deutlich wird. Heute versuchen nun manche, ihn soweit nachzuahmen, daß sie sogar seinen Tonfall annehmen (den des *alten* Milton, stellen Sie sich das vor!), seine Anekdoten wiederholen, als wenn sie einen heiligen Wert an sich hätten, und nutzen Paradoxe nur deshalb, weil sie mehr nach *Erickson* (oder genauer: *Milton*) klingen. Kulthafte Verehrung ist ein weitverbreitetes Problem aller großen Meister und Lehrer der Religion, der Philosophie sowie der Psychotherapie.

Aber die, die den *Erickson*-Kult betreiben, übersehen den springenden Punkt seines Vermächtnisses. Seine Arbeit lehrt uns, daß sich der Therapeut aufmerksam auf die Bedürfnisse und Erlebnisse des Klienten konzentrieren muß. Nur innerhalb dieses Rahmens kann der Therapeut er selbst sein* und seinen eigenen Ansatz entsprechend anpassen. Der Kult um *Erickson* widerspricht dieser Lehre *Ericksons*.

Die Neue Hypnose verdankt *Erickson* jedoch viel. Aber sie ist mehr als Ericksonsche Hypnose; sie umfaßt Elemente vieler Forscher und Kliniker aus dem Bereich der Traditionellen Hypnose. Sie fußt auch auf den theoretischen und methodologischen Grundsätzen der existentiellen/humanistischen/erlebnisorientierten Therapie. Und schließlich hat sich die Neue Hypnose aus Forschungsergebnissen außerhalb des Bereiches der Traditionellen Hypnose entwickelt, wie Imagination, Hirnforschung und menschliche Veränderungen mit ihren Verzweigungen zu Theorien der Werte, Wahrnehmung und Vorstellungen über die Welt.

Obwohl die theoretischen Grundlagen wichtig für die Rechtfertigung und Validierung der Neuen Hypnose sind, ist dieses Buch in erster Linie praxisorientiert und auf die klinische Anwendung in der Psychotherapie ausgerichtet. Das heißt jedoch nicht, daß es sich hier um ein klinisches Kochbuch handelt, in dem verschiedene „man nehme..."-Techniken aufgelistet sind. Im Gegenteil, das Ziel ist, das

---

* Um sexistische Sprache zu vermeiden habe ich, wann immer es möglich war, den Plural (der im Englischen, im Gegensatz zum Deutschen, geschlechtsneutral ist – A.d.Ü.) verwendet. Wenn das nicht möglich war, habe ich abwechselnd die weibliche und die männliche Form benutzt. Dafür bitte ich um die Nachsicht des Lesers. (Dieses ließ sich in der deutschen Übersetzung nicht immer so machen. – A.d.Ü.)

Verständnis der Prinzipien der Neuen Hypnose so zu fördern, daß der klinische Praktiker in der Lage ist, die hier dargelegten Prinzipien effektiver Veränderungsstrategien anzuwenden. Der Zweck dieses Buches ist es letztlich, darzustellen, wie diese Prinzipien und Regeln so angewendet werden können, daß die Kliniker erfolgreich ihren eigenen Erfindungsreichtum und ihre Kreativität entwickeln können, wie sie ein sensitives Bewußtsein für die augenblicklichen Realitäten der Klienten bekommen können und dafür, wie diese ihre Fähigkeiten zur Förderung ihrer Heilung in jedem Augenblick und unter all den spezifisch menschlichen Bedingungen – biologischen, kulturellen, sozialen, psychologischen und spirituellen – entwickeln können. Wenn Psychotherapie eine Methode zur Aktivierung der psychologischen Heilungskräfte eines Menschen ist, dann wird ein Mensch um so gesünder sein, je früher er diese Methode lernt. Wegen dieser, meiner Überzeugung habe ich beim Schreiben dieses Buchs den motivierten Klienten vor Augen gehabt, wie ich weiter unten erläutern werde.

Dieses Buch beschäftigt sich auch mit der Bewußtheit des Therapeuten über seine Klienten, die dazu führt, daß Interventionen wahrhaftig erfolgreich sind. Die Erreichung der Ziele und zeitlich ökonomisches Vorgehen sind Dinge, auf die die meisten Therapeuten in erster Linie Wert legen. Die Kontroverse zwischen den einsichtsorientierten Therapierichtungen und den anderen, eher erlebnisorientierten Verfahren, ist aber alles andere als zur Ruhe gekommen. Im Mittelpunkt dieser Debatte steht die Kluft, die allen einsichtsorientierten Therapien eigen ist. Diese Kluft stellt die Verbindung zwischen verstandesmäßiger Einsicht und dem individuellen Erleben einer wahrhaftigen Veränderung dar. In der Tat wird zum Teil sogar angezweifelt, ob verstandesmäßige Einsicht überhaupt notwendig ist. Hier ist nicht der geeignete Ort, um diese Kontroverse wieder anzufachen. Die augenblicklichen Forschungsergebnisse weisen darauf hin, daß die Neue Hypnose eine wirkungsvolle Methode ist, Menschen zu helfen, sich frei und tiefgehend zu verändern.

Daß der Ursprung menschlicher Veränderung eine innere Erfahrung ist und nicht eine begründete Überzeugung, wird aus dem deutlich, was wir in bezug auf verschiedene Aspekte menschlichen Verhaltens beobachten können: angefangen bei religiösen Wandlungen und Veränderungen in der beruflichen Karriere bis hin zu Scheidungen und drastischen Veränderungen in langgepflegten Gewohnheiten wie Rauchen, Alkoholmißbrauch und Eßsucht. Betrachtet man sorgfältig den Standpunkt der Schule von Nancy (insbesondere der sogenannten Neuen Schulen von Nancy) zur Hypnose, so findet man, daß vieles von dem, was dort Suggestionen oder Autosuggestionen genannt wird, sich unter dem Konzept des inneren Erlebens (hier als Gegensatz zur verstandesmäßigen Einsicht oder Überzeugung verstanden) fassen läßt. Zum Beispiel ist es interessant, sich daran zu erinnern, daß das, was die Schule von Nancy mit ihren „Gesetzen der Suggestion" aussagt, gut zu den heutigen Erkenntnissen über die Bilateralität des menschlichen Gehirns paßt.*

Wegen dieser zugrundeliegenden Verbindung mit der Neuen Schule von Nancy scheint es angebracht, von Neuer Hypnose anstatt von moderner, naturalistischer, ericksonscher oder indirekter Hypnose zu reden. „Neu" spiegelt auch das Ziel des in diesem Buch beschriebenen Ansatzes wider: menschliche Veränderungen, Neuheit – in der Theorie der meisten therapeutischen Schulen das Ziel von Therapie. Aber weil menschliche Veränderungen bestimmten Gesetzen folgen, die mit rechtshemisphärischen Aktivitäten zu tun haben, ist das Wort Hypnose im Titel, obwohl viele traditionelle Hypnotiseure meinem Hypnoseverständnis widersprechen würden. Aus den Belegen, die in den vergangenen zehn Jahren gesammelt wurden, folgt unwiderlegbar, daß Hypnose etwas mit rechtshemisphärischem Funktionieren zu tun hat. Man kann Hypnose jedoch in einem viel weiteren Sinne als im herkömmlichen verstehen und alle geistigen Aktivitäten darunter fassen, die das linkshemisphärische Funktionieren umgehen – egal, ob herbeigeführt oder spontan.

---

* Der Gebrauch von Begriffen aus der Hemisphärentheorie ist didaktisch und fast metaphorisch zu verstehen; man muß sich der Begrenztheit und der Gefahren dabei bewußt sein. Die Begrenzungen rühren daher, daß die Wissenschaft noch heute ständig neue Details über die Funktionsweise des menschlichen Gehirns und insbesondere über die Integration von links- und rechtshemisphärischen Aktivitäten herausfindet. Die Gefahr des Gebrauchs von Konzepten der Bilateralität zur Erklärung hypnotischer Realitäten liegt darin, daß man zu stark vereinfacht, so als hätte man die Antworten auf komplexe und verwickelte Fragen, die aber erst zukünftige Forschungen liefern werden.
Eine Darstellung der hemisphärischen Bilateralität des menschlichen Gehirns, die dieser Versuchung nicht erlegen ist, findet man bei *Watzlawick* (1978), der dieses Konzept als ein heuristisches Instrument versteht und experimentelle Beweise präsentiert, die seinen Gebrauch rechtfertigen.

Die Neue Hypnose hat ihre Anwendungen in allen Bereichen menschlicher Veränderungen. Folglich beschränkt sich dieses Buch nicht auf Einzeltherapie, sondern deckt auch die Bereiche der Nutzung der Neuen Hypnose in Familientherapie oder den, den man Selbstentwicklung oder persönliches Wachstum nennen könnte. Menschen profitieren davon, ihren Geist benutzen zu lernen, und sie vermeiden negative Selbsthypnose (*Araoz*, 1981). In diesem Sinne, daß man Menschen von der Kindheit an den Wert konstruktiver und positiver Suggestionen lehrt, wird die Erziehung ein natürlicher Bereich für die Anwendung der Neuen Hypnose. Angefangen bei den ersten Beiträgen der Neuen Schule von Nancy hat die „allgemeine Anwendung der Prinzipien der Suggestion", wie es *Bernheim* 1887 nannte, auch die Erziehung mit eingeschlossen. *Baudouin*, eine weitere wichtige Person der Neuen Schule von Nancy, widmet ein Kapitel seines 1913 veröffentlichten Buches der „Suggestion bei der Kindererziehung". Heute würden wir das einen Ansatz zur Selbsthilfe nennen. Der Punkt ist, daß Menschen lernen können, Selbsthypnose zur Verbesserung ihres Lebens zu nutzen. Dieser Trend war vor einiger Zeit auch bei den Traditionalisten zu beobachten (*Le Crons* Buch über Selbsthypnose ist ein gutes Beispiel dafür), er wurde aber von dem allgemeineren Trend der Heterohypnose verdeckt. Das führte dazu, daß sich der Schwerpunkt von „Erziehung" zur Psychotherapie verschob; weg davon, Hypnose als eine praktische Methode zur Verbesserung seines Lebens zu sehen, die jeder normale Mensch lernen kann, und hin zu einer hochspezialisierten „medizinischen" Technik, die gefährlich ist, wenn sie außerhalb der professionellen Beobachtung genutzt wird.

Die Neue Hypnose dreht – unter anderem – diesen Trend um. Sie gibt diese geistigen Fertigkeiten (und nicht Eigenschaften) in die Hände der gut motivierten, normalen Menschen, die lernen wollen, sie zur Verbesserung ihres Lebens anzuwenden. Hypnose kann vom „Mann auf der Straße" gelernt werden, egal, ob er die sogenannte Eigenschaft der Hypnotisierbarkeit hat oder nicht. Jeder Mensch und die gesamte Gesellschaft würden von einem regelmäßigen Gebrauch der Hypnose profitieren. Die Liste der Vorteile ist lang, angefangen bei größerem Selbstvertrauen und Selbstwert bis zu einem tieferen inneren Frieden. Das Anzapfen unserer inneren Ressourcen hat viele positive Auswirkungen, z.B. die Entstehung eines neuen Weltbildes, anders als das durch neurotische Bedürfnisse über Jahre geformte. Diese realistischere Weltsicht führt in der Regel zu einer Auflösung von Gefühlen der Wut und der Gewalttätigkeit, und so würde die Gesellschaft als Ganzes und das zwischenmenschliche Zusammenleben davon profitieren.

Die Neue Hypnose ist also nicht nur eine psychotherapeutische Methode. Das Konzept umfaßt eine bestimmte Haltung, eine Bereitschaft, in praktikabler Art und Weise den Einfluß des inneren Selbst (inner mind) – des Unbewußten – in jedem Bereich des Lebens zu erkennen und das Bestreben, zu lernen, wie man diesen Einfluß des Unbewußten zum besten nutzen kann. Mein Ratschlag an diejenigen, die sich für diese Techniken interessieren, ist, sie zuerst an sich selbst zu erfahren. Nur nachdem uns die Resultate im eigenen Leben vom Wert der Neuen Hypnose überzeugt haben, sind wir in der Lage, sie auch bei anderen erfolgreich anzuwenden.

Ich hoffe, daß dieses Buch bei der Entdeckung der Neuen Hypnose hilft, indem es einen Führer für dieses unerforschte Territorium darstellt. Das einzige was man braucht, um von diesem Ansatz zu profitieren, ist eine offene Geisteshaltung; man muß erkennen, daß sich die Neue Hypnose sehr gut in jede Form der Psychotherapie und der menschlichen Kommunikation einfügt. Sie stellt keine neue Schule dar – wir wissen, wir haben heute schon zu viele Schulen und Gurus; sie ist eher eine Methode, die jeder anwenden kann, der Interesse daran hat, Psychotherapie und menschliche Kommunikation effektiver werden zu lassen.

Danksagungen

Es wäre unmöglich, all denen gegenüber meine Dankbarkeit auszudrücken, die mir bei der Entwicklung meiner Gedankengänge geholfen haben, angefangen bei *Augustinus von Hippo* und *Thomas von Aquin* bis zu *Rogers, Ellis, Lazarus* und *Watzlawick*. Die unzähligen Autoren, Kollegen und Lehrer, denen ich zu Dank verpflichtet bin, sind in irgendwelchen Ecken meiner Erinnerungen versteckt und würden eine große Versammlung bilden. Ich weiß, daß ich ohne sie nicht der wäre, der ich heute bin. Mein bescheidener Dank ist ein Teil meines täglichen Lebens.

Ich habe das Bedürfnis, denen, die mir näherstehen, meine Dankbarkeit und tiefe Verpflichtung ihnen gegenüber auszudrücken: meinen Freunden *Jerry Kushel* und *Ed Debus*; unsere Unterhaltungen haben stets Energie und Vitalität erzeugt und zu neuen Ufern geführt; meinen Kindern *Lee* und *Nadine*, die mir sogar während der schwierigen Zeit der Trennung und Scheidung ihrer Eltern Aufmunterung und „ánimo" gaben, wie wir im Spanischen sagen („Seele" ist nur eine unvollständige Übersetzung dieses Wortes), und sich mit meinen vielen Stunden des Schreibens arrangierten und Verständnis und Reife zeigten. Meine Schreibkraft, *Joane Potratz*, war viel mehr als nur das. Sie wurde zum Herausgeber, Ratgeber und Trainer; ich bin ihr zu tiefem Dank verpflichtet. Last, but not least möchte ich *Angela Vitale* erwähnen. Sie half mir nicht nur bei den Literaturangaben, der Herausgabe und der Organisation des Buches sowie beim Tippen mancher Teile; sie ermahnte mich, lehrte mich und half mir. Ohne sie wären die letzten Wochen des Schreibens von diesem Buch nicht möglich gewesen, und es wäre nie fertiggestellt worden.

Schließlich möchte ich meine tiefe Dankbarkeit denen gegenüber zum Ausdruck bringen, die mich das meiste von dem gelehrt haben, was ich über Psychotherapie und Hypnose weiß, denen gegenüber, die es mir ermöglicht haben, das zusammenzufügen, was ich die Neue Hypnose nenne – den vielen Klienten, mit denen ich in den vergangenen 25 Jahren meiner praktischen Tätigkeit zusammengearbeitet habe.

„Gracias" bedeutet im Spanischen das Bitten um Segen – Gottes Segen – für die, die uns Gutes getan haben. Zu all den guten Menschen sage ich „Gracias!"

Teil I

Validierung

Dieser Teil besteht aus drei Kapiteln, in denen versucht wird, die historischen wie die theoretischen Belege für die Neue Hypnose darzustellen. Das dritte Kapitel stellt dann einen Überblick über die klinischen Techniken dar, die in den allgemeinen Ansatz, der in diesem Buch beschrieben wird, hineinpassen. Für diejenigen, die mit den traditionellen Methoden der Hypnose vertraut sind und für die, die als Psychotherapeuten Hypnose zur Bereicherung ihrer Arbeit lernen wollen, stellen diese drei Kapitel die „Rechtfertigung" dar, um einen neuen Ansatz auszuprobieren. Die zwölf in Kapitel 3 aufgezählten Techniken weisen auf die Vielfalt der Techniken hin, die sich dem Psychotherapeuten bieten, der sich dieser neuen Form von Psychotherapie verschreibt.

1 Der Einfluß der Neuen Schule von Nancy

Dadurch, daß ich die Neue Hypnose aus einer historischen Perspektive betrachte, stelle ich ihre Verbindungen mit einer alten Tradition der Psychotherapie her. In umgekehrt chronologischer Reihenfolge finden wir zuerst *T.X. Barber* (1983) und das, was er Hypnosuggestionen oder hypnosuggestive Techniken nennt. In der ihm eigenen Art basiert sein Ansatz auf intensiver Forschung, und er zitiert die Worte von *Bernheim* und *Baudouin* (1922) „Es gibt keine Hypnose, es gibt nur Suggestionen", und *Coués* Feststellung „Es gibt keine Suggestionen, es gibt nur Auto-Suggestionen". Die Neue Schule von Nancy, wie sie von *Baudouin* repräsentiert wird, hat die Dynamik und die Gesetze der Autosuggestion entdeckt. *T.X. Barber* hat viele Daten gesammelt und eigene Experimente zur Verdeutlichung der Lehren der Neuen Schule von Nancy und zur Verbesserung unseres Verständnisses von Suggestionen durchgeführt.

Die Lehren der Neuen Schule von Nancy (ca. 1920)

Die Neue Hypnose steht in Verbindung mit der Schule von Nancy, die sich von der Schule von *Salpêtière* gelöst hatte (*Araoz*, 1982a) und sich damit in entgegengesetzter Richtung zu Traditioneller Hypnose und Psychiatrie entwickelte. Obwohl es viele berühmte Namen in Nancy gab, kann man *Liébeault* und *Bernheim* als die Gründer der Schule (natürlich im Sinne einer Lehre und nicht im Sinne einer akademischen Einrichtung) sehen, während *Coué* die Brücke zur Neuen Schule von Nancy darstellt, deren prominentester Vertreter *Baudouin* ist. Diese Schule blühte von der zweiten Hälfte des 19. Jahrhunderts an bis in die frühen 30er Jahre des 20. Jahrhunderts. So wie ich es verstehe, trat die Bezeichnung „Neue" Schule ab dem Zeitpunkt auf, als sich die Schule von Nancy weigerte, die Kontroverse mit *Salpêtière* fortzuführen, und sich der Schwerpunkt weg von Hypnose und hin zur Suggestion verschob. Ebenso wie sich Hypnose vom Mystizismus und Okkultismus *Braids* (in Schottland) und *Bertrands* (in Frankreich) löste, haben *Coué* und sein Mitarbeiter *Baudouin* Suggestionen von der Hypnose getrennt. Beide behaupteten, daß Hypnose eine Manifestation *der Auswirkungen von Imagination und Autosuggestionen* bezüglich der Wahrnehmungen, Stimmungen, des Verhaltens und sogar der physiologischen Funktionen ist. Dieser Gedanke ist für manche noch heute schwer zu akzeptieren, insbesondere für medizinische Kreise, trotz der wachsenden Belege dafür, daß *unbewußte Autosuggestionen eine wichtige Variable bei der Entstehung und Aufrechterhaltung menschlichen Leidens – mentalem (Araoz, 1981; Blumenthal, 1984) und körperlichem (T.X. Barber, 1981b; Hall, 1983; Holden, 1978) – spielen.*

Wenn man versucht, die Position der Neuen Schule von Nancy zusammenzufassen, läuft man Gefahr, ein unvollständiges und unfaires Bild zu zeichnen. Dennoch stimmt der Kern ihrer Entdeckungen, daß Willenskraft und Anstrengungen nicht in der Lage sind, effektive Veränderungen zu erreichen, mit den späteren Entdeckungen über die Bilateralität des menschlichen Gehirns überein. Man kann den wichtigsten Grundsatz dieser Schule in modernen Begriffen formulieren: Effektive Veränderungen geschehen durch erlebnisorientierte, rechtshemisphärische Aktivitäten und nicht durch Vernunft oder Verstand (linkshemisphärische Funktionsweisen).

Die drei essentiellen Beiträge der Neuen Schule von Nancy sind die folgenden: Erstens, wie oben erwähnt, daß es nicht der *Wille* (linkshemisphärische Funktionsweise) ist, der Veränderungen bewirkt, sondern *Imagination* (rechtshemisphärische Aktivität). Das berühmte „Gesetz des umgekehrten Effekts" sagt, daß bewußte Willensanstrengung so lange nutzlos ist, wie die Vorstellungen dieser Anstrengung zuwiderlaufen. Die zweite Lehre betont die Rolle der Autosuggestionen. Heterosuggestionen wirken nur dann, wenn sie das aufgreifen, was ein Mensch sich selbst in Wahrheit suggeriert. Eine wichtige Konsequenz daraus ist, daß der Therapeut weniger als Hypnotiseur gesehen wird und mehr als Lehrer oder Führer, mit dessen Hilfe jemand lernt, Autosuggestionen effektiver anzuwenden. Schließlich ist der dritte Grundsatz der Neuen Schule von Nancy, daß Autosuggestionen auf einer unbewußten Ebene wirken, wir würden es heute erlebnisorientiertes oder rechtshemisphärisches Denken nennen. Deshalb ist es die Aufgabe, die unbewußten Denkfunktionen zu nutzen oder die rechte Hemisphäre zu nutzen, und so das bewußte Denken zu umgehen.

Diesen drei Punkten liegt die Betonung der pädagogischen Anwendung dieser Lehre zugrunde. Die Betonung ist von der klinischen Anwendung (Hypnotiseur – Klient) zu einer der persönlichen Bereicherung verschoben, eine logische Konsequenz der Betonung der Autosuggestionen.

Autosuggestionen sind der Schlüssel

Jeder Gedanke, Glaube, mentale Eindruck oder jede Vorstellung kann als eine Autosuggestion wirken und Wahrnehmung, Stimmung und Verhalten beeinflussen. Im Falle geistiger, verhaltensmäßiger oder sogar körperlicher Fehlfunktionen wirken negative Autosuggestionen, wie *T.X. Barber* (1979a; 1981a,b; 1982a; 1984b) gezeigt hat. Aber es gilt auch *Baudouins* (1922) Daumenregel „Was immer Suggestionen bewirkt haben, können Suggestionen auch aufheben."

Die Herausforderung besteht also darin zu lernen, Suggestionen in konstruktiver, effektiver sowie selbst- und gesundheitsförderlicher Art und Weise einzusetzen.

Erlebnisorientiertes Denken

Das führt uns wieder zu *T.X. Barber*, für den die Essenz der Hypnose *nicht* im Üben *äußerlicher Handlungen* besteht, wie sie normalerweise mit Hypnose assoziiert werden. Damit sind gemeint: Induktion, körperliche Passivität, die Beeinflussung der Kognitionen des Klienten durch den Hypnotiseur und geistige (z.B. Amnesie oder Halluzinationen) oder körperliche (z.B. Katalepsie) „hypnotische" Phänomene, die scheinbar durch den gesamten hypnotischen Induktionsprozeß entstehen. Für *Barber* (1984a) liegt die Essenz der Hypnose in der Auswirkung der Kommunikation (Suggestionen): erstens, alles Unwichtige loszulassen, und zweitens, auf eine neue und ungewöhnliche Art und Weise zu fühlen, sich zu erinnern, zu imaginieren und zu erleben. Es sollte in Erinnerung gerufen werden, daß die Bereitschaft des Klienten, auf die Suggestionen einzugehen, normalerweise das Hauptziel der Hypnose ist. Sowohl die traditionellen Skalen zur Hypnotisierbarkeit als auch die Beachtung der Tiefe der Hypnose hängen von der Bereitschaft der Person ab, auf die Suggestionen einzugehen. Wenn die Versuchsperson auf die Suggestionen eingeht, ist die Hypnose erreicht; wenn nicht, ist es keine Hypnose.

T.X. Barber (1978; 1981) hat nahezu 100 Berichte, Studien und Fälle durchgesehen und sie auf die Auswirkungen von Suggestionen auf körperliche Vorgänge und Heilungsprozesse untersucht. Er kommt zu dem kühnen Schluß, daß Gedanken einen Einfluß auf die physiologische Aktivität der Zellen im menschlichen Körper haben können (1984a). Ein semantischer Input wird in einen somatischen Output umkodiert. In Kapitel 7 werde ich die Auswirkungen von Suggestionen auf körperliche Vorgänge im Detail darstellen.

Im Bereich psychologischer Auswirkungen liefert T.X. Barber (1979a; 1984b; im Druck) ebenfalls einen umfassenden Überblick über die Forschung. Seine Analyse trägt zur Klärung der Verwirrung bei, die durch die Annahme entstanden ist, daß nur „gute" Versuchspersonen von Hypnose profitieren können. Nach T.X. Barber sind die guten oder talentierten Versuchspersonen die, die im allgemeinen mehr Übung im Imaginieren, im Wiederholen vergangener Erlebnisse und Gefühle (in der Phantasie) und im Fallenlassen unwichtiger Dinge haben und sich in Phantasien versenken können.

Unabsichtlich hat die traditionelle Hypnose durch das Vertrauen in solche Meßinstrumente wie die Standford Hypnotic Susceptibility Scales (Weitzenhoffer und Hilgard, 1973), das Hypnotic Induction Profile (Spiegel, 1973) oder sogar in die Creative Imagination Scale (Barber & Wilson, 1979) den Eindruck hervorgerufen, daß die Versuchspersonen, die niedrige Werte in diesen Skalen erreichen, nicht hypnotisierbar sind, d.h. daß sie aus hypnotischen Suggestionen keinen Nutzen ziehen können. Wie T.X. Barber (im Druck) betont, können bestimmte Suggestionen, wie die für Amnesie oder visuelle Halluzinationen, von guten Versuchspersonen leicht erlebt werden, aber diese Art von Suggestionen sind nur von geringem Nutzen für die psychotherapeutische Arbeit. Er ist der Meinung, daß die meisten nützlichen Hypnosuggestionen auch von denen akzeptiert werden, die eine geringe Imaginationsfähigkeit haben oder die sich nicht völlig von den Alltagsproblemen loslösen können. Solche Suggestionen können für die meisten Klienten als ein wertvoller Katalysator wirken, sofern der Therapeut sie an die individuelle Persönlichkeit jedes Klienten anpaßt.

Verschiedene Arten von Suggestionen

Baudouin (1922) beschreibt drei Arten von Suggestionen: spontane, induzierte und reflektive. Zwei Aspekte haben alle drei Kategorien gemein: erstens, ein Gedanke, eine geistige Abbildung oder Vorstellung, die – meist unkritisch – von der Versuchsperson akzeptiert wird; zweitens die „Transformation" in eine körperliche oder geistige Veränderung bei der Versuchsperson. „Und das Wort ward Fleisch", um ein Bibelwort aufzugreifen – aber auf unbewußte Art und Weise. Folglich ist eine Suggestion in der Definition von *Baudouin* die „unbewußte Realisierung eines Gedankens" (S. 29).

Spontane Suggestionen

Diese sind ein alltägliches Phänomen. Werbung funktioniert durch Suggestionen: Der Gegenstand, den wir attraktiv finden, wird zu etwas, das wir haben oder machen wollen. Der Gedanke in uns wird etwas, das wir versucht sind, zu realisieren, ohne uns dabei dieses Prozesses bewußt zu sein. Beispiele für spontane Suggestionen gibt es im Überfluß: Das Wissen um niedrige Temperaturen läßt uns Kälte verspüren; der Umgang mit jemandem, der entweder glücklich oder niedergeschlagen ist, läßt uns das gleiche Gefühl mit ihm teilen; der Anblick eines gähnenden Menschen läßt uns gähnen und so weiter.

Um alle Beispiele für spontane Suggestionen zu klassifizieren, unterscheidet *Baudouin* zwischen repräsentierten, affektiven, motorischen und bedingten Suggestionen. Ein kurzes Beispiel für jede Kategorie mag für unsere Zwecke genügen. In der ersten Kategorie findet man Situationen, in denen ein Stimulus eine mentale Repräsentation auslöst, wenn z.B. der Anblick eines Hundes spontan die Vorstellung eines anderen Hundes, den jemand vor langer Zeit hatte, hervorruft. Die affektive Kategorie umfaßt spontane Autosuggestionen des Schmerzes, des Vergnügens oder eines beliebigen anderen Gefühls, das durch *die Vorstellung eines Gefühls des Schmerzes*, des *Ver-*

gnügens oder eines anderen Gefühls hervorgerufen wird. Das oben erwähnte Beispiel des Gähnens fällt in die motorischen spontanen Autosuggestionen. Schließlich sind die bedingten Autosuggestionen die Situationen, in denen etwas, das ursprünglich in Verbindung mit etwas anderem steht, der Auslöser für dieses „etwas andere" wird. Gewohnheiten wie die des Kaffeetrinkens und Zigarettenrauchens sind Beispiele für bedingte Autosuggestionen. Wie *Baudouin* sagt: „Jedes Mal, wenn ‚dies-und-das' passiert, folgt ‚dies-und-das'" (1922, S. 121).

Spontane Autosuggestionen sind aus unserer Sichtweise wichtig, weil der gleiche unbewußte Mechanismus, der unerwünschte Ergebnisse produziert, zum Nutzen und zur Selbstverbesserung einer Person verwendet werden kann. In diesem Sinne sollte man die vier Gesetze der Neuen Schule von Nancy (s. *Baudouin*, 1922, Kapitel 10) in Erinnerung rufen, um zu verstehen, wie spontane Autosuggestionen wirken.

Das Gesetz der konzentrierten Aufmerksamkeit besagt, daß der Gedanke, der bemüht ist, sich zu realisieren, der ist, dem spontane Aufmerksamkeit geschenkt wird. *Das Gesetz der unterstützenden Emotionen* sagt, daß die Emotionen, die mit einem Gedanken einhergehen, sich selbst verwirklichen: je stärker die Emotion ist, desto effektiver ist die Macht der Autosuggestion eines Gedankens.

Das Gesetz der umgekehrten Anstrengung bezieht sich auf Gedanken, die unbewußt und spontan zu Autosuggestionen werden. Alle bewußten Anstrengungen ihnen entgegenzuwirken sind nutzlos und verstärken sogar die Autosuggestion. Dieses steht in Zusammenhang mit einem der Grundprinzipien der Neuen Hypnose: bewußte, linkshemisphärische Aktivität erweist sich als ineffektiv in bezug auf menschliche Veränderung. Weiter unten werden reflektive Autosuggestionen diskutiert werden. Dort werden wir sehen, wie man negativen, spontanen Autosuggestionen, die ich negative Selbsthypnose (*Araoz*, 1981) genannt habe, entgegenwirken kann. Das Gesetz der umgekehrten Anstrengung ist *Coués* wichtigster Beitrag zur Neuen Hypnose: Wenn der Wille und die Imagination in Widerspruch stehen, gewinnt immer das letztere. Je stärker man etwas versucht und je mehr Willenskraft man zur Erreichung eines persönlichen Ziels aufbringt, desto weniger erreicht man es. Das ist der Grund, warum Entspannung – der Zustand, in dem man mit Gedanken sanft, friedvoll und ohne Zwang umgehen kann – im allgemeinen der Einleitung hypnotischer Veränderungen dient. *Goba* (1983) gründet seinen hypnotherapeutischen Ansatz auf dieses Grundprinzip des nicht forcierten Denkens. Er vergleicht das gewaltsame Niederkämpfen unangenehmer oder störender Gedanken mit einem Telefon mit Warteknopf.

Ein wütender Anrufer ist am Telefon und hat eine Beschwerde, und Sie stellen den Anrufer auf die Warteleitung, um über ihre Reaktion nachzudenken. Nach einiger Zeit drücken Sie wieder auf den Warteknopf und sehen sich mit einer wachsenden Frustration des Anrufers konfrontiert, verursacht durch die Wartezeit. ... Gewaltsames Unterdrücken von Gedanken ist wie ein Warteknopf, es gelingt für eine Weile, die störenden Gedanken aus dem Bewußtsein fernzuhalten, aber sie bleiben im Unbewußten und warten, wie der wütende Anrufer, darauf, daß man sich mit ihnen beschäftigt (S. 3).

Schließlich besagt *das Gesetz der unbewußten Teleologie*, daß wenn ein Ziel zu einer Autosuggestion geworden ist, das Unbewußte Mittel zu seiner Erreichung findet. Es ist nicht schwer, dieses Gesetz auf verschiedene Bereiche anzuwenden, in denen man sich darauf verläßt, daß die Suggestionen ihr Ziel finden, z.B. in der Werbung, Erziehung, Politik und allgemein alle Bereiche, in denen Menschen überzeugt werden. Bestimmte Gedanken werden attraktiv (erstes Gesetz) und mit einem emotionalen Anreiz (zweites Gesetz) dargestellt; sie werden uns als ein wünschenswertes Ziel „verkauft", eines, ohne das wir nicht glücklich wären (viertes Gesetz), so daß alle Gegenargumente nicht gültig sind (drittes Gesetz).

Induzierte Suggestionen

Diese umfassen die Suggestionen, die von außen induziert werden. Die hypnotischen Suggestionen im Rahmen der traditionellen und in der Bühnenhypnose fallen in diese Kategorie.

Reflektive Suggestionen

Reflektive Suggestionen sind im Gegensatz dazu diejenigen, die man als konstruktive, effektive oder therapeutische Selbsthypnose bezeichnen könnte. Dieses sind die Autosuggestionen, die wir lernen, um unser Leben zu verbessern, uns zum Guten zu verändern und das für uns richtige zu wählen. Wie *Baudouin* sagt: „Wir müssen lediglich die spontane Aufmerksamkeit durch die willensgesteuerte Aufmerksamkeit ersetzen, mit der wir, als zivilisierte Erwachsene, alle vertraut sind" (1922, S. 143). Wenn die erwünschte Suggestion „mit der minimalsten Anstrengung" verwirklicht werden soll, bietet Entspannung den besten Rahmen. Meine Formel für Hypnose (H=EIS) ist eine Kurzform dafür, daß Imaginationen und Suggestionen in der Entspannung angewendet werden müssen.

Reflektive Suggestionen sind also die Gedanken, von denen wir uns bewußt beeinflussen lassen wollen, die wir sanft und friedvoll in der Entspannung in uns aufnehmen. Oder, wie *T.X. Barber* (1984b) betont, bedeutet Entspannung in diesem Zusammenhang in der Regel inneren Frieden, Ruhe und Sanftheit und nicht nur Muskelentspannung. Das Ziel jeder erfolgreichen Psychotherapie ist eine Veränderung zum Guten, und es scheint so, daß reflektive Autosuggestionen ein den menschlichen Veränderungen zugrundeliegender Mechanismus ist.

Blumenthal (1984) faßt die Effektivität dieses Ansatzes in drei Schritten zusammen; er nennt dies Rationale Suggestionstherapie. Der erste Schritt besteht darin, den „rationalen" Gedanken zu finden, der einen vorher gefundenen, uneffektiven, schädlichen Gedanken ersetzen soll. Angenommen, ein Klient war seit seiner Prostatakrebsdiagnose verzweifelt und depressiv. In der einleitenden Sitzung findet der Therapeut heraus, daß der Klient Vorstellungen von vollständiger Unfähigkeit, fortschreitender allgemeiner Verschlimmerung, sexueller Impotenz, eines frühen Todes hat und sich viele Details seiner Totenwache und seiner Beerdigung vorstellt. Gleichzeitig wiederholt der Klient für sich verschiedene Negativsätze wie „Mein Leben ist vorbei", „Gott straft mich für meine Sünden" und „Ich werde nie wieder ein richtiger Mann sein; ich werde ein Krüppel sein." An diesem Punkt entscheiden sich Therapeut und Klient zusammen, welche „rationalen" Gedanken (Sätze und Vorstellungen) die obigen ersetzen könnten. In diesem Fall wurden Gedanken über die Gesundheitskräfte im Körper in Aktion und von der Stärke des Immunsystems, verbunden mit detaillierten Vorstellungen (z.B. wie die Lebensenergie durch den Körper des Klienten wie ein mächtiger

Lichtfluß fließt) gewählt. Es sollte darauf hingewiesen werden, daß diese Gedanken der Wahrheit entsprechen müssen.

In der praktischen Phase findet dann die eigentliche selbsthypnotische Arbeit statt. In der Entspannung hilft man dem Klienten, sich vorzustellen, wie seine mächtigen Lebenskräfte in Aktion sind, und sich selbst solche Sätze zu sagen wie „Mein Immunsystem ist eine kräftige Heilungs- und Lebenskraft" oder „Ich will meinen Heilungskräften erlauben, ungestört in meinem Körper zu wirken."

Die abschließende Phase kommt dann nach der Therapie, wenn der Klient die obigen Übungen zu Hause wiederholt. Die darauf folgenden Therapiesitzungen dienen zur Verfeinerung und Verstärkung der effektiven Autosuggestionen. Wie *Blumenthal* (1984) sagt: „Es ist wünschenswert, daß in der Antizipation (negativer) Umstände wenig erfolgversprechende Autosuggestionen in rational entwickelte umgewandelt werden. Diese Technik kann zum größten Nutzen derjenigen verwendet werden, deren gegenwärtige Gedanken seinen/ihren Interessen zuwiderlaufen" (S. 3). Unter Bezug auf *Ellis* (1973) unterstreicht *Blumenthal* die Notwendigkeit, die Suggestionen auf die Gedanken (Überzeugungen, Werte) und weniger auf das Verhalten oder die Emotionen zu richten, weil die Gedanken die Ursache von Emotionen und Verhalten sind. „Wenn das Symptom allein unterdrückt wird, ohne daß eine grundsätzliche Veränderung der zugrundeliegenden Gedanken stattfindet, wird dieser Gedanke Einfluß auf andere Bereiche gewinnen und danach trachten, neue Assoziationen von Bedingungen und Verhalten herzustellen, wobei sich der Person reale oder vorgestellte Alternativen bieten" (S. 4).

Die Verpflichtung gegenüber der Neuen Schule von Nancy

Die Neue Hypnose verfeinert und verbessert mit Hilfe der neueren Forschungsergebnisse die Lehren der Neuen Schule von Nancy von vor über einem Jahrhundert. Diese neuen Ergebnisse beziehen sich auf das gegenwärtige Wissen über die Bilateralität des menschlichen Gehirns (*Ley & Freeman*, 1984), die Dynamik von Autosuggestionen (*T.X. Barber*, 1979a,b; 1981a,b; 1982a,b; 1983; 1984b; im Druck) und die neuen Wege der Anwendung von Hypnose (*Erickson & Rossi*, 1981).

Die therapeutischen Anwendungen, die sich aus diesem Ansatz erschließen, sind unermeßlich und sogar revolutionär. Heute wissen wir, warum die meisten Psychotherapien eine Verschwendung von Zeit und Energie (*Eysenck*, 1967) sind. Menschliche Veränderung wird nicht durch Reden, Analyse oder intellektuelle Bewußtheit – alles linkshemisphärische Tätigkeiten – bewirkt, sondern durch das innere Erleben. Durch die Aktivierung der rechtshemisphärischen Funktionen ist ein Mensch in der Lage, die Veränderungen, die sein Intellekt für wünschenswert hält, die sich aber seine Gefühle (dieses Wort in Ermangelung eines besseren Begriffs) weigern, zu erreichen, auf eine neue, individuelle und existentielle Art zu erleben. Therapeuten sprechen häufig darüber, daß der Klient in Kontakt mit seinen Gefühlen kommen soll. Die Neue Hypnose weist einen Weg auf, wie man dieses effektiver erreichen kann. Dadurch, daß wir unsere Gefühle „verstehen", können wir nicht in Kontakt mit ihnen kommen. Um sich zu verändern, muß man sich selbst auf eine neue Art erleben. Veränderung fängt mit einer neuen Wahrnehmung/Erfahrung an – *T.X. Barber* (1984a) nennt es das „Fühlen-Erinnern-Denken-Vorstellen-Erfahren" neuer innerer Realitäten.

Die Neue Schule von Nancy hat uns wichtige Informationen über Autosuggestionen geliefert: Alles, was wir unkritisch akzeptieren beeinflußt unser Leben – unsere Wahrnehmung, das Nachdenken, die Interpretation und die Bedeutung äußerer oder innerer Aktivitäten. Diese Schule gab uns die Methoden zur Hand, mit denen man Autosuggestionen zur Anreicherung seines Lebens verwenden kann.

Die Neue Hypnose lehrt uns die Methode, mit der man sich verändern kann. Aus den unnötigen Ritualen der Traditionellen Hypnose kommend, können wir weiterhin die besondere Art des „Denkens" nutzen, die man gemeinhin mit Hypnose assoziiert. Aber wir können es in einer natürlicheren, spontaneren Weise machen, in der die Betonung auf dem Lernprozeß liegt und nicht auf den Techniken eines Experten. *Ericksons* (*Erickson, Rossi & Rossi*, 1976) Sicht der Neuen Hypnose ist „der Prozeß der Auslösung und Utilisierung der dem Patienten eigenen geistigen Prozesse auf eine Art und Weise, die außerhalb des Bereiches seiner normalen intentionalen und willenshaften Kontrolle liegt" (S. 145). Kapitel 4 wird dieses im Detail erläutern: Woher wir wissen, worauf wir in der Therapiesitzung achten und uns konzentrieren müssen, damit jeder Augenblick der Therapeuten-Klienten-Interaktion für eine Veränderung zum Besseren wirkt.

In dieser Zeit der gestiegenen Forderungen der Konsumenten, der größeren Unzufriedenheit mit professioneller Arroganz und Pedanterie stellt uns die Neue Hypnose eine ehrliche und effektive Methode der Veränderungshilfe zu Verfügung. Wir verändern die Menschen nicht, wir heilen sie nicht. Wir lehren sie, wie sie ihre inneren Ressourcen und Energien, die ihnen bisher nicht zugänglich waren, nutzen können. Die Neue Schule von Nancy betont diesen Aspekt des Lernens und der Selbstverbesserung und nannte das den pädagogischen Aspekt der Autosuggestion. Die Neue Hypnose minimiert die klinische, psychopathologisch-orientierte Sicht menschlicher Probleme und emotionalen Leidens. In der traditionellen Sicht der existentiellen humanistischen Psychologie (*Yalom*, 1980) wird nach den Stärken und positiven Aspekten des Menschen gesucht, damit man sie verstärken und auf ihnen aufbauen kann. Das erinnert an das, was *Erickson* (*Erickson, Rossi & Rossi*, 1976) über hypnotische Phänomene sagte: Es sind keine außergewöhnlichen Ereignisse; es sind Erfahrungen, die versteckt und unangetastet in der menschlichen Psyche liegen, die so wie sie sind zu Leben erweckt werden können, damit Menschen ein besseres, zufriedenstellenderes Leben führen können.

Schlußbemerkungen

Die Neue Hypnose ist keine neue Psychotherapieschule, sondern eine systematische Methode, die innerhalb jedes gültigen psychotherapeutischen Konzepts anwendbar ist. In diesem Kapitel wurden die Verbindungen zwischen der Neuen Schule von Nancy und der Neuen Hypnose dargestellt. Dadurch, daß sie sich aus den traditionellen Methoden der Hypnose, dem Verständnis und den Methoden der Hypnose, wie man es bis vor kurzem hatte (*T.X. Barber*, 1983, nennt das die Vor-1970-Induktionen), entwickelt hat, steht die Neue Hypnose in Verbindung mit der Neuen Schule von Nancy. Diese Schule stellte ihr Konzept von Hypnose zu ungefähr der gleichen Zeit vor, in der sich die Traditionelle Hypnose (nach der Schule von

Salpêtière) zu entwickeln begann. Bestimmte historische Umstände, die zu erläutern den Rahmen dieses Buches sprengen würden, bewirkten, daß die Traditionelle Hypnose eine Vormachtstellung im psychiatrischen und klinisch-psychologischen Bereich bekam, während die Gruppe aus Nancy aus der medizinischen Gesellschaft verwiesen wurde. In den letzten Jahren wurde dank der wissenschaftlichen Beiträge von *T.X. Barber* und seinen Studenten sowie der klinischen Innovationen von *Erickson* und seinen Schülern der Nutzen, den man aus der Lehre der Schule von Nancy sowie der Neuen Schule von Nancy ziehen kann, wiederentdeckt.

Es ist interessant, daß dieser Trend hin zu einer eher naturalistischen Nutzung der hypnotischen Techniken auch in Europa zu beobachten ist (*Zeig*, 1985). Das verweist auf einen allgemeinen Rückzug weg vom übertriebenen Professionalismus des letzten Jahrhunderts und eine Wendung hin zu einem verantwortlicheren, ganzheitlicheren Einsatz für das eigene Wohlergehen.

2 Das Paradox der Neuen Hypnose

Aus der Sicht der Traditionellen Hypnose ist es paradox, daß jemand ohne bestimmte Rituale Nutzen aus der Hypnose ziehen kann. Es ist paradox, daß Menschen ohne Induktion „hypnotisiert" werden; daß Versuchspersonen, die niedrige Werte auf den traditionellen Hypnotisierbarkeits-Skalen erreichen, gute hypnotische Ergebnisse erzielen; daß jeder normale Mensch von Hypnose profitieren kann und daß der Therapeut jede beliebige Manifestation der unbewußten mentalen Aktivität des Klienten dazu nutzen kann, ihn zu hypnotischen Erlebnissen zu führen. Man kann also sagen, daß die Neue Hypnose „Hypnose ohne Hypnose" ist, um *Kuhners* (1962) Formulierung zu gebrauchen.

Die Wurzeln der Neuen Hypnose (*Araoz*, 1982a,b) reichen ebenso tief wie die der Traditionellen Hypnose. Die meisten Menschen – inklusive Therapeuten – sind mit der Traditionellen Hypnose vertraut, dem Verständnis von Hypnose, wie es von der Schule von *Salpêtière* mit *Charcot, Janet* und weiteren Giganten der Psychiatrie geprägt wurde. Neuerdings haben zwei Ereignisse zur Förderung der Neuen Hypnose beigetragen. Es sind zum einen die Beiträge von *Milton H. Erickson* (*Erickson & Rossi*, 1975, 1979, 1981; *Haley*, 1967; *Rossi*, 1980; *Zeig*, 1982) von der klinischen Seite her sowie zum anderen die von *T.X. Barber* (1957, 1969, 1978; *Barber, Spanos & Chaves*, 1974; *Wilson & Barber*, 1982) aus der experimentellen und wissenschaftlich kontrollierten Sicht.

Dennoch ist die neue Hypnose nicht nur ein Produkt von diesen beiden wichtigen Personen. Weitere wichtige Beiträge kommen von Forschungen über kognitive Prozesse (*Beck*, 1976; *De Stefano*, 1977; *Katz*, 1978, 1979; *Katz & Crawford*, 1978; *Meichenbaum*, 1974; *Spanos*, 1971), Imagination (*J. Barber & Adrian*, 1982; *Sheikh*, 1982; *Sheikh & Shaffer*, 1979; *Singer*, 1975; *Singer & Pope*, 1978); von den Entdeckungen über die Bilateralität des Gehirns (*Pribram*, 1971; *Rossi*, 1977; *Shulik*, 1979; *Watzlawick*, 1978) sowie aus der Erforschung der Veränderungsmöglichkeiten hypnotischer Aufnahmefähigkeit (*Diamond*, 1974, 1977a,b; *Kinney & Sachs*, 1974; *Sachs & Anderson*, 1967).

Neben diesen Autoren könnten noch zahlreiche andere genannt

werden, die speziell im Bereich der Hypnoseforschung wertvolle Einsichten über den Nutzen der Neuen Hypnose gewonnen haben. So entwickelte *Shor* (1959) das Konzept, daß Hypnose dann stattfindet, wenn die allgemeine Realitätsorientierung geschwächt ist; *Miller, Galanter & Pribram* (1960) sahen die Planungsfunktionen in Hypnose ausgeschaltet, ebenso wie *Shor* bemerkten sie eine Abstufung in diesem Punkt; *Kuhner* (1962) sprach sich vor dem Hintergrund seiner zahnärztlichen Erfahrungen für „Hypnose ohne Hypnose" aus – daß sie sich ganz natürlich innerhalb der Beziehung entwickelt, wenn der Patient ein Bedürfnis nach Hypnose hat und der Therapeut die Bedingungen zur Verfügung stellt, ihm diese Erfahrungen zu ermöglichen. *Fromms* (1977) Nutzung des primären prozeßhaften Denkens und *Rossis* (*Erickson & Rossi*, 1979) Verringerung linkshemisphärischer Aktivität während der Hypnose trugen zur Entwicklung des nicht-traditionellen Standpunkts bei. Schließlich muß es *T.X. Barber* (1969) und *Hilgard* (1977) hoch angerechnet werden, daß sie beide zur Entmystifizierung der Hypnose beigetragen haben und ihre Sicht als ein natürliches Phänomen vorgestellt haben. *Hilgards* Neo-Dissoziations-Theorie trug dazu bei, die Natürlichkeit des hypnotischen Erlebens zu erklären. An anderer Stelle habe ich einige dieser Beiträge zusammengestellt (*Araoz*, 1982a).

Die Formulierung, das Verständnis und die Anwendung der Hypnose, wie sie sich aus all diesen Richtungen entwickelt hat, unterscheidet sich von denen der Traditionellen Hypnose. Letztere betont erstens den Trancezustand, zweitens das Induktionsritual und drittens das Talent der Versuchsperson, einen Trancezustand zu erreichen. Im Gegensatz dazu ist das Hauptanliegen der Neuen Hypnose *der Prozeß* sowie die *Fähigkeiten*, die der Klient braucht und *lernen kann*, um das Erlebnis der Hypnose genießen zu können.

In Wahrheit ist die Neue Hypnose nichts Neues. Sie ist nur neu im Gegensatz zu dem, was die meisten Therapeuten als Hypnose gelernt haben. Und weil diese Therapeuten die traditionelle Form ausüben, wird auch in der Öffentlichkeit geglaubt, daß es ohne das ritualisierte Getue und die Einschätzung der Hypnotisierbarkeit und der hypnotischen Tiefe keine Hypnose gibt. Die traditionelle Sicht wird noch durch Bühnenkünstler gefördert, die mit ihrer Show die Magie, die mit Trance, Induktion und hypnotischer Tiefe verbunden ist, für ihre Zwecke dramatisieren.

Der nicht-traditionelle Ansatz und die Verwendung der Hypnose wird aus zwei Gründen angemessen mit dem Attribut *neu* beschrieben: Zum einen sind, wie oben erwähnt, in ihr die Gedanken vieler moderner Autoren aus anderen Bereichen als der Hypnose eingeflossen. Zum anderen muß man noch einmal betonen, daß sie den nicht-traditionellen Ansatz mit dem der Neuen Schule von Nancy (*Baudouin*, 1922), der zweiten Forschergeneration in Nachfolge der Originalschule, verbindet.

Um durch die Beachtung der theoretischen Entwicklungen eine neue Formulierung der Hypnose zu erreichen, hat *Diamond* (1978, 1982b) versucht, den wichtigsten Unterschied zwischen dem traditionellen Tranceparadigma und dem, wie er es nennt, *Hypnosemodell der kognitiven Fertigkeiten* darzustellen. Vorarbeiten leistete *T.X. Barber* (1972; *Barber & Wilson*, 1977), der ein Alternativmodell der Hypnose entwickelte und sich an *Sarbins* (1962) historischer Studie und seinen theoretischen Annahmen (*Sarbin*, 1950; *Sarbin & Andersen*, 1967; *Sarbin & Coe*, 1972) anlehnte.

Wahrscheinlich hat sich *Diamond* (1972, 1974, 1977a,b, 1978, 1980, 1983a) mehr als alle anderen der Erforschung der Unterschiede zwischen dem alten und dem neuen Modell der Hypnose gewidmet. In einer Übersichtsarbeit stellte er 30 solcher Unterschiede dar (*Diamond*, 1983b). Eine kurze Zusammenfassung seiner Ergebnisse wäre der Wichtigkeit seiner Beiträge nicht angemessen. Ich muß mich aber hier darauf beschränken, einige Anmerkungen zu seinen Gedanken zu machen.

Er weist auf allgemeinen Konsens über die Tatsache hin, daß in der Hypnose eine Veränderung der Bewußtheit stattfindet. Was jedoch alles an diesem veränderten Bewußtseinszustand beteiligt ist, fällt schwer zu sagen. Die Traditionalisten bestehen (nach *Diamond*, 1983b) darauf, die hypnotische Erlebnisrealität in einfachen Worten oder mit einer singulären Erklärung zu beschreiben, wohingegen er (*Diamond*) den multidimensionalen Charakter dieser Realitäten untersucht. So beginnt er mit der *Entscheidung* eines Menschen, sein wahrnehmungsmäßiges Erleben zu verändern, und verfolgt dann die kognitiven Änderungen, die er eingesetzt hat, um dieses geänderte Bewußtsein zu erreichen und zu erleben. Die kognitiven Prozesse, die Menschen benutzen, um hypnotische Erfahrungen zu erreichen, sind Imagination und Phantasien, dramatisierende Darstellung (enactment), Dissoziation, Ablenkung, Hingabe, Bewußtheit der Körperempfindungen und so weiter. All diesen Dingen ist ein *Loslassen* gemein oder ein Sich-selbst-Erlauben, alles zu erleben, was ins Bewußtsein rückt.

Viele verstehen unter Veränderungen den Prozeß von einem Zustand hin zu einem anderen, der aber immer innerhalb des schon Gekannten stattfindet. *Watzlawick* und seine Mitarbeiter (1974) nennen das Veränderungen erster Ordnung; diese Veränderungen finden innerhalb des Bekannten statt, Veränderung ohne wirkliche Überraschungen. Veränderungen zweiter Ordnung sind der Schritt ins Unbekannte, wie der Drang, etwas Heldenhaftes zu tun oder sein Leben einer scheinbar wichtigen Sache zu widmen oder wie der Tod. In unserer amerikanischen Kultur kommt das Sich-Verlieben einer Veränderung zweiter Ordnung in vielen Fällen nahe.

Es gibt ein Paradox bei Veränderungen. Wenn sich jemand von einem bekannten Zustand in einen anderen bekannten verändert, dann verändert er sich nicht wirklich. Wenn er jedoch das Risiko auf sich nimmt, sich aus dem Vertrauten ins Nicht-Vertraute zu verändern, so ist das ein Schritt ins Ungewisse. Die Veränderung kann so drastisch sein, daß er nicht mehr der ist, der er zuvor war. Dieses Paradox der Veränderung wurde von *Wick* (1983) auf die Hypnose angewendet. Effektive Veränderungen finden dann statt, wenn jemand eine Haltung hat, in der er offen dafür ist, alles das voll und ganz zu erleben, was aus seinem inneren Selbst erwächst. Diese Offenheit, so sagt *Wick*, ist ein kognitiver Prozeß, der sich sowohl von Aktivität wie auch von Passivität unterscheidet.

Von dem Punkt an, an dem sich jemand entschieden hat, Hypnose zu erfahren – wenn er sich die Erlaubnis gegeben hat, die herkömmliche Art zu denken, zu verlassen –, findet ein ständiges, subtiles Zusammenspiel zwischen willkürlichem und unwillkürlichem Verhalten statt (s. *Diamond*, 1983b). Er erinnert uns an *Hilgards* (1977) Forschungsergebnisse, der herausgefunden hat, daß sogar extreme Amnesie ein bestimmtes Ausmaß Willkürlichkeit beinhaltet. Das gilt ebenso für Analgesie (*Hilgard & Hilgard*, 1975), was man durch die Entdeckung des *versteckten Beobachters* erklären kann. Auf der anderen Seite bedeutet die Tatsache, daß eine Person nicht erklären kann, wie sie ein bestimmtes Hypnoseverhalten erzielt hat, nicht, daß notwendigerweise keine unwillkürlichen Anteile an dem Prozeß beteilig waren. Auch Automatismus fällt unter diese Kategorie. Bis es weitere Forschungsergebnisse dazu gibt, spekuliert *Diamond*, daß „während die phänomenologisch auftretenden Ereignisse essentiell ähnlich sind, sich die Versuchspersonen in der Fähigkeit unterscheiden, ihre kognitiven Prozesse *beobachten* zu können und so diese Aktivitäten zu *diskriminieren*, zu *nutzen* und *berichten* zu können" (*Diamond*, 1983b, S. 15).

Was sind die zentralen Unterschiede zwischen den beiden Arten der Hypnose und ihren klinischen Anwendungsweisen? Bevor ich diese Unterschiede herausarbeiten werde, sollte ich betonen, daß sie nicht so sehr in dem liegen, wie eine Versuchsperson die Hypnose erlebt, sondern in dem *Verständnis, das der Therapeut von dem Prozeß* hat (Hypnotisierbarkeit, Trancetiefe, Hetero- oder Selbsthypnose), und in den *Techniken*, die sowohl das Hypnoseerleben bewirken wie auch therapeutische nutzen (Induktion, Utilisation und Suggestionen). Im folgenden werde ich mich also auf diese beiden allgemeinen Bereiche konzentrieren.

Das Verständnis von Hypnose

Die Neue Hypnose geht davon aus, daß jeder durchschnittlich intelligente und emotional gesunde Mensch Hypnose erfahren kann (weil die Betonung auf der Selbsthypnose liegt und kein Wert auf die Messung der Trancetiefe gelegt wird); ferner, daß Hypnotisierbarkeit ein bestenfalls irriges Konzept ist, das in der Laborforschung entwickelt und fragwürdigerweise auf die Therapiesituation angewendet wurde.

Hypnotisierbarkeit

Schon an anderer Stelle wurde mit Nachdruck angezweifelt, daß es sich bei Hypnotisierbarkeit um ein allgemein gültiges Konzept handelt. So faßt *J. Barber* (1982) seine Anmerkungen zu diesem Thema wie folgt zusammen: „Unsere Arbeiten [und die von anderen, die er zitiert] legen es nahe, daß das, *was wichtig zur Vorhersage oder Be-*

stimmung der hypnotischen Reaktionsbereitschaft (responsiveness) *ist,* [Hervorhebung von DLA] nicht eine festgelegte Eigenschaft (vielleicht sogar genetischer Art) ist, die durch einen Suggestibilitäts-Test gemessen wird, sondern *der jeweilige hypnotische Ansatz, mit dem man gegenüber dem einzelnen Patienten arbeitet* [Hervorhebung von DLA] (und wahrscheinlich die Beziehung, die sich aus diesem jeweiligen Ansatz entwickelt)" (S. 44). Er fährt dann fort, zwischen direkten und indirekten Induktions- und Suggestionsmethoden zu unterscheiden und weist darauf hin, daß die letzteren auch häufig dann sehr gut funktionieren, wenn die ersteren versagen. *J. Barber* schließt mit einem interessanten Gedanken: „Wir sollten daraus lernen, daß die Ergebnisse eines Suggestibilitäts-Tests nur die hypnotische Reaktionsbereitschaft auf einen bestimmten hypnotischen Ansatz widerspiegeln und nicht eine allgemeine Reaktionsbereitschaft für Hypnose", was er in einem früheren Artikel über nicht-hypnotisierbare Versuchspersonen zeigen konnte (*J. Barber*, 1980).

Wenn wir also Hypnose als eine Fähigkeit sehen, die jeder normale Mensch erlernen kann, und nicht als eine Eigenschaft, die unabänderlich gegeben ist, dann ist Hypnotisierbarkeit kein Problem mehr. Das Problem ist vielmehr, *wie man die hypnotischen Techniken einsetzen kann,* damit jemand von der Hypnose profitieren kann.

Die Fähigkeit zur Hypnose ist ein Ergebnis der menschlichen Fähigkeit zu imaginieren, d.h. sich interne Repräsentation von Sinneswahrnehmungen des Sehens, des Geschmacks, des Geruchs, des Hörens und der kinästhetischen Wahrnehmungen, einschließlich Hautwahrnehmungen, zu schaffen. Diese internen Repräsentationen können im Bereich des Möglichen liegen (ich kann mir vorstellen, daß ich in einer warmen Hütte sitze und eine Tasse Kaffee trinke, während draußen der Wind über eine schneebedeckte Landschaft fegt). Ebenso können aber unmögliche Situationen repräsentiert werden (ich kann mir vorstellen, wie ich auf einem Elefanten sitze, der über einen Planeten in einer anderen Galaxis fliegt, auf dem alle Menschen zwei Köpfe und nur ein Bein haben). Jeder normale Mensch benutzt diese faszinierende Kraft der Imagination. Es ist sogar so, daß es unmöglich wäre, zu leben, wenn man sich nicht innerlich die Dinge und Menschen abbilden könnte, die man außerhalb seiner Selbst erlebt hat. Das Gedächtnis scheint zu einem Großteil aus Imagination zu bestehen.

Wenn man Hypnose in der Arbeit mit einem einzelnen Klienten verwendet, dann sollte sich der Therapeut nicht um die Hypnotisierbarkeit kümmern, sondern um die Modalität des Denkens – der inneren Abbildung der Welt – , die jemand *zu diesem Zeitpunkt* hat oder bevorzugt (*Coe* und *Sharcoff*, 1983). Der Sprachgebrauch offenbart die Art der Modalität: Worte, Sprachmuster, Analogien und Sätze spiegeln die geistigen Vorstellungen wider. Dadurch, daß er auf die Sprache eines Menschen achtet, kann der Therapeut mit dem Klienten „eine Verbindung herstellen". Wenn ich, anders gesagt, entdecke, daß jemand gerade kinästhetisch denkt und nicht visuell oder auditiv, fange ich auch an, kinästhetische Sprache zu gebrauchen, obwohl ich vielleicht persönlich visuelle oder auditive bevorzugen würde.

Wenn Imagination die Fähigkeit ist, ein inneres Abbild der Außenwelt herzustellen – sie auszuschmücken, zu verändern, zu verbessern oder zu verzerren – dann ist Hypnose die Fähigkeit, so in seiner internen mentalen Aktivität aufzugehen, daß die Realität der Umgebung zeitweilig in den Hintergrund tritt. *T.X. Barber* (zusammen mit *Spanos* & *Chaves*, 1974) hat in den vergangenen zwanzig Jahren immer wieder darauf hingewiesen, daß es wichtig ist, Imagination als den Schlüssel zum Verständnis von Hypnose zu sehen.

Das Konzept der Hypnotisierbarkeit geht an den Kern der Hypnose. Dieses Problem ist nicht nur ein konkretes Problem, sondern auch ein philosophisches. Der Ansatzpunkt der Neuen Hypnose ist, daß eine Versuchsperson Hypnose erfährt, und nicht ein Test, mit dem entschieden wird, ob sie es erfahren kann. Anders gesagt interessiert mich die Frage: „Was kann ich tun, damit ich diesem Menschen helfen kann, Hypnose zu erfahren?" Ohne dabei zu zweifeln: „Ist dieser Mensch in der Lage, Hypnose zu nutzen?"; frage ich mich: „Was muß ich tun, was muß ich an meinem Denken, Handeln und an meinen Einstellungen verändern, damit ich dem Menschen helfen kann, Hypnose zu nutzen?" Wenn ich weiß, daß derjenige von durchschnittlicher Intelligenz und emotional stabil ist und er ferner die richtige Grundhaltung hat, muß mich die Hypnotisierbarkeit nicht kümmern. Die richtige Grundhaltung, die man in der Abkürzung VEEM zusammenfassen kann (*Araoz*, 1982a), basiert auf *T.X. Barbers* Forschungen und besteht aus *Vertrauen* in den Therapeuten, in die eigenen geistigen Fähigkeiten und vernünftigen *Erwartungen* gegenüber der Hypnose; einer kooperativen *Einstellung* und dem Wunsch, etwas zu seinem Besten zu tun, und schließlich der *Motivation*, sich zu vervollkommnen, zu wachsen oder sich zum Besseren hin zu verändern.

Wenn ein Klient nicht auf die Hypnose eingeht, dann verändert man die *Methode*, die man eingesetzt hat. Der Klient wird nicht wegen Unempfänglichkeit für Hypnose nach Hause geschickt. Der Therapeut muß sich fragen, was er in der Begegnung mit dem Menschen vernachlässigt und/oder übersehen hat, und fängt buchstäblich von vorne an; oder der Therapeut versucht erneut, den Menschen zu erreichen. Über diesen Punkt wird später, bei der Diskussion von Induktionsmethoden, mehr gesagt werden.

Das Konzept der Hypnotisierbarkeit spiegelt eine bestimmte Grundhaltung zur Hypnose und zu ihrem Nutzen wider. In meinem Ansatz wird Hypnose als ein natürlicher Prozeß der Nutzung seines Geistes gesehen, ein Prozeß, der sich von der normalen Art des Denkens unterscheidet – eine *andere* Art des Denkens, die aber nichtsdestoweniger normal und natürlich ist.

Zusammenfassend kann man sagen, daß verschiedene Konzepte in Beziehung zu dem der Hypnotisierbarkeit stehen. Erstens wird Hypnose häufig als die Aktivierung der rechten Hirnhemisphäre gesehen (z.B. *Erickson & Rossi*, 1981; *Watzlawick*, 1982). Die neueren Entdeckungen über unsere „beiden Gehirne" geben uns eine umfassende physiologische Grundlage für die allgemein akzeptierte Erklärung eines primären und eines sekundären Prozeßdenkens – einer Annahme, die aus der psychoanalytischen Theorie stammt. *Fromms* (1977) detaillierte Beschreibung verschiedener Ich-Zustände in der Hypnose könnte man ohne weiteres in die Sprache der Hemisphärentheorie übersetzen. Zum Beispiel ist ihr (*Fromms*) „beobachtendes Ich" offensichtlich eine Funktion der linken Hemisphäre, während das „erlebende Ich" sehr gut zu den rechtshemisphärischen Aktivitäten paßt.

Zweitens geht die Neue Hypnose – gestützt durch Forschungsergebnisse über Imagination und die oben erwähnte Gehirn-Bilateralität – davon aus, daß jeder normale Mensch (von durchschnittlicher Intelligenz, Gesundheit und emotionaler und sozialer Entwicklung) in der Lage ist, Hypnose zu benutzen. Wenn es nicht gelingt, Hypnose herzustellen, so liegt das nicht daran, daß der Klient niedrige

Werte in den Hypnotisierbarkeits-Tests hat. Unter Vernachlässigung solcher Werte muß der Therapeut bereit sein, seine Wahrnehmung des Denkens des Klienten und seiner emotionalen Bedürfnisse in Frage zu stellen. Drittens kann man so Hypnotisierbarkeit auch als die *Fähigkeit zum Hypnotisieren* sehen, d.h. die Flexibilität des Therapeuten, sich auf die gegenwärtige Art des Klienten zu denken anzupassen. Dieser Gedanke steht in Beziehung zu *Ericksons* beständiger Aufmerksamkeit für die gegenwärtigen und sich verändernden inneren Erfahrungen des Klienten (*Erickson & Rossi*, 1979, 1981; *Erickson, Rossi & Rossi*, 1976). Unter Umständen brauchen einige Klienten *Training*, um die geistigen Fähigkeiten zu erreichen, mit denen sie Hypnose erleben können – dieses ist das vierte Konzept, das in Beziehung zu dem alten Hypnotisierbarkeitskonzept steht. Es gibt keine nicht-hypnotisierbaren Menschen in der Normalbevölkerung. Deshalb obliegt dem Therapeuten eine besondere Verantwortung dafür, sich auf das individuelle psychologische Erscheinungsbild des Klienten einzustellen.

Trancetiefe

Unter Vernachlässigung der alles andere als genauen Skalen zur Messung der Trancetiefe (*Tart*, 1979) ist die Neue Hypnose mehr an einer stärkeren Vertiefung in Imaginationen interessiert. In diesem Sinne sind effektive Imaginationen Hypnose; die rechte Hirnhälfte ist das imaginierende Hirn, wie es von *Oyle* (1976) genannt wird, der sich insbesondere mit körperlichen Krankheiten aus jungianischer Sicht befaßt hat. Je stärker jemand in seine inneren Realitäten (Imagination im weitesten, ethymologischen Sinne des Wortes) vertieft ist, desto intensiver ist das hypnotische Erleben und desto weniger aktiv ist die allgemeine Realitätsorientierung.

Selbsthypnose

In Einklang mit dem pädagogischen Ansatz der Neuen Hypnose steht auch, daß sie das selbst-hypnotische Üben betont. Von Anfang an werden die Klienten ermutigt, diese Art mentaler Übungen zu machen. Zu diesem Zweck werden häufig Tonbandkassetten für die

Klienten produziert, mit denen diese zu Hause üben können. Diese Kassetten sind lediglich Trainingshilfen – etwa wie Stützräder bei Kindern, die das Radfahren lernen –, die schnell wieder abgelegt werden, sobald der Klient die Fähigkeit zur Selbsthypnose erlangt hat.

Es ist schon fast eine Binsenweisheit, zu sagen, daß Hypnose immer Selbsthypnose ist. Dieses ist einer der Beiträge der Schule von Nancy, wie *Baudouin* (1922) ausführlich erläutert. *Fromm* und Mitarbeiter (1981) haben eine interessante Studie durchgeführt, in der sie die Unterschiede zwischen Selbst- und Fremdhypnose untersucht haben. In manchen Fällen scheint es so, als wenn der Hypnotiseur den Klienten beim Erleben der hypnotischen Realität stört. Die Studie ergab zum Beispiel, daß die Imagination bei der Selbsthypnose reichhaltiger ist, während Altersregression und hypnotische Halluzinationen leichter in Gegenwart des Therapeuten erreicht werden. Man kann ohne weiteres verstehen, weshalb die meisten Menschen Angst davor haben, die beiden letztgenannten Phänomene allein zu erleben. Die Gegenwart eines vertrauenswürdigen Hypnotherapeuten wirkt wie ein Schutz gegen unerwartete Erlebnisse, die bei der Altersregression oder bei Halluzinationen auftreten können.

Andere Autoren, wie *Sacerdote* (1981), glauben, daß nur spontane Hypnose Selbsthypnose ist, weil bei jeder Selbsthypnose immer eine Art „Lehrer" (ein Buch, ein Tonband oder eine vorhergehende Erfahrung mit einem Hypnotiseur) beteiligt ist. Er behauptet weiter, daß eine tiefe Fremdhypnose eine Vorbedingung für eine richtige Selbsthypnose ist – seine Beweise hierfür sind aber alles andere als überzeugend.

Die Neue Hypnose stellt die Verbindung von Hypnose mit Tagträumen her (bei beiden laufen ähnliche geistige Dynamiken ab) und beschreibt Hypnose als einen zielgerichteten Tagtraum; darin folgt sie den Lehren von *Coué* und *Baudouin*. *Diamonds* (1983b) Hypnosemodell der kognitiven Fertigkeiten betont die freie Wahl, die das Individuum hat, wenn es mit Hypnose anfängt. Dieses ist dann das festgelegte Ziel für die hypnotischen Erfahrungen. Für welchen Zweck will eine Person die Hypnose? Angenommen, das Ziel ist, eine psychogene Depression loszuwerden. Imagination oder Material aus Tagträumen wird dann dazu genutzt, den depressiven Kognitionen wie Selbstgesprächen, Vorstellungen und dem bewußten

Entscheiden für negative Gefühle und Wahrnehmungen entgegen-zuwirken.

Das Betonen der Selbsthypnose paßt also deshalb sehr gut in den allgemeinen Bezugsrahmen, in dem Hypnose als eine *natürliche* mentale Aktivität gesehen wird. Selbsthypnose ist das Mittel, das Menschen erlernen, damit sie ihre natürlichen Prozesse der Selbstgespräche, der Kognitionen und der Imaginationen zu ihrem eignen Besten und nicht gegen sich selbst einsetzen.

Innerhalb des traditionellen Ansatzes steht der Hypnotiseur an erster Stelle, wohingegen die Neue Hypnose dem Klienten – auf dessen Seite die Kontrolle (*locus of control*) in Wahrheit liegt – mehr Verantwortung gibt und der Hypnotherapeut als ein Führer oder Lehrer gesehen wird, der den Menschen bei der Entwicklung der natürlichen Fähigkeit hilft, in Hypnose zu gehen.

Anwendung der Hypnose

In diesem Abschnitt werde ich einen Überblick über die Techniken geben, die in der Neuen Hypnose verwandt werden, und darüber, wie die Anwendung von Hypnose im therapeutischen Setting verstanden wird. Dieses wird uns zu zwei wichtigen Punkten führen; der Induktion und der Utilisation von Trance.

Tranceinduktion

Wenn man die traditionelle Literatur über Hypnose durchsieht, könnte man denken, daß die Tranceinduktion der erste, unterscheidbare Schritt innerhalb des hypnotischen Prozesses darstellt (s. den Syllabus of Hypnosis, der von der *American Society of Clinical Hypnosis* 1973 herausgegeben wurde und noch heute in der Ausbildung verwendet wird). Es ist, als wenn die Tranceinduktion ein Wert an und für sich wäre: Die Tranceinduktion stellt den Hypnosezustand her; Induktion führt zur Trance.

Die Neue Hypnose hingegen bevorzugt die naturalistischen und indirekten Methoden des „Umschaltens" von normaler geistiger Aktivität zur Hypnose – von links- zu rechtshemisphärischer Arbeitsweise. Dadurch wird die Induktion Teil des Kontinuums der Hypnosetherapie; die Induktion stellt ein Moment des Sich-Zentrierens oder des Fokussierens (*Gendlin*, 1978) auf seine inneren Realitäten dar, damit diese Realitäten dann in die bewußte Aufmerksamkeit gebracht werden können. In der Praxis ist nur ein kleiner Unterschied zwischen der Tranceinduktion und der Hypnotherapie. Die Betonung liegt weniger auf einer Technik und mehr auf der Bewußtheit des Klienten im Hier-und-Jetzt. Folgerichtig muß alles weitere in bezug auf das Grundprinzip gesehen werden: Die Tranceinduktion ist bereits Hypnotherapie. Der Therapeut muß nicht – wie bei der traditionellen Tranceinduktion – etwas Beliebiges finden, auf das der Klient seine Aufmerksamkeit richtet; vielmehr reicht die einfache Aufforderung, sich seines Körpers bewußt zu werden aus, damit der Schritt von der Realitätsorientierung zur inneren Orientierung gemacht wird.

Eine effektive Induktion basiert auf sorgfältiger Beobachtung der Klientin (wie ich in Kapitel 4 erläutern werde): ihrer Atmung, den Bewegungen der Augen, der Hände, der Schultern, der allgemeinen Körperhaltung, des Gesichtsausdrucks, und so weiter. Diese Verhaltensweisen werden nicht beobachtet, um sie zu interpretieren, sondern um der Klientin zu helfen, sich ihrer selbst bewußt zu werden. Eine typische Induktion könnte so aussehen:

> Achten Sie auf das Gewicht Ihrer Hände im Schoß... Was können Sie sonst noch in Ihren Händen wahrnehmen? Achten Sie da-rauf...vielleicht ein Gefühl von Wärme. Ein leichter Windhauch in der Luft. Die Temperatur hier im Raum...Wenn Sie Ihre Hände jetzt einmal einzeln wahrnehmen, können Sie noch mehr interessante Dinge bemerken, zum Beispiel, daß eine Hand leichter als die andere ist. Welche?

Auf jeden Fall hat der Therapeut eine große Auswahl für die Induktion, weil durch aufmerksame Beobachtung immer mehr Dinge zum Vorschein kommen, als man auf einmal bearbeiten kann. Im obigen Beispiel habe ich den Fokus auf die Hände der Klientin gelegt. Gleichzeitig atmet sie aber, und man hätte ihren Atemrhythmus nutzen können. Auch ruhen ihre Füße irgendwo – ein weiterer, möglicher Fokus der Aufmerksamkeit für die Induktion. Man kann neben diesen natürlichen Möglichkeite noch viele andere auflisten. Der Hauptpunkt ist, daß der Prozeß der Induktion von der Klientin ausgeht, so daß sie sich ihres inneren Selbst stärker bewußt wird. Durch die größere Bewußtheit seines gegenwärtigen inneren Erlebens wird man langsam zu seinen inneren Realitäten geführt. Bewußtheit seiner selbst führt in das Unbewußte.

Zur Erinnerung: das allgemeine Prinzip lautet, daß jedes spontane Verhalten dazu benutzt werden kann, um von normalem Denken auf hypnotisches Denken umzuschalten. Also könnte man eine bestimmte Geste des Klienten nehmen und ihn bitten, diese übertrieben zu wiederholen und dabei auf all das zu achten, was dabei in ihm entsteht. Dann führt man ihn dahin, sich aller Gefühle bewußt zu werden, die durch diese kurze Übung freigesetzt werden. Angenommen, jemand sagt: „Ich kann so nicht weitermachen" und ballt dabei seine rechte Hand zur Faust. Der Therapeut kann ihn dann bitten, diese Geste ein paar Mal zu wiederholen und dabei den gleichen Satz zu sagen. Wenn der Arm beim Ballen der Faust vibriert hat, sollte auch das wiederholt werden. Normalerweise entsteht nach drei oder vier Wiederholungen etwas Neues. Im vorliegenden Fall sagt der Klient vielleicht, daß er jetzt wütend wird oder daß er plötzlich, wie aus dem Nichts kommend, ein Ereignis aus der Kindheit erinnert. Der Therapeut arbeitet dann mit diesem neuen Material weiter.

Wenn jedoch durch die Wiederholung dieser Geste nichts entsteht, sollte der Therapeut weitermachen und daran denken, daß der Klient in jedem beliebigen Augenblick viel mehr Dinge anbietet, als therapeutisch genutzt werden können.

Neben Gesten und Körperwahrnehmungen (die ich allgemein *Somatics* nenne) muß der Therapeut auch auf Sätze achten und auf die Sprache, die der Klient benutzt, und nicht nur auf den Inhalt des Gesagten. Wenn im obigen Beispiel ein Klient sagt: „Ich kann so nicht weitermachen", könnte das als Beispiel für eine bedeutsame Äußerung gesehen werden. Man erkennt bedeutsame Äußerungen an ihrem affektiven Beiklang, dem gegenwärtigen Kontext oder an Hand von Informationen, die wir vorher vom und über den Klienten bekommen haben.

Der springende Punkt ist, daß all diese Elemente, die die Klientin, ohne sich dessen voll bewußt zu sein, zur Verfügung stellt, den effektivsten und natürlichsten Weg zur Hypnose darstellen. Ein Therapeut der Neuen Hypnose beobachtet die Klienten sorgfältig und respektvoll und utilisiert irgendeines der vom Klienten zur Verfügung gestellten Elemente. Ich teile diese verschiedenen Elemente in drei Kategorien auf: *Somatics* (Gesten, Gesichtsausdruck, Veränderung der Körperhaltung oder –funktion), *Sprachstile* (ob jemand ein bestimmtes Repräsentationssystem oder einen inneren Sinn häufiger als die anderen benutzt) und *bedeutsame Äußerungen*, die der Klient in Gegenwart des Therapeuten macht (siehe Kapitel 4).

Jedes dieser Elemente kann dafür benutzt werden, daß der Klient seine geistige Aktivität von einer Realitätsorientierung zu einer inneren Orientierung umschaltet. Dieses Vorgehen ist die Art natürlicher Induktion, die in der Neuen Hypnose bevorzugt wird. Man sollte hinzufügen, daß, wenn der Klient – aus was für Gründen auch immer – eine traditionelle Induktion braucht (und sei es die Verwendung einer Drehscheibe oder eines Pendels), dann wird der Praktiker der Neuen Hypnose flexibel genug sein, auch diese Methoden anzuwenden.

Damit die nun folgende Diskussion etwas praxisbezogener wird, werde ich noch einmal auf die Sprache des Klienten zurückkommen und beschreiben, wie eine nicht-traditionelle Induktion abläuft. Der Therapeut ist geübt darin, ein aufmerksamer Beobachter der gegenwärtig bevorzugten Denkweise des Klienten zu sein – ob er eine Vorliebe für mentale Bilder, Geräusche, Gerüche, Geschmäcke oder Körperwahrnehmungen hat –, die durch seine Sprache offenbart wird. Sprache spiegelt, neben vielen anderen Dingen, die Art und Weise des momentanen Denkens wider, indem man bestimmte Sprachmuster, Adjektive, Verben und Satzkonstruktionen wählt. Der Therapeut wird dieser Informationen gewahr und achtet darauf, wann der Klient sie wieder benutzt. Dann fordert er den Klienten auf, tiefer in die mentale Abbildung dessen zu gehen, was sich in seinem Sprachgebrauch widerspiegelt. Angenommen, der Klient berichtet über ein allgemeines Gefühl von Abhängigkeit, Traurigkeit und Langeweile im Leben generell. Folgendes könnten Beispiele für den Sprachstil sein, in dem er spricht: „Etwas riecht faul in meinem Leben"; „Ich hocke in einem Loch "; „Ich stehe im Dunklen"; „Nichts klingt mehr richtig für mich." Wenn der Klient dann ermutigt wird, das zu erleben, was seine Sprache über seine Art zu denken widerspiegelt, ist das erste Ziel der Hypnose erreicht: der Kontakt mit unbewußten Prozessen.

Von da an wird man dem Klienten vorschlagen, voll und ganz die geistigen Bilder zu benutzen, die sich spontan entwickeln. Lassen Sie uns das an diesem erfundenen Beispiel weiterentwickeln. Bei jedem der obigen Beispiele würde man den Klienten nicht auffordern, mehr darüber zu erzählen, sondern man würde ihn dahin bringen, das Erlebnis zu nutzen, das hinter der unbewußten Wahl dieses Sprachmusters versteckt liegt. Man könnte dem Klienten sagen:

Bleiben Sie für einen Moment bei diesem geistigen Bild: „Etwas riecht faul in meinem Leben". Fühlen Sie den Gestank in der Nase. Was macht der Geruch mit ihrem Körper? Gehen Sie so weit wie möglich in dieses Bild hinein. Fühlen Sie, wie Sie der faule Geruch Ihres Lebens umhüllt. „Etwas riecht faul in meinem Leben." – wiederholen Sie diesen Satz immer weiter, bis er Sie voll und ganz erfüllt.

Bemerken Sie, daß keine logischen, rationalen „Übersetzungen" angeregt werden, wie es in anderen Therapieformen geschehen würde, indem man den Klienten bittet, die Formulierung zu erläutern, und ihn auffordert zu erklären, was er meint.

In diesem Sinne wird in der klinischen Anwendung der Hypnose die direkte und entspannte Arbeit mit der inneren Bewußtheit betont, und die Informationen, die aus der Außenwelt oder vom Bewußtsein kommen, werden vernachlässigt. Diese Botschaften aus dem inneren Bewußtsein, von denen jede ein Stück Bewußtheit seiner Selbst aufbaut, sind mehr als verstandesmäßige Einsichten. Es sind wahre *Einsichten*, eine neue Art, sich selbst und seine Umwelt zu sehen. Im Altertum, als die Menschen eine religiösere Grundhaltung hatten als wir heute, sprach man über Inspiration als das Einhauchen wertvoller Botschaften durch irgendeinen Gott. Die in Kapitel 3 beschriebenen Techniken zeigen verschiedene Wege auf, den Kontakt mit dem inneren Bewußtsein herzustellen, sei es durch spontane Imagination oder durch körperliche Manifestationen.

Es ist die Aufgabe des Hypnotherapeuten, den Klienten dabei zu helfen, mit diesem Weg Verbindung mit sich selbst aufzunehmen, vertraut zu werden, da dieser Weg in unserer westlichen Erziehung im allgemeinen nicht entwickelt und gefördert wird. Ferner muß er die Bedingungen herstellen, in denen sich die Klienten voll und ganz auf ihre inneren Realitäten konzentrieren können.

Wegen der sich entwickelnden inneren, imaginativen Aktivität spreche ich lieber von hypnotischer Höhe (*Araoz*, 1982a) als von hypnotischer Tiefe. Meine Vorliebe für diese Formulierung erwächst nicht nur daher, daß „einen höheren Gang einlegen", „hohe Erwartungen haben", „geistige Höhen erreichen" und ähnliche Aussagen alle sehr positive Anklänge haben, sondern auch von einer therapeutischen Erfahrung, die ich vor vielen Jahren gemacht habe. Ich habe damals – in Einklang mit der traditionellen Sprache der Hypnotiseure – mit einem jungen Mann gearbeitet und gesagt: „Sie können noch tiefer in dieses Erlebnis gehen – viel tiefer als zu Beginn", und so weiter. Er sagte mir später, daß er mich nicht habe enttäuschen wollen, als er in Hypnose war, aber daß Tiefe für ihn Gefahr bedeute. Ihm seien Bilder in den Sinn gekommen, wie „tiefer begraben zu sein". Außerdem bedeutet „sich in etwas zu vertiefen", daß man sich darauf voll konzentrieren muß, daß es schwierig ist, und so fühlte er Spannung, Angst und Unbequemlichkeit. Auf der anderen Seite kann der Satz: „Sie gelangen zu einer höheren Ebene der inneren Bewußtheit" jemandem Angst machen, der sich in der Höhe nicht wohlfühlt. Der Therapeut muß vorsichtig mit seinen Worten und Formulierungen sein. Die Moral dieser Geschichte ist, daß man die Erfahrung von Hypnose entweder als tief oder als hoch wahrnehmen kann, abhängig vom Klienten und den Umständen.

Zusammenfassend kann man sagen, daß es therapeutisch nicht wichtig ist, ob jemand eine bestimmte Ebene der hypnotischen Tiefe erreicht hat, sondern daß der Therapeut fortwährend darauf achtet, daß die Klienten so voll, wie es ihnen möglich ist, in ihrem inneren Erleben aufgehen.

Andere Methoden für naturalistische, unaufdringliche „Induktionen" sind folgende:

(a) Sich seiner Körperwahrnehmungen voll und ganz bewußt zu werden und sich dann auf eine davon (z.B. den Atem) zu fokussieren, bis unbewußtes Material aufsteigt.

(b) Eine bedeutsame Äußerung (z.B. „Ich kann es nicht mehr ertragen") solange zu wiederholen, bis innere, unbewußte Prozesse ins Bewußtsein treten.

(c) Im Geiste eine vergangene Erfahrung wiedererleben – im Gegensatz zum Darüber-Reden.

(d) Sich der eigenen Körperenergie (von manchen „Aura" genannt) bewußt zu werden, so daß man spüren kann, wie die Gesundheitskräfte das parasympathische Nervensystem aktivieren.

(e) Die gedankliche Fokussierung auf ein positives, konstruktives und erreichbares zukünftiges Ziel. Dadurch wird das Ziel in Gedanken eingeübt.

(f) Man kann dem Klienten auch einfach erlauben, ruhig zu sein, und ihm dabei suggerieren, daß das Unbewußte in dem Moment zu arbeiten anfängt, wenn man mit der bewußten Aufmerksamkeit „nichts tut" (*Erickson & Rossi*, 1981).

Diese kurze Zusammenstellung enthält lediglich einige Beispiele für mögliche nichtritualisierte Tranceinduktionen. All diese Beispiele stehen in Einklang mit der erlebniszentrierten Beschreibung von Hypnose als ein „sich in einen zielgerichteten Tagtraum fallenlassen, bis dahin, daß man sich von der äußeren Realität dissoziiert und in seiner inneren Realität voll und ganz aufgeht" (*Araoz*, 1982a). Die oben skizzierten Induktionsmethoden führen in einen *alterierten* Bewußtseinszustand, ohne daß jedoch die geistigen Funktionen „alteriert" werden.

Die Induktion ist folglich eine ganz natürliche „Einladung", sich in Kontakt mit dem inneren, unbewußten Selbst zu bringen. Die Induktion ist immer etwas Individuelles, zugeschnitten auf den jeweiligen Klienten. Sie hat nichts Ritualisiertes, bei dem man wie in der Traditionellen Hypnose einer festgelegten Abfolge von Schritten folgen müßte. Innerhalb des Rituals der Traditionellen Hypnose kann man die Klienten auch bitten, nach oben zu schauen, so als wenn sie ihre Stirn von innen betrachten würden, oder man kann sie auffordern, ihren Arm auf Schulterhöhe anzuheben und ihn dann langsam fallen zu lassen oder „umgekehrt schweben zu lassen" (stehen wir umgekehrt, wenn wir sitzen?), oder irgendwelche ähnlichen Techniken anwenden. Die ritualisierte Induktion stellt für viele traditionelle Hypnotherapeuten ein Sakrament dar. In der katholischen Lehre ist ein Sakrament ein Ritual (wie die Taufe), das *ex opere operato* (durch seine reine Ausführung) eine bestimmte Auswirkung hat. In diesem Fall die, daß Gott seine Gnade schenkt. In der Traditionellen Hypnose fassen manche Menschen die Induktionsrituale so auf, als wenn sie durch die ihnen innewohnende Kraft einen Wert an sich hätten. Magie und Hypnose stehen in der öffentlichen Meinung noch immer nahe beisammen; diese Auffassung wird vermutlich dadurch genährt, daß das, was eine extrem individuelle, persönliche Kommunikation zwischen Klient und Therapeut sein sollte, mechanisiert wird.

In der Neuen Hypnose wird folglich die Induktion selten als ein diskreter und losgelöster Schritt gesehen, nach dessen Durchführung der Klient für die therapeutische Arbeit bereit ist. Die Induktion ist ein Teil der Hypnotherapie, und häufig wird das Ziel, dessentwegen der Klient zur Therapie kommt, vom allerersten Augenblick der Induktion an angesprochen.

Utilisation

In der Traditionellen Hypnose wird häufig der massive Versuch gemacht, die Psyche des Klienten durch exzessiven Gebrauch von direkten Suggestionen umzuprogrammieren. Es ist merkwürdig, daß sich das Neurolinguistische Programmieren zu *Ericksons* Lehren bekennt; hat er es doch abgelehnt, das kybernetische Modell auf Menschen anzuwenden: „Programmieren ist eine verwirrende Art, jemandem zu sagen, daß er seine eigenen Fähigkeiten nutzen soll" (*Erickson* & *Rossi*, 1981, S. 217). Statt dessen sollte man „versuchen, die Ideen des Patienten, wie auch immer sie sein mögen, zu akzeptieren und sie dann zu utilisieren" (S. 13). Mit „Ideen" bezieht er sich offensichtlich nicht nur auf bewußte Ideen, sondern auf alle Gedanken, die aus dem Unbewußten des Patienten kommen.

Utilisation ist deshalb etwas anderes als Programmieren. Es ist vielmehr eine effektive Nutzung des hypnotischen Erlebens zum Wohle des Klienten. Es stellt die Antwort auf die Frage dar „Wie kann man Hypnose bei diesem Klienten am sinnvollsten nutzen?" Die in der Neuen Hypnose verwendeten Techniken haben ihre Berechtigung als Methoden der Utilisation, wie man in jedem der klinischen Beispiele in diesem Buch sehen kann.

In diesem Bereich liegt ein wichtiger Unterschied in der Verwendung von Hypnose durch einen ausgebildeten und erfahrenen Therapeuten (egal, ob er Traditionelle oder die Neue Hypnose verwendet) und durch einen Hypnotiseur – sei es im Unterhaltungsbereich, bei Untersuchungen oder im Bereich der Verhaltensänderungen wie Raucherentwöhnung –, der dem Konzept folgt, jemanden zu „hypnotisieren" um ein bestimmtes Ziel zu erreichen. Bei letzterem gibt es kein Akzeptieren der Ideen, die aus dem Unbewußten kommen können (um das obige Zitat von *Erickson* zu paraphrasieren), und folglich auch keine Utilisation. Um es anders zu sagen: Der laienhafte Hypnotiseur will auf dem Weg zu dem Ziel der Hypnose nicht durch unerwünschtes, unbewußtes Material gestört werden. Der Hypnotherapeut, auf der anderen Seite, ist viel unkonkreter und offen für verschiedene Wege; er arbeitet in der Hauptsache mit unbewußtem Material, das während der hypnotischen Erfahrung entsteht, und er geht sorgfältig von der ersten über die zweite zur dritten Ebene therapeutischer Interventionen (die erste Ebene konzentriert sich auf das Symptom; die zweite Ebene auf unmittelbare Verbindungen; die dritte Ebene auf die Psychodynamik und historisches Material).

Der Hypnotiseur dagegen bleibt auf der ersten Ebene und vernachlässigt unbewußtes Material. Ich habe vor einiger Zeit ein Beispiel dafür in einer Bühnenshow in einem Nachtclub gesehen, als ein Hypnotiseur Freiwillige dazu brachte, wie berühmte Sänger zu singen. Kurz nachdem eine Frau anfing, wie Elvis Presley zu singen, geriet sie außer Fassung und fing an zu weinen. Der Hypnotiseur lenkte sie von den unbewußten Dingen ab, die ihre emotionale Reaktion ausgelöst hatten, indem er schnell sagte: „Wenn ich bis drei gezählt habe, werden Sie sich nicht mehr durcheinander fühlen. Sie fühlen sich gut. Eins – sehr gut, sehr glücklich. Zwei – Sie fühlen sich sehr gut. Drei – Sie fühlen sich großartig, bereit, wie Elvis Presley zu singen." Schnelle Therapie! Schnelle Unterdrückung, in der Tat, und nicht die geringste Utilisation.

Schlußbemerkungen

In diesem Kapitel ging es um das Problem, was das Wesen der hypnotischen Erfahrung ausmacht. Dieses ist das Problem der menschlichen Veränderung. Im Lichte dieses komplizierten Konzeptes betrachtet habe ich Hypnotisierbarkeit, Trancetiefe und Selbsthypnose als essentielle Konzepte für das therapeutische Verständnis von Hypnose dargestellt. Ferner wurden Tranceinduktionen und -tiefe sowie Utilisation als zentrale Konzepte der Hypnose vorgestellt.

3 Techniken der inneren Transformation

Das höchste Ziel jeder hypnotischen Intervention innerhalb der Therapie ist Veränderung. Da jedoch jede effektive Veränderung aus dem inneren Selbst kommen muß, ziehe ich das alte griechische Wort *Metanoia* vor, das mit den frühen christlichen Bekehrungen zu tun hat. Damit eine richtige Bekehrung stattfand, mußte der Mensch eine neue Überzeugung und Lebensweise „aus dem Innersten heraus" zeigen und annehmen. Alles weniger als das zählte nicht. Metanoia bedeutet also eine drastische Veränderung in der Wahrnehmung seiner selbst und seiner Umwelt. Es ist eine Veränderung der *Abbildung der Welt*, der Konstanten an der Wurzel aller menschlichen emotionalen Probleme. Das Abbild der Welt ist nach Auffassung der Existenzialisten das geistige Abbild, das wir uns von der Welt gemacht haben. Häufig steht dieses Abbild nicht in Einklang mit dem, was die Welt wirklich ist. Diese Diskrepanz führt häufig dazu, daß wir den Wunsch haben, die Welt an das Bild, was wir von ihr haben, anzupassen. So lange das nicht geht, leiden wir an emotionalen Bela-stungen und Schmerzen. Die Lösung in diesem Konflikt besteht darin, sein Abbild der Welt so zu verändern, daß es mehr und mehr mit der Außenwelt übereinstimmt; dabei geht man davon aus, daß sich die letztere nicht verändern läßt. Man kann also mit *Watzlawick* (1978) sagen, daß alle Menschen, die an emotionalen Problemen leiden, an ihrem Abbild der Welt leiden. Das ist also eine Art Metadiagnose, die allen weiteren spezifischen Diagnosen zu Grunde liegt.

Zur Erreichung dieser Metanoia oder dieser speziellen Transformation gibt es verschiedene wichtige Techniken, die in der Neuen Hypnose angewendet werden. Sie werden im folgenden beschrieben und an praktischen Beispielen dargestellt werden. Man kann diese Techniken in verschiedene Bereiche aufteilen (siehe Tabelle 1). Aus Gründen der Kürze und um Wiederholungen zu vermeiden, werden 12 verschiedene Techniken dargestellt werden, wenngleich man noch viele andere nennen könnte. Bei näherer Betrachtung fallen aber alle anderen Techniken unter eine der 12 erwähnten.

Ebenen der Intervention

Man sollte sich daran erinnern, daß jede Art von Psychotherapie wohlgeordnet ablaufen sollte. *Kaplans* (1976) Vorschläge für Sexualtherapie lassen sich ebensogut auf jede andere Art veränderungsorientierter Therapie anwenden. Es gibt drei Ebenen der Intervention, die man nicht durcheinanderbringen sollte, um Verwirrungen und Zeitverschwendungen zu vermeiden. Die erste Ebene zielt auf das *Symptom* an sich. Viele der in diesem Kapitel beschriebenen Techniken bewegen sich auf dieser Ebene, obwohl die zweite Gruppe (die der geistigen Techniken) hauptsächlich auf die nächsten beiden Ebenen abzielt. Nach meiner Erfahrung kann man mehr als 80% aller Fälle in der Therapie auf der ersten Ebene klären.

Tabelle 1
Techniken der Neuen Hypnose

Somatische Techniken

Entspannung
Körperbrücke
Subjektives Biofeedback

Geistige Techniken

Dissoziative T.	Zeitalterierungst.	Paralogische T.
Dissoziation	Transfer innerer	Paradox
Aktivierung von	Ressourcen	Parabel
Persönlichkeitsteilen	Gefühlsbrücke	
Materialisierung	Wiedererleben	
	Mentales Einüben	

Wenn eine therapeutische Intervention, die auf das Symptom gerichtet ist, keine Veränderung im Leben des Klienten bewirkt, dann geht der Therapeut auf die Ebene, die ich *Einsicht I* nenne, auf der der Klient lernt, oberflächliche Verbindungen mit dem Symptom zu erkennen. Zum Beispiel kann ein depressiver Tag immer auf einen Besuch eines unangenehmen Verwandten folgen. Ungefähr 12 bis 15 % von denen, die nicht auf die ersten Ebenen reagieren, kann durch Einsicht I geholfen werden. Erst wenn diese beiden Ebenen therapeutischer Interventionen keine Wirkung haben, geht der Therapeut auf die dritte Ebene – *Einsicht II* –, auf der man sich mit der Psychodynamik und ihrer Verbindung mit der Geschichte eines Menschen beschäftigt.

Die psychoanalytische Haltung ist die, die ersten beiden Ebenen zu ignorieren oder zu umgehen und so die therapeutischen Interventionen nutzlos in die Länge zu ziehen. Die seit dem Aufkommen der Verhaltenstherapie (s. *Stuart*, 1970, über iatrogene Störungen) angehäuften Forschungsergebnisse weisen darauf hin, daß erstens Symptomverschiebungen bei weitem nicht immer auftreten und daß zweitens ein Ignorieren der ersten beiden Ebenen der Veränderung häufig eine bedeutsame Veränderung beim Klienten verhindert.

Körperliche Techniken

Dieses sind Techniken, die sich auf die körperlichen Wahrnehmungen konzentrieren. Bei der *Entspannung* rückt z.B. die einfache und regelmäßige Tatsache des Ein- und Ausatmens in den Fokus der Aufmerksamkeit und führt so zu einer Veränderung des Eigenerlebens. Bei der *Körperbrücke* ist ein leichter Schmerz oder ein Gefühl des Unwohlseins in irgendeinem Teil des Körpers der Anstoß zu einer größeren Bewußtheit und Integration – die Brücke zum Unbewußten. Beim *subjektiven Biofeedback* benutzt man seinen eigenen Körper, um emotionale Reaktionen wahrzunehmen.

Entspannung

Jeder Hypnotherapeut weiß um den Wert der Entspannung. Entspannung ermöglicht dem parasympathischen Nervensystem, aktiv zu werden. Spannungen oder ein Mangel an Entspannung treten dann auf, wenn das sympathische Nervensystem länger als notwendig aktiv ist, um etwas zu unternehmen, oder wenn man einer Bedrohung oder Gefahr ausgesetzt ist. Man versucht, mit dieser Entspannungstechnik die Aktivierung des parasympathischen Nerven-systems zu erreichen, des Bereichs unseres Körpers, der unser ge-samtes körperliches System zur optimalen Funktionsweise führt. In der Praxis finde ich es hilfreich – soweit der Klient keine Schwierig-keiten mit dem Atmen hat –, mit dem normalen Atmen anzufangen. Dieser Ansatz kann sehr einfach sein. Zum Beispiel könnte man sagen:

Sie atmen jetzt. Achten Sie darauf, wie Ihr Körper atmen *möchte*. Er-zwingen Sie nichts. Sie brauchen mit nichts aufzuhören. Sie *atmen* einfach und finden den *Rhythmus*, in dem Ihr Körper atmet – sein Atemtempo. Lassen Sie es geschehen. Sie haben viel Zeit. Keine Eile. Einfach atmen. Und während Sie atmen, denken Sie an Entspannung...als ob Sie sehen könn-ten, wie Ihr ganzer Körper, Ihr *ganzer* Körper sich entspannt, richtig e-n-t-s-p-a-n-n-t. Genießen Sie die Entspannung. Lassen Sie sie geschehen. Hier und jetzt.

Dieses Sprechen über Entspannung geht so lange weiter, wie die Person braucht, um sich zu entspannen. Es ist immer nützlich, die Klienten dazu zu ermuntern, die Augen zu schließen, wenn sie von sich aus blinzeln. Ich sage dann meist: „Sie haben gerade geblinzelt. Wenn Sie das nächste Mal blinzeln, achten Sie darauf, wie entspan-nend es ist, zu blinzeln. Vielleicht möchten Sie einmal in *Zeitlupe* blin-zeln und dabei ihren ganzen Körper das Gefühl von Entspannung *genießen* lassen. Alle Funktionen *beruhigen* sich, während Sie diese Er-fahrung genießen."

Bei denjenigen, die Schwierigkeiten mit dem Atmen haben (bei Asthma, Emphysema, Hyperventilation oder ähnlichem) und für die deshalb atmen mit Sich-unwohl-Fühlen assoziiert ist, greift man sich einen anderen Ansatzpunkt zur Entspannung heraus. In diesem Fall kann der Therapeut eine der traditionellen Hypnosetechniken (Fas-zinationsmethode, Armlevitation, verschiedene Arten von Visuali-sierungen) benutzen oder den Klienten nach einer Situation fragen, in der er sich sehr entspannt gefühlt hat. Wenn man sich erstmal für eine Situation entschieden hat, werden immer mehr Details herein-gebracht, damit man das gleiche körperliche Gefühl von Entspan-nung, das die Person in der gegenwärtig erinnerten Situation erlebt hat, „re-produzieren" kann. Angenommen, der Klient hat eine ent-spannende Szene gefunden, in der er nachts auf einer Skireise nicht schlafen konnte und am verlöschenden Kamin saß, während vor dem Haus der Schnee fiel und alle anderen in tiefem Schlaf waren. Der Therapeut kann dann auf diese Szene aufbauen, bis die Person den Frieden und die Entspannung der damaligen Situation wiedererlebt. (Die 25 von *Kroger* & *Fezler* [1976] vorgeschlagenen „Bilder" sind hilfreich, um eine von Klienten präsentierte entspannende Szene auszubauen.)

Als Sicherheitstechnik für die Fälle, wenn jemand zu verspannt oder verstört ist, um den Instruktionen für Entspannung nachzugehen, kann man den paradoxen Ansatz der Muskelan- und -entspannung in schnellem Wechsel einsetzen. Dadurch wird dem Klienten eine anschauliche Vorstellung von Entspannung gegeben. Wenn er das erreicht hat, kann man mit den oben beschriebenen Methoden fortfahren.

Entspannung ist eine allgemeine Technik, weil praktisch jeder Klient davon profitieren kann. Das wichtige ist jedoch nicht die Muskelentspannung, sondern der *innere Frieden*. Es ist wichtig, sich daran zu erinnern, weil jemand, der sich Sorgen macht, sich schuldig fühlt, oder ängstlich und voller negativer Gedanken ist, nicht die Art von Entspannung erreichen kann, über die wir hier reden. Praktisch heißt das, daß sich der Therapeut auf die innere Realität des Klienten einlassen muß. Das kann zusammen mit den im letzten Absatz vorgeschlagenen Instruktionen geschehen. Zum Beispiel: Während Sie Ihren Atem die Spannungen *wegblasen* lassen – wie kleine Staubteilchen, die Ihre Muskeln angespannt haben –, lassen Sie sich Ihren Geist von Ihrem Atem mit *guten* Gedanken *füllen*. Lassen Sie sich von Ihrem Atem mit *Frieden* und *Gelassenheit* erfüllen. Atmen Sie ganz bequem. Atmen Sie voller guter Gefühle – friedliche, ruhige, stille Gedanken. Störungen werden kommen und gehen. Lassen Sie sie einfach durchfliegen. Ihr innerer *Frieden* ist jetzt das wichtigste.

Körperbrücke

Das allgemeine Konzept dieser Technik stammt von *Watkins'* (1971) Affektbrücke. Anstatt dafür genutzt zu werden, ältere Ego-Zustände dadurch zu aktivieren, daß man sich auf ein Gefühl konzentriert, das sowohl in der Gegenwart wie in der Vergangenheit vorhanden war, ist die Körperbrücke dem östlichen „Taitoku", oder auch Körperdenken, ähnlich. Es ist ein Weg, die Bewußtheit über seinen Körper dazu zu nutzen, die Bewußtheit über unterdrückte Gefühle zu fördern, weil jede wahrhaftige Selbst-Transformation (Metanoia) das ganze Selbst umfassen muß und nicht nur die intellektuellen Anteile. Deshalb ist die Körperbrücke eine effektive Hilfe für diejenigen, die zu sehr linkshemisphärisch denken oder die nie ihre intuitiven, symbolischen und emotionalen Kapazitäten (alles rechtshemisphärische Funktionen) entwickelt haben.

Diese Technik findet ihren Einsatz, wenn der Klient das Gefühl hat, er „hat nichts, worüber er reden kann", oder er sich „leer" fühlt, ohne Emotionen. Der Hypnotherapeut fordert den Klienten dann auf, einfach dazusitzen und auf den Körper zu achten: „Das Ziel ist hier nicht zu reden, sondern zu *erleben*. Welche Teile Ihres Körpers sind Ihnen im Moment bewußt?" könnte der Therapeut fragen. „Werden Sie sich nur eines Teils *bewußt*. Bleiben Sie bei dem Bewußtsein. Reden Sie nicht. Machen Sie nichts. Lassen Sie Störungen kommen und gehen. Werden Sie sich einfach Ihres Körpers mehr und mehr bewußt." Nachdem die Klienten sich in das Körpererleben haben fallenlassen, können sie beschreiben, was sie erlebt haben. Dann kann der Hypnotherapeut fortfahren: „Lassen Sie sich jetzt von dem Bewußtsein über ihren Körper zu etwas *führen*, das in den Schlupfwinkeln Ihres Geistes versteckt liegt. Seien Sie einfach neugierig, was es sein wird: Erinnerungen, Bilder, Freude, Schmerzen. Was immer hochkommt, ist in Ordnung. Ihr inneres Selbst wird mit Ihnen auf eine neue Art und Weise sprechen, durch Ihren Körper. Lassen Sie sich Zeit. Lassen Sie es passieren und Sie werden wichtige Dinge über sich selbst *lernen*. *Sie werden* überrascht und sehr zufrieden damit sein."

Viele, die im psychologischen Bereich arbeiten, würden dem Satz zustimmen, daß Klienten in Kontakt mit ihren Gefühlen kommen müssen. Das Problem ist häufig, das zu erreichen. Die Körperbrücke ist eine überraschend schnelle und effektive Technik, um das zu ermöglichen. Häufig fließen eine Unmenge bedeutsamer Erinnerungen und psychologischer Verbindungen ins Bewußtsein und geben dem Klienten so bedeutsames therapeutisches Material zum Bearbeiten in die Hand.

Diese Technik ist voller therapeutischer Möglichkeiten. Wenn der Klient sich auf einen Teil seines Körpers konzentriert, tauchen häufig geistige Bilder auf. Diesen kann man dann wiederum folgen, wie in dem Fall von dem Mann, der anfing, sich seines linken Fußes bewußt zu werden und „ein leichtes Kribbeln im großen Zeh" beschrieb. Ich schlug ihm vor, sich auf das Kribbeln zu konzentrieren und „tiefer hineinzugehen". An diesem Punkt runzelte er die Stirn und sagte: „Es ist wie eine elektrische Spannung, die die Rippen hinaufläuft." Ich schlug ihm vor, die Spannung zu visualisieren: ihre Kraft, Dicke und Geschwindigkeit. Er sah sie als einen silbrigen Strich, vielleicht aus Silber gemacht, fügte jedoch hinzu: „Ich weiß aber nicht, was das zu bedeuten hat." Es ist typisch, daß die meisten Menschen unserer Kultur ungeduldig sind, zu *wissen*, und daß das reine Erleben und Da-Sein sie unwohl fühlen läßt. Ich antwortete: „Sie werden es noch früh genug wissen. *Bleiben* Sie jetzt bei diesem silbernen Strich. *Fühlen* Sie, wie er von Ihrem rechten Zeh bis zu den Rippen geht. Endet er da? Was passiert dort? Lassen Sie sich Zeit, bei dem silbernen Strich zu bleiben." Dieses empfindsame Eingehen auf alles, was aus dem Unbewußten kommt, ist nicht eine Art Anti-Intellektualismus, sondern ein holistischer Ansatz des Lebens. Das Verstehen kommt nach dem Erleben. Der silberne Strich hörte dort nicht auf. Er wurde zu einem mächtigen Licht, das seinen ganzen Körper umhüllte. Ich ermutigte ihn, diese neue Energie, mit der er in Kontakt war, zu genießen. Er stellte für sich eine Verbindung her mit „der Energie, die mich am Leben hält, die Lebenskraft in mir, das Leben an sich." Nach diesem Erlebnis sprach er über die eher negative und pessimistische Einstellung, die er in den letzten paar Tagen gehabt hatte. Er war bereit, „sein Zelt zusammenzufalten", wie er sagte. Dieses Erlebnis führte dazu, daß er positiver über die Zukunft dachte, daran, das Leben stärker zu genießen, sich mehr Zeit zum Spielen zu lassen, Spaß zu haben und zu entspannen.

Das obige Beispiel ist typisch. Die durch diesen Ansatz entdeckte Bedeutung entsteht ohne mühsame linkshemisphärische Tätigkeiten wie Analysieren, Auswerten und „Nachdenken". Was diese Art Therapie so interessant und immer wieder überraschend macht, ist, daß der Hypnotherapeut sich nicht fragen muß, wohin es als nächstes geht, was er tun soll. Er muß einfach dem, was das innere Selbst des Klienten ganz natürlich, spontan und manchmal sogar verspielt anbietet, sorgsam und respektvoll folgen.

Die Körperbrücke kann dann verwendet werden, wenn der Klient eine Körperwahrnehmung äußert. Egal, ob es Müdigkeit, ein leichtes Schmerzgefühl, Kopfschmerzen oder etwas ähnliches ist, es wird überraschenderweise etwas Therapeutisches sein, mit dem man arbeiten kann, auf das man sich konzentrieren und sich dann entwickeln lassen kann, während man auf geistige Bilder, Erinnerungen und psychologische Verbindungen achtet.

Man sollte daran denken, daß man immer von einer sorgfältigen Diagnose ausgeht. Mit Psychotikern sollte man diese Technik nicht unvorsichtig durchführen, da sie leicht zu einer beängstigenden – und gefährlichen – Dissoziation führen kann, verbunden mit einem Gefühl von Kontrollverlust. Der erfahrene Hypnotherapeut wird immer zuerst die Ich-Stärke des einzelnen Klienten einschätzen, bevor er mit ihm die obige Übung oder andere Körpertechniken macht.

Subjektives Biofeedback

Diese Technik geht von einem geistigen Bild oder einer Erinnerung, die der Klient hat, aus. Es wird dann darauf geachtet, wie der Körper auf diese geistige Aktivität reagiert. Schließlich erwächst dann eine Bedeutung aus dieser Verbindung. Probieren Sie das an sich selbst aus. Stellen Sie sich ein sehr trauriges Erlebnis vor; visualisieren Sie es mit allen Details. Achten Sie dann darauf, wie Ihr Körper reagiert. Nehmen Sie es einfach wahr und werden Sie sich der Tatsache bewußt, daß es eine Harmonie von Geist und Körper gibt. Die Cartesianische Aufteilung zwischen Geist und Körper ist eher didaktischer Natur als real, wie man aus der östlichen Philosophie und Medizin lernen kann. Machen Sie das gleiche noch einmal, denken Sie aber diesmal an etwas Aufregendes und Schönes. Bleiben Sie dabei und erleben Sie so viele Details wie möglich. Achten Sie dann darauf, wie Ihr Körper, bzw. Teile Ihres Körpers, auf diese aufregende und schöne Erfahrung reagiert. Prüfen Sie dann, ob sich für Sie irgendeine Bedeutung aus dieser spontanen Verbindung entwickelt hat. Wenn nicht, wiederholen Sie die Übung so lange, bis Ihr Bewußtsein der Verbindung gewahr wird und Sie verstehen, was die Verbindung für Sie persönlich für eine Bedeutung hat.

Es ist wichtig, daß man das subjektive Biofeedback an sich selbst erfahren hat, bevor man diese Technik mit Klienten anwendet, weil, allgemein gesprochen, die meisten Menschen der westlichen Kulturen mit solchen Erfahrungen nicht sehr vertraut sind. Wir neigen dazu, uns zu sehr auf das Denken (linke Hemisphäre) zu konzentrieren – auf Kosten des inneren Erlebens und des Fühlens (rechte Hemisphäre). Eine bemerkenswerte Ausnahme von dieser Regel sind die Erlebnisse von Mystikern, die jedoch häufig als anti-intellektuell bezeichnet werden. Einer dieser Mystiker faßte es knapp zusammen: „Nicht das Wissen befriedigt die Seele, sondern die Dinge innerlich zu schmecken und zu kosten." Das sagte *Ignatius von Loyola*, der Gründer des Jesuitenordens, eine der intellektuellsten und gebildetsten Gruppen innerhalb der katholischen Kirche.

Nachdem man diese subjektive Erfahrung innerlich geschmeckt und ausgekostet hat, kann man daran denken, sie auf seine therapeutische Arbeit anzuwenden und Klienten zu helfen, „mit ihren Gefühlen in Kontakt zu kommen". *Ikemi* und *Ikemi* (1983) nennen die Unfähigkeit, Gefühle auszudrücken, *Alexithymie*, und sie prägten den Ausdruck *Alexisomie* für den Zustand, in dem es Menschen schwerfällt, ihre Körperempfindungen auszudrücken. Das subjektive Biofeedback ist eine Hilfe bei der Überwindung dieser Unfähigkeit. Man kann diese Technik bei bedeutsamen Äußerungen verwenden (z.B. „Ich liebe diese Frau wirklich") oder bei spontanen Gesten (z.B. eine spontan geballte Faust, oder beide Hände gehen an die Hüfte). Man bittet den Klienten, die Augen zu schließen und die Äußerung (für sich oder laut) einige Mal zu wiederholen und dabei zu prüfen, was in seinem Körper passiert. Was immer sich aus dem inneren Selbst entwickelt wird dann in den Fokus der Aufmerksamkeit gerückt und therapeutisch bearbeitet. Im folgenden soll an einem Beispiel der Gebrauch der Körpertechniken illustriert werden.

Ein klinischer Fall

A.D., 24 Jahre alt, wurde mir wegen psychogener Impotenz überwiesen. Die Impotenz hatte seit seinem ersten Versuch mit 17 Jahren verhindert, daß er Geschlechtsverkehr hatte. Ich bat ihn, sich auf die Impotenz zu konzentrieren und sich seiner körperlichen Reaktionen darauf bewußt zu werden. Anfangs erlebte er nichts Bestimmtes. Ich half ihm, sich tiefer zu entspannen und sich auf eine angenehme Szene zu konzentrieren, einen Ort der Erholung, an dem er sich sorgenfrei und wohl fühlen konnte, ohne irgend etwas tun zu müssen, aber dort die Freiheit zu haben, alles zu tun, was er wollte. Während er dort, an seinem Lieblingsort in der Bergen, war und die eindrucksvollen kanadischen Rockies genoß, bat ich ihn, seine Aufmerksamkeit auf sein sexuelles Problem zu richten. Sofort bemerkte er eine schneidende Spannung im Hinterkopf. Ich schlug ihm vor, bei dieser schneidenden Spannung zu bleiben und jede Art von geistigen Bildern, die damit einhergehen könnten, aufkommen zu lassen. Er antwortete, es fühle sich wie ein Eispickel an, der überraschenderweise keinen Schmerz, sondern eine klare, scharfe Anspannung erzeuge. Ich schlug ihm vor, sich auf die Schärfe dieses Erlebens zu konzentrieren.

An diesem Punkt bekam er das Gefühl, daß der Eispickel sehr lang werde und bis zu seiner Hüfte reiche. Er spürte eine Spannung, die von seinem Kopf ausging und bis in die Hüfte reichte. Ich fragte ihn: „Können Sie sich ein Bild von der Verbindung zwischen ihrem Kopf und der Hüfte machen?" Nach einem Moment des Schweigens sagte er: „Es ist wie eine Welle, die vor und zurückschwappt – eine dunkle, schwere Welle, die mich aushöhlt." Ich antwortete: „Auch wenn es vielleicht unangenehm ist, bleiben Sie einen Moment dabei; erleben Sie es voll und ganz." Nach einiger Zeit sagte er sehr langsam und leise: „Mein Kopf, mein Herz, mein Penis – sie stehen alle in Verbindung." Ich fuhr fort, ihn zu ermutigen, alles entstehende unbewußte Material zu nutzen: „Erleben Sie diese Verbindung. Was ist die Verbindung? Wie fühlt sie sich an? Lassen Sie sich Zeit, sie zu spüren. Sie müssen sie nicht verstehen. Sie brauchen jetzt nicht zu reden. Erleben Sie einfach." Nachdem er sich einige Zeit lang intensiv konzentriert hatte, fügte ich hinzu: „Sagen Sie sich, daß Ihr inneres Selbst eine Verbindung zwischen Ihrem Kopf, Ihrem Herz und Ihrem Penis gefunden hat. Vertrauen Sie Ihrem inneren Selbst. Sie werden diese Verbindung in den nächsten Tagen mehr verstehen lernen. Seien Sie offen für alles, was Ihr inneres Selbst mit dieser Verbindung machen will. Sie wissen, daß Sie Sex genießen können; Ihr Herz will Sex ganz und gar genießen. Wird Ihr Penis schon jetzt oder erst später mitarbeiten? Das wird eine große und angenehme Überraschung sein.

Überlassen Sie es Ihrem inneren Selbst, die drei Dinge zusammenzufügen."

Damit endete die erste Sitzung. Bei der nächsten Sitzung, eine Woche später, berichtete er, daß das Problem noch immer vorhanden sei, aber daß er jetzt wisse, daß alles wieder in Ordnung kommen würde. Er war dreimal mit seiner gegenwärtigen Freundin zusammengekommen – zweimal davon sexuell. Obwohl „nichts passierte", hat er sich entspannter und hoffnungsfroh dabei gefühlt. Wie in der ersten Sitzung wurde wieder Hypnose verwendet, diesmal wurde die Vorstellung eines entspannten sexuellen Erlebnisses, ohne jedoch Geschlechtsverkehr zu erwähnen, hinzugefügt.

In der dritten Woche war A.D. krank gewesen und hatte seine Freundin nur einmal gesehen. In den vier Tagen, die er im Bett lag, hatte er jedoch Entspannung und Selbsthypnose geübt und sich selbst die Botschaft übermittelt, daß sein inneres Selbst dabei war, sein Problem zu bearbeiten, und er bald die freudige Überraschung haben würde, es zu bemerken. In der Sitzung konzentrierte er sich hypnotisch auf ein positives sexuelles Zusammentreffen mit seiner Freundin.

Zur vierten Sitzung kam A.D. voll überschwenglicher Begeisterung. Er hatte zweimal erfolgreich Geschlechtsverkehr gehabt. Ich schlug ihm vor, bei diesen guten Gefühlen zu bleiben und sich auf die nächste Begegnung mit seiner Freundin zu konzentrieren. Das Ziel war nicht, daran sollte er sich erinnern, Leistung zu erbringen, sondern sorgloses Genießen. Er verbrachte ca. 15 Minuten in Hypnose und übte eine entspannte sexuelle Begegnung ein, bei der er und seine Freundin in der Freude des Miteinanderseins aufgehen.

Die fünfte Sitzung nach weiteren 10 Tagen war eine Siegesfeier. Er hatte dreimal Geschlechtsverkehr genossen, und er freute sich auf die nächste Gelegenheit, mit seiner Freundin zusammenzusein.

Ich sah A.D. noch zweimal, erst eine Woche später und dann noch einen Monat später. Er hatte sein neues Verhalten beibehalten, und er fühlte sich mit jedem erfolgreichen Geschlechtsverkehr zuversichtlicher. Drei Monate später rief er mich an und berichtete über anhaltenden Erfolg. Ein halbes Jahr später kamen er und seine Freundin zu mir, weil sie daran dachten, zusammenzuziehen, und einige praktische Fragen dazu hatten. Zu diesem Zeitpunkt bezeichneten beide sein „früheres sexuelles Problem" als etwas aus der fernen Vergangenheit, eine fast vergessene Schwierigkeit, die weit entfernt ist. Man könnte darüber spekulieren, welches die Dynamiken waren, die eine Veränderung in so kurzer Zeit bewirkt haben, wobei die therapeutischen Interventionen auf der ersten Ebene des Symptoms blieben und nicht auf die zweite oder dritte Ebene gingen, die ich weiter oben dargestellt habe. Es war ein Fall von unbewußter, gesunder Integration seiner Überzeugungen – die durch das Bewußtwerden einer vereinheitlichenden Energie, die sein ganzes Sein (Kopf, Herz und Körper) umfaßt, korrigiert wurden – und seiner sexuellen Anteile. Er kam aus einem Umfeld strikter vorehelicher sexueller Abstinenz, aber durch das Erleben einer Integration seines ganzen Seins erlebte er sich auch als der Mensch, der er zu der Zeit war und nicht mehr als das Kind, das den Gedanken von vorehelicher sexueller Abstinenz eingetrichtert bekommen hatte. Dadurch ist vielleicht sein inneres Selbst so befreit worden, daß es seinem Körper erlauben konnte, sich in den Situationen mit seiner Freundin seinem Reifegrad entsprechend zu verhalten.

Wie auch *Erickson* in manchen Fällen berichtet (z. B. 1935) erlebt der Klient eine entscheidende Veränderung, ohne die dahinter stehenden Dynamiken zu verstehen. Durch diesen Ansatz hat der Therapeut viele ähnlich bescheidene Möglichkeiten. Er hilft offensichtlich dem Klienten, weiß dabei aber nicht, wie seine Intervention das erwünschte Ergebnis bewirkt hat. Die Effektivität der Therapie hängt nicht davon ab, daß der Therapeut den Prozeß, der zu der positiven Veränderung führt, versteht, wie *Watzlawick* (1976), *Rossi* (*Erickson & Rossi*, 1979) und andere festgestellt haben.

Traditionelle Hypnotherapeuten sind mit ideomotorischen Techniken vertraut. Dabei handelt es sich um Techniken, durch die unwillkürliche Bewegungen der Finger erzeugt werden, die ein Indikator für „Denkprozesse" werden, die unterhalb der Ebene der bewußten Aufmerksamkeit stattfinden. Ideomotorische Techniken sind eine effektive Hilfe bei der Anhebung unbewußter „Denkprozesse" auf die bewußte Ebene. „Man glaubt, daß sie aus unbewußten Quellen kommen", erklärt *Edelstien* (1981), „und die klinischen Erfahrungen scheinen diese Auffassung zu bestätigen" (S. 53). Vorher sagt er im gleichen Kapitel, daß „es schwierig, wenn nicht sogar unmöglich ist, eine eindeutige Erklärung dafür zu finden, wie und warum (diese

Techniken) funktionieren. Sie funktionieren jedoch, und es gibt keinen Grund, ihren Nutzen den Patienten so lange vorzuenthalten, bis die Theoretiker eine angemessene Erklärung gefunden haben" (S. 47).

Bei der Traditionellen Hypnose werden diese ideomotorischen Antworten geplant und fast konstruiert hervorgerufen. Obwohl die Neue Hypnose diese Techniken nicht ablehnt – soweit sie in der entsprechenden Situation, wenn der Klient von ihnen profitieren kann, angewendet werden –, werden bei der Neuen Hypnose die eher naturalistischen Ansätze vorgezogen. Die Körperbrücke und das subjektive Biofeedback sind solche naturalistischen Ansätze. Es handelt sich dabei ebenso um ideomotorische Manifestationen unbewußter „Denkprozesse". Statt sich jedoch künstlich auf die Finger des Klienten zu beschränken, geht der Therapeut wie in der oben dargestellten Weise vor. Die aus Körperempfindungen erwachsende Bewußtheit resultiert aus der gleichen Quelle unbewußten Denkens wie die traditionellen ideomotorischen Techniken. Die Körperbrücke und das subjektive Biofeedback können zum gleichen Zweck wie die traditionellen ideomotorischen Techniken eingesetzt werden: die Aufdeckung unbewußter Denkprozesse und der Umgang mit Material, das vor der Bewußtwerdung „geschützt" (verdrängt) wurde.

Zusammenfassend kann man sagen, daß die Körperbrücke und das subjektive Biofeedback ideomotorische Techniken sind, obwohl sie weniger künstlich und natürlicher und spontaner als die traditionellen Fingerantworten sind.

Geistige Techniken

Obwohl alle 12 vorgestellten Techniken im Kern „geistig" sind, d .h. sie erfordern geistige Kapazität, konzentriert sich die nächste Gruppe von Interventionen nicht primär auf das Körpererleben, wie es bei den Körpertechniken der Fall war. Geistige Techniken werden speziell zur Veränderung der Wahrnehmung von Problemen und zur Ermöglichung der Metanoia genutzt, der schwierigen Transformation, die an unserem Abbild der Welt ansetzt und dann auf die Verhaltens- und Beziehungsebene übersetzt wird.

Dissoziative Techniken

Dissoziation. Lassen Sie uns mit einem Beispiel anfangen. Eine Frau ist sehr wütend, traurig und frustriert, weil ihre drei erwachsenen Kinder sie nach drei Jahren der Trennung von ihrem Ehemann, mit dem sie 36 Jahre zusammen war, „verstoßen" haben. Sie hat versucht, mit ihnen zu reden, sich zu erklären und ihnen entgegenzutreten – aber ohne Erfolg. Die Kinder hatten versprochen, sich zu melden und mit der Mutter in Kontakt zu bleiben, aber die Wochen waren ohne ein Lebenszeichen von ihnen verstrichen. Als sie dann schließlich anrief, waren die Kinder entweder erstaunt über ihre Beschwerden oder sie sagten ihr klar, daß es nichts gebe, worüber man reden könne und das der Grund sei, weshalb sie sich nicht gemeldet hätten. Sie war seit sechs Monaten in der Therapie und sprach über dieses Problem. Es war weder ein Fortschritt bei ihrem Verhalten noch bei dem ihrer Kinder oder bezüglich ihrer depressiven Grundstimmung festzustellen, obwohl sie verschiedene Aktivitäten in verschiedenen Gruppen mit anderen Erwachsenen in Gang gesetzt hatte.

Man hätte viele Jahre damit verbringen können, die Reaktion dieser Frau auf die „Verstoßung" durch ihre Kinder zu analysieren. Eine alternative (Notfall-) Technik war die Verwendung von Dissoziation. Sie wurde gebeten, sich einen angenehmen oder lustigen Tagtraum vorzustellen. Der Tagtraum hat die Aufgabe, die emotionalen Schmerzen zu verdrängen, „so daß Sie nicht den ganzen Tag diese Schmerzen spüren müsse". Sie kann diese Methode lernen und damit, zumindest für eine Zeitlang, die emotionalen Schmerzen aussetzen lassen. In der Therapie wird sie einige Minuten lang in diesen Tagtraum geschickt. Ihr wird bewußt gemacht, wie anders (sogar gut) sie sich in dem Tagtraum fühlen kann. Ihr wird aufgetragen, die Übung jeden Tag zu machen. Später wird dieser Technik das geistige Einüben (das weiter unten erklärt wird) hinzugefügt.

In vielen Fällen, bei denen der Therapeut sich frustriert und hilflos gegenüber einem Klienten fühlt, ist Dissoziation ein erster Schritt dazu, den Klienten zu weiterem Wachstum zu führen. In dem oben erwähnten Fall der Frau gaben ihr die „kleinen Reisen im Geiste", wie sie es nannte, mehrmals am Tag Erleichterung. Später fing sie dann an, im Geiste die neuen Dinge einzuüben, die sie tun wollte, sich vorzustellen, daß es andere Menschen gibt, auf die *sie* sich verlassen kann; nach weniger als zwei Monaten entschied sie sich, daß ihre Kinder emotionales Gift für sie seien und daß sie keinen Kontakt zu ihnen aufnehmen würde, bis sie es von sich aus tun würden. Das war in der Tat eine traurige Entscheidung, aber zu dem Zeitpunkt hatte sie sich darauf vorbereitet, im reifen Alter von 66 Jahren ein „neues Leben" anzufangen.

Aktivierung von Persönlichkeitsteilen. Diese Technik stammt, wie die Körperbrücke, von *Watkins* (1978), sie wurde allerdings etwas abgeändert, so daß sie weniger psychoanalytisch geprägt ist. Man könnte die Technik auch *gesunde Persönlichkeitsspaltung* nennen. Sie besteht daraus, die Gewohnheit herauszubilden, alle Gefühle, Gedanken, Stimmungen oder Handlungen nicht als „aus mir kommend" aufzufassen, sondern als „aus einem Teil von mir stammend". Jedes Mal, wenn der Klient sagt, „Ich fühle...," oder „Ich muß darüber nachdenken...", erinnert ihn der Hypnotherapeut daran, zu prüfen, was der entgegengesetzte Teil in ihm denkt, fühlt oder sagt. Man fordert die Klienten auf, dieses auch zu Hause zu tun. „Prüfen Sie die Teile in Ihnen" wird ein häufig gesprochener Satz. Wenn jemand sich zum Beispiel depressiv fühlt, kann man ihn fragen, was der depressive Teil in einem sagt. Dann sagt man: „Gibt es noch einen Teil in Ihnen, der vielleicht nicht mit dem depressiven Teil übereinstimmt? Lassen Sie uns hören, was der zu sagen hat." Das ist ein Weg zur Erweiterung seines Bewußtseins – zu erkennen, daß praktisch selten sein ganzes Selbst in irgendeinem inneren Erleben aufgeht. Dadurch, daß man das Gesamtbild seiner Existenz untersucht, kann man erkennen, daß „mindestens ein kleiner Teil in mir nicht völlig mit dem depressiven (wütenden, frustrierten, etc.) Teil übereinstimmt.

Was der Hypnotherapeut tut, ist, den Klienten zu erlauben, sich ganz und gar mit dem neuen Teil in sich zu identifizieren, voll und ganz der neue Teil zu werden und sich bewußt zu werden, wie sich der neue Teil anfühlt. Statt als der neue Teil zu *sprechen*, ist es wichtig, den Klienten zu helfen, auf der Ebene des Erlebens dieser Teil *zu werden*. Erst dann, und erst nach diesem Erlebnis, kann es nützlich sein, darüber zu reden, was der Teil für eine Bedeutung hat, warum er bestimmte Gefühle ausgelöst hat etc. Anstatt Klienten zu bitten, mir den Teil zu beschreiben, schlage ich ihnen vor, sich Zeit zu lassen, diesen neuen Teil in ihnen ganz zu erleben. Erst danach reden wir.

Diese Technik beinhaltet viele Möglichkeiten, ihre Grenzen liegen in den Grenzen der Vorstellungen von Hypnotherapeut und Klient und ihrer Bereitschaft, auch einmal „komisch zu klingen".

Materialisation. Hierbei handelt es sich um eine weitere Form der Dissoziation, bei der der Klient von seinen Problemen abgetrennt wird. Bei dieser Technik wird das Problem nicht zurückgelassen, sondern visualisiert und dann auf eine neue Art und Weise erlebt. Angenommen, ein männlicher Klient sagt am Anfang des Sitzung, er sei verwirrt. (Bemerken Sie, daß man bei einer herkömmlichen Therapie den Klienten wahrscheinlich auffordern würde, mehr darüber zu erzählen und die Verwirrung zu erklären.) Bei der Neuen Hypnose würde der Therapeut dagegen erlebnismäßige (rechtshemisphärische) Prozesse fördern, indem er zum Beispiel vorschlägt, daß sich der Klient seine Verwirrung in irgendeiner materiellen Form oder in Form eines Gegenstandes, den er kennt, vorstellt. Kann die Verwirrung zu einem Nebel werden oder zu einer tiefen Finsterheit oder zu einem kakophonen Lärm oder wie das Gefühl, aus größter Höhe zu fallen? Gibt es irgendein geistiges Bild für die Verwirrung? Der Klient wird aufgefordert, die Augen zu schließen, sich zu entspannen (unter Verwendung der oben beschriebenen Techniken) und sich dann auf das geistige Bild zu konzentrieren, das der Gedanke an die Verwirrung auslöst. Normalerweise nimmt der Klient daraufhin Kontakt mit irgendeinem Symbol für seinen psychischen Zustand auf – erleichtert wird dieses, wenn der Therapeut dem Klienten die Möglichkeit gibt, sich visuelle, kinästhetische, auditive oder sogar olfaktorische und gustatorische „Vorstellungen" oder Repräsentationen zu machen. Falls das nicht geschieht, kommen Erinnerungen hoch, oder es werden schnelle weitere Assoziationen gemacht.

An dieser Stelle scheint es angebracht, darauf hinzuweisen, daß Techniken immer ein Mittel zum Zweck sind. Wenn eine bestimmte Technik nicht funktioniert, kann man eine andere verwenden, die dasselbe Ziel verfolgt.

Der Grundgedanke dieses Vorgehens ist es zu prüfen, ob das Problem auch symbolhaft erscheinen kann. Wenn die Klienten in der

Lage sind, ein geistiges Bild oder ein Symbol zu produzieren, bittet sie der Therapeut, dabei zu bleiben und sich auf die Gefühle und das innere Erleben zu konzentrieren und sie sich ganz und gar zu eigen zu machen. An diesem Punkt findet dann eine Erweiterung der Bewußtheit oder auch des Bewußtseins statt. Obwohl wir hier jede Technik für sich und abgetrennt von den anderen diskutieren, wird der erfahrene Hypnotherapeut verschiedene Techniken in schneller Folge kombinieren und vermischen, um so sein Ziel zu erreichen – eine Veränderung der Wahrnehmung oder Abbildung der Welt, durch die der Klient anders auf eine Situation oder einen Bereich, die die Ursache eines Problems oder Symptoms sind, reagieren kann.

Zeitalterierungstechniken

Bei diesen Interventionen wird Zeitverzerrung auf die eine oder andere Art und Weise genutzt. Drei dieser Techniken beziehen sich auf die Vergangenheit, eine auf die Zukunft. Obwohl sich die Neue Hypnose wegen ihrer erlebnisorientierten Natur hauptsächlich mit der Gegenwart beschäftigt, wäre es naiv, anzunehmen, daß sich Bezüge auf Vergangenheit oder Zukunft vermeiden ließen. Als menschliche Wesen sind wir sowohl gefangen in der Zeit als auch frei wegen der Zeit. Bei Zeitalterierungstechniken wird unsere zeitliche Realität erlebnismäßig genutzt. Dieses geschieht nicht, indem die Lehren aus der Vergangenheit oder die Zukunftsträume analysiert oder verstanden werden, sondern indem die innere Realität der Dinge aus der Vergangenheit oder Zukunft voll und ganz erlebt wird und sie so ein Teil unseres Seins werden.

Transfer innerer Ressourcen. Wenn sich ein Klient hilflos oder durch die gegenwärtige Situation entmutigt fühlt, gibt es einige Interventionen, die darauf abzielen, diesen Affekt zu verändern, und dafür sorgen, daß der Klient ein positiveres Gefühl zu sich bekommt. Die Transfer-Technik existiert in vielen Variationen, der Kern der Technik besteht darin, sich auf eine vergangene Situation zu fokussieren, in der man sich außergewöhnlich gut verhalten hat und sich ungewöhnlich gut gefühlt hat. Diese Situation wird dann hypnotisch genutzt, sie wird im Detail wiedererlebt, und es werden dabei so viele positive Affekte wie möglich hervorgerufen; die Übung wird, wenn nötig, noch einige Mal wiederholt. Danach wird der Klient dann gebeten zu prüfen – wiederum erlebnismäßig –, ob irgendwelche der Ressourcen, die er in der positiven Situation benutzt hat, in der jetzigen Situation von Wert sind, in der sich der Klient hilflos, entmutigt und ganz allgemein negativ fühlt. Bei all diesen Techniken muß dem Klienten erlaubt werden, Bewegungen sehr langsam (im Geiste) auszuführen. Häufig sagt man Sachen wie „Kein Grund zur Eile". „Lassen Sie sich Zeit." „Versuchen Sie, bei dieser Situation zu bleiben." „Prüfen Sie, ob irgendwelche der Persönlichkeitseigenschaften, die Sie damals hatten, Ihnen heute helfen könnten." (Ein Beispiel für die Anwendung dieser Technik wird in Kapitel 8 dargestellt werden.)

Ein weiterer Weg, diese Transfer-Technik anzuwenden, besteht darin, von der negativen Situation und den von ihr hervorgerufenen Affekten auszugehen und dann zu einer positiven Situation und den damit verbundenen guten Gefühlen zu gehen und dann schließlich wieder in die negative Szene zu gehen und dabei einige der positiven Ressourcen mitzunehmen, die in der Vergangenheit für gute und positive Gefühle gesorgt haben.

Ein Fallbeispiel

Ein Fallbeispiel mag helfen zu zeigen, wie man verschiedene Techniken in der therapeutischen Arbeit kombinieren kann. In diesem Fall wird die Transfer-Technik verwendet sowie das subjektive Biofeedback und mentales Einüben. Eine 39 Jahre alte Frau, die seit fünf Jahren geschieden war, hatte sich gerade von ihrem Freund getrennt, mit dem sie in den letzten vier Monaten zusammen war. Sie wollte eine ernsthafte Beziehung eingehen, aber er war nicht bereit dazu. Sie entschloß sich, ihn nicht mehr zu treffen, fühlte sich aber danach sehr unglücklich, einsam und ängstlich in bezug darauf, „den idealen Mann" zu treffen. In der ersten Therapiesitzung nach der Trennung verwendete ich die Transfer-Technik.

Kl.:   Wie ich Ihnen schon am Telefon gesagt habe, geht es mir noch immer schlecht, obwohl ich weiß, daß ich mit ihm Schluß machen mußte. Ich bin auch stolz darauf, daß ich es gemacht habe.

DLA: Prüfen Sie jetzt, ob Sie die Traurigkeit irgendwo in Ihrem Körper erleben können. Lassen Sie sich Zeit, sich Ihres Körpers bewußt zu werden, wie er atmet, dasitzt. Ihre Augen sind geschlossen, Sie versuchen etwas Frieden zu finden.

Kl.: (nach ungefähr 90 Sekunden) Ich werde meine Traurigkeit. Es ist schmerzlich (beginnt, still zu weinen).

DLA: Bleiben Sie noch einen Augenblick bei der Traurigkeit und dem Schmerz. Sie sind die Traurigkeit, der Schmerz.

Kl.: (Ruhig, mit leicht gerunzelter Stirn. Sie konzentriert sich, atmet aber entspannt.)

DLA: Wenn Sie nun zufrieden damit sind, Ihren Schmerz und Ihre Traurigkeit zu erleben, verändern Sie Ihr geistiges Bild in etwas ganz anderes. Denken Sie an eine andere Situation in der Vergangenheit, die sehr gut für Sie war, in der Sie sich großartig gefühlt haben, glücklich, alles im Griff, kompetent, stolz auf sich. Lassen Sie Ihren inneren Bildschirm von dieser Erinnerung erfüllen. Lassen Sie sich Zeit, das zu machen. Ihr inneres Selbst wird für Sie eine sehr positive Szene auswählen, die Sie jetzt wiedererleben werden.

Kl.: (Ist ungefähr zwei Minuten lang ruhig, atmet ruhig und ist gut entspannt. Dann lächelt sie ein bißchen, bis sie schließlich breit lächelt.)

DLA: Wann immer Sie bereit sind, können Sie mir erzählen, welche Szene hochgekommen ist. Keine Eile. Bleiben Sie dabei und nehmen Sie es ganz in sich auf. Sie sind dort, fühlen sich großartig.

Kl.: (nach ungefähr vier Minuten) Meine neue Wohnung. Kein Ehemann. Er ist für immer fort. Endlich meine eigene Wohnung. Ich hab's geschafft.

(Diese Frau hatte eine sehr gewalttätige Ehe. Ihr Mann hatte sie geschlagen und das Leben von Nicole, ihrer zweijährigen Tochter, bedroht. Sie hatte ihn mitten in der Nacht verlassen und war zu ihren Eltern gezogen, die sie beschützten, bis sie eine eigene Wohnung gefunden hatte. In der Zwischenzeit war ihr Mann ins Gefängnis gekommen, weil er Geld der Firma, in der er angestellt war, veruntreut hatte.)

DLA: Bleiben Sie bei diesem Bild und bei den ganzen guten Gefühlen. Sie sind sicher, Sie sind frei. Sie sind stolz auf sich. Sie haben sich und Ihr Kind gerettet. Jetzt gehört die Wohnung Ihnen – Ihnen und Nicole, die Sie gerettet haben. (Nach ungefähr fünf Minuten, in denen ich sie ermutigte, die guten Gefühle, die sie erlebt hatte, voll und ganz wiederzuerleben, fuhr ich fort.) Gehen Sie jetzt in die traurige Szene zurück, zu ihrem gegenwärtigen Schmerz und der Traurigkeit. Aber nehmen Sie einige der guten Gefühle mit, die Sie hatten, als Sie das erste Mal in Ihrer Wohnung waren. Nutzen Sie einige der guten Gefühle in ihrer jetzigen Traurigkeit und bei dem Schmerz.

Kl.: (nach einigen Augenblicken) Ja, es fühlt sich gut an. Ich mache es. Die Traurigkeit ist in Ordnung. Sie wird vorbeigehen. Ich werde wieder in Ordnung kommen.

Die Sitzung ging in diesem Stil weiter. Zum Schluß wurde Mentales Einüben (diese Technik wird weiter unten erläutert) eingesetzt, damit sie sich selbst erleben konnte, wie sie jenseits der Traurigkeit ist.

Gefühlsbrücke. Obwohl auch diese Intervention von *Watkins* (1971) stammt, der sie *Affektbrücke* nannte, habe ich sie *Gefühlsbrücke* genannt, um sie nicht „die modifizierte Affektbrücke" oder so ähnlich nennen zu müssen. Der Grund liegt darin, daß diese Technik weniger psychoanalytisch als *Watkins'* ist. Wenn ein Klient ein bestimmtes Gefühl erlebt und der Therapeut Hinweise darauf hat, daß es in Beziehung zu irgendwelchen vergangenen Erlebnissen oder Ereignissen steht, stellt die Gefühlsbrücke eine nützliche Intervention dar. Angenommen, eine Klientin hat ein allgemeines Gefühl der Verwirrung, das sich im Spiegel ihrer gegenwärtigen Lebenssituation nicht erklären läßt. An diesem Punkt würde ich vielleicht vorschlagen, bei dem Gefühl der Verwirrung zu bleiben; daß sie sich bis zum äußersten darauf konzentriert, die Verwirrung physisch (körperlich) zu erleben; daß sie alle Gefühle und Bilder aufsteigen läßt, die auf irgendeine Art und Weise mit der Verwirrung in Verbindung stehen: „Ihr ganzes Selbst besteht jetzt aus Verwirrung." Das allein reicht häufig schon, um eine psychologische Verbindung zwischen der gegenwärtigen Verbindung und bedeutsamen vergangenen Ereignissen herzustellen, in denen es auch Verwirrung gab. Wenn nicht gleich eine Reaktion erfolgt, werde ich deutlicher und sage etwas wie: „Sie waren schon mal verwirrt. Vielleicht nicht genau so, wie jetzt. Gestatten Sie Ihrem inneren Selbst, eine Verbindung zwischen dieser Verwirrung und einer anderen Verwirrung in der Vergangenheit herzustellen. Lassen Sie sich Zeit, entspannen Sie sich, und lassen die Verwirrung – jetzt und in der Vergangenheit – Ihr ganzes Sein erfüllen."

So wirkt das gegenwärtige Gefühl als eine Brücke zu anderen, vergangenen Erscheinungsweisen dieses Gefühls und kann so die Bewußtheit von Menschen erweitern und ihnen helfen, etwas Neues über sich zu lernen. Dieses Über-sich-selbst-Lernen, ein Aspekt, den *Erickson* häufig in der Arbeit mit seinen Klienten erwähnt, ist der Hauptzweck der Gefühlsbrücke. Die Verbindung mit einem vorherigen, ähnlichen Gefühl führt dazu, daß man die beiden trennen kann, oder daß man daraus, wie man sich damals verhalten hat, etwas für die jetzige Situation lernen kann.

Wiedererleben. Irgendwie hat das Wort „Regression" einen negativen Beigeschmack für viele Therapeuten und Klienten bekommen. Die Regression im Dienste des Ich (*Kris*, 1952) ist jedoch keinesfalls eine neue Technik der Psychotherapie. Ich ziehe es vor, vom *Wiedererleben* vergangener Erlebnisse zu reden. An anderer Stelle ist diese Intervention ausführlich dargestellt worden (s. *Weitzenhoffer*, 1957; *Wolberg*, 1964). Ich möchte betonen, daß diese Technik extrem wichtig ist, wenn jemand auf ein traumatisches Erlebnis in der Vergangenheit fixiert zu sein scheint. Durch das Wiedererleben unter der Führung des Hypnotherapeuten erreicht der Klient eine neue Kontrolle über das Erlebnis. Dieser Ansatz funktioniert sehr gut in Verbindung mit der Aktivierung von Persönlichkeitsteilen bei Menschen, die in der Kindheit emotionale Deprivation erfahren haben. Diese Technik wurde zum Beispiel ein wichtiger Teil der Therapie bei der Arbeit mit einer Frau, deren Mutter sie im Alter von vier bis sechs in einer kleinen Abstellkammer eingesperrt hielt, während die Mutter die Hausarbeit machte. Die Frau erlebte dieses Ereignis wieder, aber gleichzeitig sah sie sich so, wie sie heute ist, als erwachsene Frau, die weiß, wie man mit kleinen Kindern umgehen muß. Sie war in der Lage, das kleine Mädchen zu trösten und ihm Unterstützung, Verständnis und Schutz zu geben. Diese Frau lernte, diese

Technik immer dann anzuwenden, wenn sie sich depressiv fühlte, weil sie erkannt hatte, daß ihre Depressionen in Verbindung mit diesen grausamen Szenen aus der Vergangenheit stehen.

Mentales Einüben. In unserer westlichen Welt wird uns beigebracht, logisch zu denken, die Realität zu überprüfen, objektiv zu sein – alles Funktionen der linken Hemisphäre. Mentales Einüben umgeht die Logik und geht der Zeit voraus. Es findet in der Zukunft statt, im Gegensatz zu den anderen Zeitalterierungstechniken, die in die Vergangenheit zurückgehen. Mentales Einüben besteht in der imaginativen Arbeit, sich selbst in der Zukunft zu erleben, so wie man denkt, daß man sein kann: „Machen Sie nun einen Sprung nach vorne und erleben Sie jetzt in Ihrer Vorstellung das Selbst, das Sie sind, wenn Sie das Problem nicht mehr haben. Das Problem ist fort, aufgelöst, beendet. Sie sind jetzt ohne dieses Problem. *Mögen* Sie sich, *genießen* Sie es, ohne das Problem zu sein. Sie sind jetzt in Ordnung. Wie fühlt es sich an? Prüfen Sie, wie Ihr Körper auf diese neue Art zu sein reagiert."

Sportler lernen, genausoviel im Geiste einzuüben, wie sie in vivo üben. Geschäftsleute werden ermutigt, sich erfolgreiche Situationen vorzustellen und die Gefühle zu erleben, die dadurch ausgelöst werden (*Araoz*, 1984b). Schauspieler lernen, ihre Imagination zu benutzen, um der Charakter zu werden, den sie darstellen wollen. In vielen Therapiemethoden wird Psychovisualisierung verwendet, Techniken „des inneren Auges" oder „geistige Filme". Anders gesagt ist das mentale Einüben eine Methode, die in vielen verschiedenen Situationen Veränderungen ermöglicht.

Man sollte sich daran erinnern, daß häufig Menschen, die sich über ein kommendes Ereignis „sorgen", sich mental *gegen sich selbst* einüben. Sie verwenden den gleichen mentalen Mechanismus, aber auf eine negative Art. Und in den meisten Fällen funktioniert es! Es erhält die negativen Gefühle aufrecht und „bereitet" die Person darauf vor, in der zukünftigen Situation zu versagen oder zu leiden. Das mentale Einüben verwendet den gleichen Prozeß, aber zum Nutzen. Jedes Mal, wenn ein Klient in der Therapie über etwas spricht, was er erreichen möchte, wohin er sich verändern will, schlage ich vor, daß er sich selbst „sieht", wie er verändert ist. Der jahrhundertealte Satz von Virgil: „Sie verändern ihr Sein, weil *sie sich selbst sehen*, wie sie sich verändern", ist eine treffende Definition des mentalen Einübens.

Paralogische Techniken

Bei diesen Interventionen wird versucht, direkt mit der rechten Hirnhemisphäre zu kommunizieren. *Watzlawick* (1978) hat die Sprache des Unbewußten meisterhaft dargestellt; der Leser sei aufgefordert, sich mit seinen Arbeiten vertraut zu machen. Paradoxe und Parabeln sind von vielen großen Meistern der östlichen wie der westlichen Zivilisation verwendet worden, trotzdem werden in den meisten Psychotherapieausbildungen diese alten Lehren vernachlässigt, obwohl sie sich über die Jahrhunderte als effektiv erwiesen haben.

Paradox. Der springende Punkt beim Paradox ist, dort eine indirekte Methode zu wählen, wo ein direktes Vorgehen Widerstand hervorrufen würde. Man sollte die Arbeiten von *Weeks* & *L'Abate* sorgfältig studieren, um den Wert und den Nutzen paradoxer Interventionen voll und ganz zu erfassen. In der Neuen Hypnose werden Paradoxe erlebnisorientiert eingesetzt. Die Frau, deren Tochter nach Gründen suchte, sie in die Psychiatrie zu bringen, sagte eines Tages, daß sie „sich selbst in Stücke fallen sieht, (sie) in einem tiefen Loch sitzt." Ich schlug vor, daß sie sich selbst vor ihrem inneren Auge sieht, wie sie verrückt wird, in tausend Stücke zerbricht. Wir verbrachten einige Zeit mit dieser Übung, und am Ende sagte sie sehr bestimmt: „Ich will ihr (der Tochter) nicht die Befriedigung lassen, mich verrückt werden zu sehen. Ich bin nicht verrückt. Ich bin ziemlich durcheinander, aber ich werde das in den Griff bekommen."

Ein anderer Klient dachte darüber nach, ob er seine Frau verlassen solle, weil er sich in eine andere Frau verliebt hatte, die ihn unter Druck setzte, mit ihm zusammenzuziehen. Ich bat ihn, sich zusammen mit der anderen Frau zu sehen, durch alle Details des Zusammenlebens mit ihr zu gehen, der Hausarbeit, dem Einkaufen, dem Essenkochen u.s.w. Nach dieser Übung erkannte er, daß er nicht bereit war, die Entscheidung zu fällen, seine Frau zu verlassen, daß er jetzt noch nicht den nächsten Schritt (mit der anderen Frau zusammenzuziehen) machen wollte.

Diese beiden Beispiele mögen reichen um zu verdeutlichen, wie Paradoxe in der Neuen Hypnose aufgefaßt werden – das mentale Erleben einer Sache, die man für unglaublich, aber für möglich hält, hilft demjenigen, sich mit der ganzen Wahrheit über das Dilemma zu konfrontieren und dadurch eine Entscheidung zu fällen anstatt zwischen den beiden Alternativen zu verharren.

Es ist möglich, jedes Symptom als ein Symbol unbewußter Dynamiken aufzufassen. Das vorgebrachte Problem hat – obwohl es real ist – seine Wurzeln im Innerpsychischen. Dieses Konzept hat nicht die Konsequenz, daß der Therapeut das Symptom umgehen oder ignorieren sollte. Angenommen, ein Symptom *ist* ein Symbol, dann ist das rechtshemisphärische Fokussieren mit hypnotischen Techniken effektiver als reines Reden, weil Symbolisierungen eine Ausdrucksform der rechten Hemisphäre sind.

Bei Paradoxen wird das Symptom als ein Symbol behandelt, das zur Bedeutung (des Symptoms) führt. Im obigen Beispiel der Frau, deren Tochter sie ins Krankenhaus bringen wollte, war diese Angst zum Teil ein Symbol ihrer Angst davor, ihre Tochter zu enttäuschen und sie endgültig zu verlieren. Als die Klientin dann ihre Vorstellungskraft einsetzte und sich vorstellte, wie es wäre, verrückt zu sein anstatt den Gedanken zu vermeiden, da erkannte sie, daß sie ihrer Tochter nicht den Gefallen tun wollte, verrückt zu werden, und entdeckte dadurch zuvor unerkannte innere Ressourcen. Ihre Bemerkung, die sie machte, als der Einstellungswechsel in ihr passierte, war, daß es besser sei, das Mitgefühl ihrer Tochter zu verlieren als verrückt zu werden.

Der Mann, der sich in Hypnose vorstellte, wie es konkret wäre, mit der anderen Frau zusammenzuleben, verstand später, daß seine Verliebtheit ein Symbol für sein Bedürfnis nach Aufregung war und daß das Gefühl schwächer werden würde, wenn der erste Kitzel vorbei wäre. Er kam zu dem Schluß, daß er seine Ehe ernst nehmen und alle Energie dafür verwenden wollte, die Ehe aufregender zu gestalten.

Diese Art des therapeutischen Vorgehens hat verschiedene Vorteile. Unbewußte Dynamiken werden schnell berührt, man muß aber kein detailliertes Verständnis ihrer haben, wie man im weiter oben zitierten Fall des Mannes mit sexueller Impotenz sehen konnte. Durch den Kontakt mit dem Unbewußten wird bei diesem Ansatz häufig eine neue Verbindung zwischen Unbewußtem und Bewußtem hergestellt; unbewußte Dynamiken werden bewußtgemacht. Aber diese Bewußtheit findet normalerweise *nach* dem Erlebnis der Hypnose statt: Das Verstehen folgt auf das Erleben. Wegen dieser neuen Art der Bewußtheit ist der einzelne in der Lage, neue Entscheidungen zu treffen und so, wie in den obigen zwei Beispielen gezeigt, bedeutsame Veränderungen zu erreichen.

Parabeln. Manche Autoren sagen auch Metaphern (z.B. *Gordon*, 1978) dazu, das Wort Parabel deutet jedoch darauf hin, daß in dieser Technik eine kurze Geschichte erzählt wird, in welcher eine Botschaft (Moral) für den Zuhörer der Geschichte enthalten ist, die aber nicht explizit gemacht wird. Der Hypnotherapeut muß sehr sensibel für die Bedürfnisse des Klienten sein, wenn er dieses empfindliche Werkzeug verwendet, weil die Parabel immer eine subtile Form der Interpretation dessen ist, was der Klient erlebt, da das vom Therapeuten vorgebrachte Material eine „Verbindung" zum gegenwärtigen psychischen Zustand des Klienten herstellen soll. Eine Parabel kann persönlich sein, wie bei *Erickson* („Als ich ein kleiner Junge war, hatten wir ein Pferd..."), oder auch poetisch („Die Wälder sind im Winter im tiefen Schlaf, doch sie brechen ins Leben hervor, wenn der Frühling ruft..."); aber in beiden Fällen ist das Ziel, das Bewußtsein – den Widerstand, Interpretation, Analysen und Intellektualisierungen – zu umgehen. *Watzlawick* (1978) nannte diese Technik einen „umgekehrten Traum", und er bringt ein Beispiel einer Frau vor, die darüber klagte, „frigide" zu sein, der *Erickson* die Geschichte vom Abtauen ihres Kühlschranks erzählte. Diese Geschichte, die die Frau vielleicht hätte als Traum haben können, wurde vom Therapeuten als ein Mittel zu Erreichung der Ebene der unbewußten geistigen Aktivität erzählt.

Je gebildeter der Hypnotherapeut ist, desto reichhaltiger ist sein Repertoire möglicher Parabeln. Die seit Jahrhunderten überlieferten Geschichten beinhalten ewige Wahrheiten, die man mit Erfolg in der Therapie besser verwenden kann als die faden Geschichten, die einige Therapeuten aus eine Laune des Augenblicks heraus erfinden und damit versuchen, den Eindruck profunder Weisheit zu erwecken. Ich denke auch, daß man Parabeln symbolisch verwenden kann. Zum Beispiel kann eine Armlevitation im Falle von Impotenz eine bedeutsame Analogie dafür werden, wie der Geist das Verhalten des Körpers beeinflussen kann.

Schlußbemerkungen

Techniken sind immer ein Mittel zum Zweck. Konsequenterweise hat keine einzige Technik ihre Rechtfertigung (niemals!), wenn der Hypnotherapeut nicht weiß, in welcher Situation sich der Klient gerade befindet und welche Effekte von der Operation, Intervention oder Technik zu erwarten sind. Keine Technik hat einen Wert an sich. Deshalb wird der erfahrene Hypnotherapeut in der Regel verschiedene Techniken in seiner therapeutischen Praxis vermischen.

Therapieanfänger sollten sich davor zurückhalten, Techniken zu „sammeln" wie ein Koch Rezepte sammelt. Eine therapeutische Technik ist immer *eine Reaktion* auf eine bestimmte Situation; sie ist ein Teil der Interaktion, die zwischen zwei Menschen stattfindet – in der einzigartigen Situation der Therapie – wobei einer der Hypnotherapeut ist und der andere der Klient. Unter Vernachlässigung dieser Rollen muß jedoch die menschliche Interaktion zwischen diesen beiden Personen der wichtigste Aspekt dieser besonderen Beziehung sein. Die Reaktion des Hypnotherapeuten auf das, was der Klient braucht oder in diesem Moment erlebt, erfolgt in Form einer Technik. Wenn eine therapeutische Technik jedoch nicht als Reaktion erfolgt, so ist sie bestenfalls nutzlos und zerstört im schlimmsten Fall die Beziehung zwischen Klient und Hypnotherapeut. Also muß der Therapeut sehr respektvoll mit dem Klienten umgehen. Statt zu sagen: „Ich möchte, daß Sie das und das machen", (warum sollte ein anderes menschliches Wesen etwas machen, bloß weil *Sie* es wollen?) ist es effektiver, mit einem permissiveren Ansatz zu arbeiten. Dieser drückt sich in Formulierungen wie „einladen", „vorschlagen" oder „anbieten" aus. Zum Beispiel: „Vielleicht wollen Sie versuchen..." „Ich schlage vor, daß Sie versuchen..." „Darf ich Ihnen vorschlagen, das und das zu machen?"

Widerstand ist häufig eine gesunde Reaktion des Klienten auf ein zu aufdringliches Verhalten des Therapeuten. Wenn der Therapeut seinen Ansatz verändert, verschwindet auch häufig der Widerstand.

Wie weiter oben erwähnt werden die hier vorgestellten Techniken in der Neuen Hypnose verwendet. In Wahrheit werden sie aber auch bei der Traditionellen Hypnose verwendet. Der Hauptunterschied zwischen den beiden soll noch einmal betont werden (*Araoz*, 1982, 1983). Zuerst geht die Neue Hypnose davon aus, daß Hypnose eine natürliche geistige Funktionsweise ist, die von jedem normalen Menschen gelernt werden kann, der die Motivation hat, diese Art des „Denkens" oder der Benutzung des Unbewußten, die man Hypnose nennt, zu lernen. Der zweite Unterschied ist eine Schlußfolgerung aus dem ersten; daß Hypnose als eine Fertigkeit und nicht als eine Eigenschaft betrachtet wird und folglich durch die richtige Führung von jedem gelernt werden kann, der sie erlernen will. Der Therapeut ist dann hauptsächlich ein Lehrer oder Trainer, und der Ort der Kontrolle liegt beim Klienten und nicht beim Therapeuten. Konsequenterweise wird das Konzept der Hypnotisierbarkeit abgelehnt. Klienten werden nicht auf ihre Hypnotisierbarkeit hin getestet, statt dessen ist der Therapeut bereit, verschiedene Ansätze zu verwenden, um der Person zu helfen, zu der primär rechtshemisphärischen geistigen Aktivität zu gelangen, die man Hypnose nennt. Die Last liegt auf der Fähigkeit und der Flexibilität des Therapeuten, dem Klienten zu helfen, Hypnose zu nutzen, und nicht auf der Fähigkeit des Klienten, hypnotisierbar zu sein, wie man sonst dachte.

Der dritte Unterschied liegt darin, daß der Tranceinduktionsprozeß nicht ritualisiert, sondern naturalistisch ist, indem er von der Realität des Erlebens des Klienten im Jetzt ausgeht. Der vierte Unterschied ist, daß der Trancetiefe viel weniger Aufmerksamkeit geschenkt wird als in der Traditionellen Hypnose. Schließlich ist das Verständnis dessen, was Hypnose ist, unabhängig vom klassischen psychoanalytischen Hintergrund, der in der traditionellen Hypnose vorherrschend war.

Die oben beschriebenen Techniken passen in diesen Kontext. Es ist nicht meine Absicht, einen Besitz auf diese Techniken zu beanspruchen oder zu behaupten, daß sie von Anhängern der Neuen Hypnose entwickelt worden seien. Wer nicht dem traditionellen Hypnoseansatz verhaftet ist, wird diese Techniken einfach in seine therapeutische Tätigkeit integrieren können.

Teil II

Kennzeichen der Neuen Hypnose

Dieser Teil des Buches stellt die zwei wichtigsten Eigenschaften des Ansatzes der Neuen Hypnose dar: Klientenzentriertheit und die Betonung des persönlichen Erlebens. Außerdem wird ein Modell für die therapeutische Arbeit vorgestellt, in dem der Klient in einer Abfolge von Schritten zu seinem inneren Erleben geführt wird.

Obwohl Klientenzentriertheit und persönliches Erleben die beiden wichtigsten Kennzeichen der Neuen Hypnose sind, enthalten diese beiden Eigenschaften eine Reihe von anderen, die in den folgenden Kapiteln dargestellt werden. Wie wir wissen, liegt der Hauptanteil an dem Erfolg von hypnotischer Arbeit in der Person des Therapeuten und nicht im mechanischen Anwenden von bestimmten Techniken begründet. Dennoch ist es auch wichtig, letzteres zu betonen, da Hypnose für manche Menschen, die mit Hypnose nicht vertraut sind, noch immer mit Magie behaftet ist.

4 Klientenzentriertheit

Dieses Kapitel konzentriert sich auf ein wichtiges Kennzeichen der Neuen Hypnose. Dieses Kennzeichen stellt die Neue Hypnose sowohl inmitten der erlebnisorientierten Therapierichtungen als auch zu den humanistischen und existenzialistischen Therapieformen. Klientenzentriertheit bedeutet eine vollkommene Konzentration auf den Klienten – eine Klientenzentriertheit, die über das Verständnis von *Rogers* und seinen Schülern hinausgeht (siehe *Barret-Lennard*, 1959; *Boy & Pine*, 1982; *Halkides*, 1958; *Hart & Tomlison*, 1970; *Meador & Rogers*, 1979; *Rogers*, 1959, 1961; *Rogers* et al. 1967; *Truax* und *Carkhoff*, 1967).

Zuerst werde ich einen klinischen Fall vorstellen, um mein Verständnis von Klientenzentriertheit zu illustrieren. Dann werde ich im Detail den Prozeß von Hypnosetherapie und die Nutzung von Prinzipien und Methoden der Neuen Hypnose, wie sie im OLD-C Paradigma zusammengefaßt sind, darstellen.

Ein klinischer Fall

Frau L. wurde von ihrem Internisten überwiesen, da ihr gelegentlich schwindlig wurde; sie wurde dabei nie ohnmächtig, hatte aber Angst davor. Frau L. war 46 Jahre, seit 25 Jahren verheiratet und hat zwei Söhne, die beide sehr gute Universitäten besuchten. Ihr Mann war Direktor einer Bank. Beide waren in der Kirchengemeinde und in verschiedenen Vereinen aktiv. Frau L. sprach kultiviertes und gepflegtes Englisch mit einem britischen Akzent, obwohl sie nie in Großbritannien gelebt hat.

Nach den üblichen Formalien des Erstgesprächs bat ich sie, mir von ihren Schwindelanfällen zu erzählen. (In dem folgenden Transkript sind die Äußerungen numeriert, damit es leichter ist, sich im folgenden darauf zu beziehen.)

Frau L.: Sie sind einfach schrecklich. Verdammt schrecklich und lästig. (1)

DLA: Was passiert in Ihrem Körper, wenn Sie *beginnen*, sich schwindlig zu fühlen? (1)

Frau L.: Das ist eine komische Frage. Da muß ich überlegen..., was in meinem Körper passiert? Sie meinen, in mir drin? (2)

DLA: Ja, aber ich meine körperlich, in Ihrem Körper. (2)

Frau L.: Ich glaube, ich fühle mich einfach nur schwindlig (Pause). (3)

DLA: Fangen Sie an dem Punkt an, *bevor* Sie sich schwindlig fühlen. Machen Sie es in Zeitlupe. Schließen Sie die Augen und gehen Sie den Ablauf ganz langsam durch. (3)

Frau L.: (schließt ihre Augen nicht) Zeitlupe... ich glaube, ich hänge meinen Gedanken nach. (Sie sieht mich an, und ich lächele zurück und bedeute ihr, sich zu entspannen.) Dann werde ich immer langsamer und fühle mich schwach und werde schwindlig. (Sie sagt diese Worte in einem anderen Tonfall, fast genuschelt.) (4)

DLA: Achten Sie mal genau darauf, wie Sie sich jetzt fühlen. Was passiert jetzt in Ihnen? (4)

Frau L.: Ich glaube... (5)

DLA: Ruhig. Sagen Sie jetzt nichts. Überprüfen Sie, wie Sie sich jetzt fühlen und bleiben Sie bei dem Gefühl oder irgendeiner anderen Wahrnehmung. Überprüfen Sie, was Sie jetzt wahrnehmen können. (5)

Frau L.: Ich habe Angst, ohnmächtig zu werden. Mir ist schwindlig. (6)

DLA: Sie *können* hier ohnmächtig werden. Das ist ein guter Platz, zum Ohnmächtigwerden. Vielleicht wollen Sie...sich erlauben...jetzt ohnmächtig zu werden. (6)

Frau L.: (in schlichtem Tonfall, ohne britischen Akzent) Nein, das könnte ich nie tun. (Wieder mit britischen Akzent:) Ich werde das nicht machen! (7)

DLA: Bleiben Sie mal einen Moment bei diesem Satz. Wiederholen Sie ihn still für sich: „Ich werde das nicht machen". Sie können den Satz auch verändern, so wie Sie es wollen. „Ich will das nicht!", „Ich werde das nicht tun!"... Vielleicht sind Sie stark genug, um nicht ohnmächtig zu werden. Wiederholen Sie still für sich, daß Sie es nicht tun werden. (7)

Frau L. war für über eine Minute ruhig. Währenddessen wiederholte ich alle 10 bis 15 Sekunden freundlich aber nachdrücklich die Sätze: „Ich will das nicht!", „Ich will nicht ohnmächtig werden!" Sie entspannte sich sichtlich und ließ ihre kontrollierte Art fallen. Schließlich schloß sie während der letzten halben Minute die Augen. Danach öffnete sie die Augen, lächelte und sagte:

Frau L.: Dr. Brown hat gesagt, sie sind ein Hypnotiseur. Hypnotisieren Sie mich, ist das Hypnose? (8)

DLA: Ich werde Ihnen ein Geheimnis verraten. Ich glaube nicht an Hypnose. Und ich bin *kein* Hypnotiseur. Ich habe keine Macht über Ihren Geist. Ich kann Sie nicht veranlassen, Dinge zu tun, die Sie nicht tun wollen. Es gibt nur Selbsthypnose. *Sie* haben eben Kontakt mit einigen Ihrer Ressourcen aufgenommen, von denen Sie vergessen hatten, daß es sie gibt. Was ist passiert, als Sie still für sich wiederholt haben, daß Sie nicht ohnmächtig werden würden? (8)

Frau L.: (entspannt, in ruhigem Tonfall und ohne britischen Akzent) Es war schön. Diese ganze Geschichte mit dem Ohnmächtigwerden ist ein Teil der Heuchelei. (Wieder mit ihrem kontrollierten Selbst:) Ich weiß, es ist lächerlich. Nur weil ich mir sage, ich werde nicht ohnmächtig, passiert es nicht? Ich werde trotzdem noch ohnmächtig werden. (9)

DLA: Ein Teil von Ihnen fühlt „es ist lächerlich". Aber ein anderer Teil fühlt, daß es gut ist. Beide Teile gehören zu Ihnen, und ich möchte, daß Sie beide ernst nehmen. (9)

Frau L.: Ich verstehe nicht ganz, was Sie damit meinen. (10)

DLA: Genau das, was Sie gesagt haben. Auf der einen Seite (ein Teil in Ihrer Persönlichkeit) fühlen Sie sich gut und sagen sich selbst, daß Sie nicht ohnmächtig werden müssen. Auf der anderen Seite (ein anderer Teil Ihrer Persönlichkeit) finden Sie es lächerlich, daß Sie die Kontrolle über das Ohnmächtigwerden haben können. Stimmt das? (10)

Frau L.: Ja, ich glaube schon. Aber Sie tun so, als ob das zwei verschiedene Persönlichkeiten in mir wären. Das kann ich nicht so akzeptieren. (11)

DLA: Sie haben vollkommen recht. Sie sollten sich das *nicht* als zwei Persönlichkeiten, sondern als zwei *Aspekte* Ihrer Persönlichkeit vorstellen. Zum Beispiel verhalten Sie sich Ihren Kindern gegenüber anders als gegenüber Fremden. Es sind beidesmal Sie, aber jedesmal verwenden Sie einen anderen Aspekt ihrer Persönlichkeit. Verstehen Sie das? (11)

Frau L.: Ich glaube schon. Ja. So, was soll ich nun tun? (12)

DLA: Schließen Sie die Augen. Sagen Sie zu sich selbst: „Ich kann mein Ohnmächtigwerden kontrollieren", und prüfen Sie, wie Sie auf diesen Satz reagieren: „Ich kann mein Ohnmächtigwerden kontrollieren". (12)

Frau L.: (nur noch schwer hörbar) Ich kann mein Ohnmächtigwerden kontrollieren. (13)

DLA: Entspannen Sie sich weiter, während Sie atmen und Sie diesen Satz für sich wiederholen. (Pause) Gut so. Genau so. Nehmen Sie genau wahr, wie Ihr Körper auf diesen Satz reagiert. Gibt es einen Teil in Ihnen, der damit nicht einverstanden ist? (Hier fing Frau L. an, verkrampft zu atmen, so als würde sie nach Luft schnappen müssen.) (13)

Frau L.: (ballt eine Hand zur Faust, zeigt auf ihre Brust und sagt ohne ihren britischen Akzent) Ich fühle mich an dieser Stelle angespannt. (14)

DLA: Bleiben Sie bitte bei dieser Anspannung. Folgen Sie ihr. Überprüfen Sie einfach, was passiert. „Ich kann mein Ohnmächtigwerden kontrollieren." Lassen Sie die Augen geschlossen, um alle Störungen fernzuhalten. Überprüfen Sie die Anspannung in Ihrer Brust, während Sie mit der Faust auf die Brust zeigen. Lassen Sie die Faust geballt, ja, genau so. (14)

Frau L.: (noch immer in ihrem nicht-britischen Tonfall) Ich *weiß*, wo das Problem liegt. Genau – ein Teil von mir und ein anderer Teil von mir. Aber ich kann nicht... Ich kann es nicht sagen (betont das Gesagte mit ihrer Faust). (15)

DLA: Es ist in Ordnung so. Tun Sie es nicht. Entspannen Sie sich für einen Moment. Atmen Sie einfach. Konzentrieren Sie sich auf das, was das Problem ist. Lassen Sie Ihr inneres Selbst darüber meditieren. (Sie wird zunehmend entspannter.) Beachten Sie die Spannung in Ihrer Brust. (Sie lächelt um zu zeigen, daß es für sie jetzt kein Problem mehr ist.) Gehen Sie noch einmal zurück zu den Teilen Ihrer Persönlichkeit. (Spannung im Gesicht, runzelt die Stirn) (15)

Frau L.: (in ihrem nicht-britischen Tonfall) Mmmh, es sind zwei Teile, stimmt genau. (Langes Schweigen) (16)

DLA: Stellen Sie sich einen Zeichentrickfilm vor, in dem Ihre Teile dargestellt sind...als ob Sie einen Zeichentrickfilm im Fernsehen sehen. Ihre beiden Teile kommen in dem Film vor. Können Sie sie sehen? (Sie lächelt und nickt.) Lassen Sie den Film ablaufen, gucken Sie, was Sie vor Ihrem inneren Auge sehen können. Hören Sie, was die beiden Darsteller sagen. Sind Sie dabei? (Sie nickt bestätigend.) Wenn Sie fertig sind, können Sie wiederholen, was die beiden Teile in Ihnen sagen – wenn Sie es mich wissen lassen möchten. Das was Sie sehen und hören in dem Zeichentrickfilm, beobachten Sie innerlich. Beobachten Sie es noch immer? (Sie sagt sehr leise „mmmh"). Vielleicht möchten Sie mir erzählen, was die beiden Teile in Ihnen sagen. (16)

Frau L.: (in normalem amerikanischen Englisch, mit wütendem Unterton) Ein Teil sagt: „Dein ganzes Leben ist eine einzige Farce. Du bist ein einziger Schwindel, eine Lüge! Du kannst deinen Mann und seine verlogene Art nicht ertragen. Du weißt, er ist ein Stück Mist. Und du haßt die blöden Kirchgänger. Seine Freunde. Sind auch alles Miststücke, Scheinheilige, genau wie du." (Schweigen, schweres Atmen und Tränen) (17)

DLA: Wie sieht dieser Teil von Ihnen vor Ihrem inneren Auge aus? (17)

Frau L.: Ich bin's...als ich...ich glaube, bevor ich heiratete. (18)

DLA: Gut. Hören Sie noch einmal diesem Teil von Ihnen zu und achten Sie genau darauf, wie Ihr Körper auf all das reagiert. (18)

Frau L.: (Schweigen) Es geht mir jetzt gut...Vorhin war ich angespannt, aber jetzt geht's mir gut. Das ist die Wahrheit, oder? Mein Leben ist eine einzige Heuchelei. Ich gebe es zu. (Lächelt) Ich kann's nicht glauben. Ich kann nicht glauben, was ich gerade gesagt habe. Aber ich bedaure es nicht. Vielleicht lasse ich die ganze Lüge bald hinter mir. Wissen Sie, ich *werde* diese Lügen hinter mir lassen. Ich hasse sie... ich kann nicht glauben, was ich sage, aber ich meine es so. Es tut mir nicht leid. Nicht im geringsten. (Schweigen) (19)

DLA: Was ist mit dem anderen Teil? Ist er noch immer da? Können Sie hören, was sie sagt? (19)

Frau L.: Oh, ja. (Mit wütendem Lächeln:) Sie will, daß ich mein wahres Selbst verleugne. „Du bist in Ordnung. Du hast doch alles, was du dir immer gewünscht hast: Geld, Status, Macht, Sicherheit", schreit sie. Ich hasse ihren verlogenen britischen Akzent. Ich habe zwar wirklich alles, aber ich habe dafür mit meinem Selbst bezahlt, mit meiner Seele. Ich bin so eine Art Nutte. Sie ist alt, häßlich und verlogen. Ihre Seele ist zerknittert. (Schweigen) (20)

DLA: Erlauben Sie den beiden Teilen, sich etwas zu beruhigen. Vielleicht können die beiden miteinander reden, in Beziehung treten...Beide Teile gehören zu Ihnen. (20)

Frau L.: (langsam und mit entspannter Stimme) Das will ich gar nicht. Ich will dieses verlogene Ich loswerden. Ich schmeiß sie raus. Ich will ehrlich zu mir selbst sein. (Lacht) Ich muß jetzt nicht ohnmächtig werden. All diese Schwindelanfälle waren mein Weg, die Wahrheit in meinem Leben zu vermeiden: Die Lügen. Ich will jetzt nicht ohnmächtig werden... Ich werde glücklich sein. Ich weiß, was ich tun muß. (Als ob sie laut nachdenken würde:) Ich muß den Anwalt treffen und meinen verlogenen Mann für immer verlassen. (Schweigen) (21)

DLA: Wie reagiert Ihr Körper auf Ihre Entscheidung, mit den Lügen aufzuhören und Ihr Leben zu verändern? (21)

Frau L.: (Schweigen) Toll, wirklich toll. Ich fühle mich wie neugeboren. Ich fühle mich gut – sehr gut. (Sie macht die Augen auf.) Ich hab's die ganze Zeit gewußt, aber ich habe der Wahrheit nicht ins Auge gesehen. Ich fühle mich jetzt entspannt... (22)

DLA: Nur zur Sicherheit – gehen Sie noch einmal zu den beiden Teilen zurück und lassen Sie Ihr wahres Ich das verlogene Ich rausschmeißen. Wollen Sie das machen? (22)

Frau L.: (schließt die Augen) Das kann ich gut machen. (23)

DLA: Aber dieses Mal sehen Sie Ihr wahres Selbst erwachsen und gereift – so wie Sie heute sind. (23)

Frau L.: Nein, ich mag sie lieber jung haben. (Schweigen) Ich weiß, ich bin nicht mehr jung, aber innerlich fühle ich mich jung. (Schweigen) Ja, mein wahres Ich übernimmt die Kontrolle. Mein verlogenes Ich ist verschwunden. (Schweigen) Es fühlt sich herrlich an...(24)

DLA: Bleiben Sie bei diesem guten Gefühl. Lassen Sie die Augen geschlossen und nehmen Sie das gute Gefühl ganz in sich auf. Lassen Sie irgendein Bild in sich aufsteigen. Lassen Sie irgendwelche Gefühle kommen...irgendeine Erinnerung...während Sie sich gut fühlen...was kommt Ihnen in den Sinn? (24)

Frau L.: (Schweigen) Mein verlogenes Ich ist fort. Ich habe meinen Mann seit vielen Jahren nicht mehr geliebt. Es ist schön, das zuzugeben. Mir ist ein schönes Bild in den Sinn gekommen... ich schaue über Berge und Täler an einem wunderschönen Herbsttag. Ich spüre Frieden. Ich bin frei! Ich bin glücklich. Ich bin allein. Kein Warren (ihr Ehemann) mehr... mein ganzes Leben ist in Ordnung... keine Wut mehr. Nur noch Frieden. (25)

DLA: Folgen Sie diesen guten Gefühlen. Nehmen Sie die Schönheit dieses Ortes in sich auf – die Farben, die kühle Luft. Horchen Sie auf die Geräusche der Natur. Fühlen Sie, wie angenehm es ist, dort zu sein... innerlich jung... bereit, das Leben ganz zu genießen...in Wahrhaftigkeit...in Frieden...(25)

Frau L.: Mmmh. Das gefällt mir. (Schweigen, während sie ihr entspanntes Lächeln beibehält.) (26)

DLA: Das ist Ihr Ort des Friedens und der Wahrheit. Sie können dorthin so oft Sie wollen in den nächsten Tagen zurückkehren und sich wieder gut fühlen. (26)

Frau L.: Ja – ich bin glücklich und ich weiß, was ich zu tun habe. (27)

DLA: Ich glaube, wir sollten Ihrem wahren Selbst eine Woche Zeit lassen, das zu tun, was es tun muß. (27)

Damit war die Sitzung zu Ende, obwohl wir noch ein paar Minuten lang über ihre Erfahrungen redeten. Ihr britischer Akzent kam nicht wieder; ihr ganzes Wesen war viel entspannter und freundlicher als am Anfang der Sitzung. Frau L., die mich bat, sie „doch einfach Mary" zu nennen, blieb während der nächsten drei Monate in Hypnotherapie (sie kam einmal pro Woche). Während der nächsten sieben Monate, bis sie geschieden war, sahen wir uns alle drei oder vier Wochen.

Bevor ich das OLD-C-Modell an Hand der oben dargestellten Sitzung erkläre, könnte es hilfreich für den Leser sein, noch einmal das Transkript der Sitzung anzuschauen und festzustellen, wo Frau L. (die ich von jetzt an auf ihren eigenen Wunsch Mary nennen werde) unbewußtes Material (entweder Sprachmuster, bedeutsame Äußerungen oder Somatics) präsentiert, das ich nutze, um sie weiter in ihre eigene, innere Realität oder in das Erleben des Hier und Jetzt hineinzuführen.

Der Prozeß der Hypnosetherapie

Das obige Therapietranskript einer typischen Hypnotherapiesitzung illustriert Klientenzentriertheit im erlebnisorientierten (rechtshemisphärischen) Sinne. Ohne formelle Tranceinduktion oder Rituale, was die meisten Menschen mit Hypnose verbinden, hat Mary eine bedeutsame „Transformation" erlebt. Sie wurde nicht ermutigt, etwas zu verbalisieren, sondern es zu erleben. Ich habe sie gebeten, dem zu folgen, was aus ihrem inneren Selbst aufstieg. Es fand in dieser Sitzung wenig Gespräch als solches statt, keine Analyse von Gründen oder Fürs und Widers; keine Abklärung von Werten. Anders gesagt war es während der Sitzung meine Absicht, Mary an den Punkten zu rechtshemisphärischen Aktivitäten zu bringen, an denen sie anfing, logisch und realitätsorientiert zu denken (wie in den Äußerungen 5, 8 und 9 und vielen anderen). Wie andere Patienten wurde Mary sanft aber nachdrücklich dahin geführt, sich auf ihre inneren Realitäten, wie sie sich in der Interaktion mit mir manifestierten, zu konzentrieren. Ich habe sie dazu eingeladen, das zu *erfahren*, was spontan aufkam, statt über ihr Problem zu *reden*. Therapiesitzungen werden so zu einem Gefühlslabor, in dem die Klientin sich selbst auf eine neue Art und Weise ausdrückt und so neue Aspekte ihrer selbst kennenlernt. Betont wird der *Interaktionsprozeß*, durch den innere Realitäten entstehen und nicht der Inhalt dessen, was eine Person sagt (obwohl natürlich das letztere nicht ignoriert wird).

Der Ablauf, wie er in der Therapie mit Mary dargestellt wurde, entspricht dem, was ich für das grundlegende Paradigma der Neuen Hypnose halte. Im Abriß wird es durch das Akronym OLD-C dargestellt: O für *Observe* (beobachten), L für *Lead* (führen), D für *Discuss* (besprechen) und C für *Check* (überprüfen). In Kürze kann man die vier Schritte wie folgt beschreiben:

1. *Beobachten* bedeutet, sorgfältig zu prüfen, was der Klient auf der unbewußten Ebene während der Therapie anbietet. Ermöglicht wird das Beobachten durch Beachtung von drei Bereichen:
   • Sprachstil,
   • bedeutsame Äußerungen,
   • Somatics (d.h. jede Veränderung im Körper, die einer Person bewußt wird – z.B. innere Wahrnehmungen und körperliche Bewegungen).
2. *Führen* Sie den Klienten dazu, eine der oben aufgeführten Erscheinungsweisen innerer Realitäten voll und ganz zu erleben. Dieser Punkt ist der Kern des Prozesses; dabei werden Erklärungen, Interpretationen, Analysen oder intellektuelle Einsicht vermieden. Die Betonung liegt dabei auf rechtshemisphärischen Aktivitäten.
3. *Besprechen* Sie das in Schritt 2 Erlebte, nachdem es vollständig ist – nicht während es geschieht. Der Therapeut muß es der Klientin zuerst erlauben, die inneren Realitäten voll und ganz zu erleben und danach intellektuell zu verarbeiten.
4. *Prüfen* Sie die Echtheit des obigen Prozesses, indem Sie noch einmal zu Schritt 2 zurückgehen und sehen, wie der Körper auf diesen Prozeß reagiert. Durch diese Prüfung wird das, was gerade geschehen ist, entweder bestätigt oder weitere Arbeit wird notwendig sein.

Wie in dem klinischen Fall oben gezeigt wurde, kann dieser klientenzentrierte Prozeß ohne Vorarbeiten starten, und es braucht nicht lange, ihn zu Ende zu führen; eine Sitzung ist mehr als ausreichend, um den Prozeß von Anfang bis Ende durchzugehen. In diesem Sinne hat es Ähnlichkeiten mit *Gendlins* (1978) Focusing, und wegen der Einfachheit und Natürlichkeit kann man Klienten ebenso beibringen, es für andere Zwecke außerhalb der Therapie einzusetzen. Offensichtlich überlappen sich die vier Schritte dieser Abfolge; das zeigt auch das Therapietranskript. Das OLD-C-Modell hat heuristischen Charakter, und es dient dazu, den Prozeß der Hypnosetherapie vom Blickwinkel der Neuen Hypnose aus zu erklären.

Beobachten und Führen

Der Therapeut muß auf zwei wichtige Dinge achten: Erstens sollte er in Kontakt mit den inneren Erlebnissen des Klienten bleiben und zweitens auf die drei Beobachtungsbereiche achten, so daß der Klient zu seinem inneren Erleben geführt werden kann. Die meisten Therapeuten haben gelernt, auf vergangene Erlebnisse (und sei es, daß die Vergangenheit die letzten paar Tage betrifft) und auf den Inhalt der Äußerungen des Klienten zu achten. Das OLD-C-Modell versucht teilweise diese beiden Fallgruben, die Psychotherapie unnütz und ineffektiv machen, zu vermeiden. Dieses Paradigma soll das erreichen, was für viele Therapeuten ein wichtiges Ziel ist: es den Klienten zu ermöglichen, Kontakt zu ihren Gefühlen zu bekommen. Dadurch, daß er den unbewußten Prozessen (manifestiert in Sprachstil, bedeutsamen Äußerungen und Somatics) Beachtung schenkt, kann der Therapeut die Klientin *führen*, d.h. er kann ihr helfen, sich ihrer Gefühle bewußt zu werden und gemäß der neuen Kontrolle dieser Gefühle zu reagieren, die sie durch das OLD-C-Modell erhalten hatte.

Sprachstil. Das erste Gebiet, das beachtet werden sollte, ist *Sprachstil* und nicht, was durch die Sprache ausgedrückt wird (der Inhalt). Ich meine damit die Wortwahl, Sprachmuster, Sinnesmodalität, Analogien und so weiter. Auf einer bestimmten inneren Ebene wählen Menschen die Art, wie sie sich sprachlich ausdrücken, obwohl diese Wahl bei weitem nicht konsistent ist, wie es eine Studie von *Coe* und *Sharcoff* (1983) zeigt. Unsere „inneren Sinne", durch die wir geistige Repräsentationen bilden (innere Abbildungen der externen Realität, wahrgenommen durch unsere fünf Sinnesrezeptoren), bestimmen die Wahl der Elemente unseres Sprachstils. Ausdrücke können *kinästhetisch* sein; z.B. „Ich fühle mich bedrückt", „Da habe ich ein schlechtes Gefühl" oder „Die Last ist zu groß". *Visuelle* Ausdrücke sind sehr geläufig in unserer Kultur: „Sehen Sie das auch so?", „Beleuchten wir das mal von der anderen Seite" oder „Ich tappe da völlig im dunkeln". „Das hört sich toll an", „Das ist Musik in meinen Ohren" oder „Höre auf deinen Körper" sind *auditive* Ausdrücke. Diese drei sind die gebräuchlichsten in der westlichen Kultur, obwohl sich gelegentlich Ausdrücke auf *Geschmack* und *Geruch* in unserer Alltagssprache beziehen. „Das ist geschmacklos", „Er hat Lunte gerochen", „Es war ein köstlicher Abend", „Mir läuft das Wasser im Mund zusammen" und „Ich bin sauer" sind Beispiele dafür.

Es muß betont werden, daß es für den Therapeuten wichtig ist, den Sprachstil des Klienten zu beobachten. Wenn eine Person eine Formulierung gebraucht, die eine innere Wahrnehmung widerzuspiegeln scheint, so muß der Therapeut den Klienten auffordern, „dabei zu bleiben und zu erleben, wie es sich anfühlt (wenn etwas gut klingt, er etwas klar sieht oder sich bedrückt fühlt)". Wenn der Klient dann nicht sofort darauf eingeht und antwortet, daß er nicht in dieses Gefühl gehen kann, so sollte man nicht darauf bestehen, sondern auf die nächste Gelegenheit warten.

Ein weiterer Aspekt des Sprachstils ist der, daß sich in Worten geistige Vorstellungen und Bilder widerspiegeln. Jedes Bild kann therapeutisch innerhalb des OLD-C-Modells genutzt werden. Nehmen wir an, ein Klient sagt, er fühle sich „leicht wie eine Feder". Anstatt diese Äußerung rechtshemisphärisch durch eine Erklärung, wie er es meint, zu bearbeiten oder durch die Frage, was passiert ist, daß er sich so fühlt, zu erklären, lade ich ihn ein, dieses Bild rechtshemisphärisch zu nutzen: Ich bitte ihn, sich leicht wie eine Feder zu fühlen und voll und ganz, mit allen Details, die ihm in den Sinn kommen, in dieses Bild zu gehen und so weit wie möglich diesem Bild zu folgen. Wenn jedoch nichts entsteht, bestehe ich nicht darauf, sondern warte auf die nächste Sprachfigur oder den nächsten bildhaften Satz, um dann den gleichen Ansatz noch einmal zu versuchen, damit der Klient durch eine größere Bewußtheit seiner unbewußten Vorgänge und Botschaften ein Stück Bedeutung erfassen kann.

In dem Fall von Mary gab es keine offensichtlichen Beispiele für Sprachstile. Am Ende, als sie sagte: „Es fühlt sich herrlich an..." (24), habe ich sie ermuntert, dem Bild zu folgen, das durch dieses Gefühl entsteht. Diese Ermunterung brachte sie zu einem herrlichen Naturbild an einem Herbsttag (25), das sie als ihren persönlichen Ort des Friedens und der Wahrheit nutzen kann, wann immer sie es braucht.

Bedeutsame Änderungen. Der zweite Bereich, der sorgfältig vom Hypnotherapeuten beobachtet werden muß, betrifft bedeutsame Sätze oder Äußerungen, die der Klient im Laufe der Sitzung macht. Der Kliniker muß beurteilen, welche Äußerungen bedeutsam sind, abhängig von einem bestimmten Zusammenhang, in dem sie fallen, und betrachtet im Lichte des Affekts, von dem sie begleitet werden, sowie von dem Thema, um das es geht.

Im Fall von Mary werden einige bedeutsame Äußerungen präsentiert; angefangen bei (7), wenn sie sagt: „Ich werde das nicht machen!" Diese Äußerung wurde weder logisch noch analytisch bearbeitet. Sie wurde ein zweites Mal dazu benutzt (8), damit sie sich ihrer wahren Gefühle bewußt wurde. Später (12 und 13) wurde diese Äußerung erweitert und verändert. Das brachte Mary im weiteren Verlauf der Sitzung zu dem Thema „Kontrolle über mein Leben" und zu ihrer Entscheidung, alles Unehrliche und Falsche aus ihrem Leben zu entfernen. Hätte ich die Äußerung auf eine linkshemisphärische Art und Weise genutzt, indem ich das Thema „Kontrolle über mein Leben" mit ihr *besprochen* hätte, hätte es vermutlich sehr viel länger gedauert, um zu dem Punkt zu kommen, an dem sie am Ende der ersten Sitzung war. Das erlebnisorientierte Vorgehen brachte sie in Kontakt mit der unbewußt vorhandenen Klarheit über ihr Leben, und sie zapfte ihre innere Kraft an, um das zu tun, was sie zu tun hatte, trotz ihrer Abneigung (wie sie sich in [15] zeigte). Da ich mit Mary auf rechtshemisphärische Art und Weise arbeiten wollte, habe ich ihr Bemühen, ihren Widerstand gegen Veränderung durch reine Willenskraft zu brechen, unterbunden. Statt dessen führte ich sie tiefer in ihr inneres Erleben. Auch habe ich die Zeichentrick-Technik (16) benutzt, durch die es ihr leichter gefallen ist, dem Teil von ihr, der unter dem gut erzogenen, britischen und kontrollierten lag, Gehör zu verschaffen.

Somatics. Der dritte wichtige Bereich, der beobachtet werden muß, damit die Klientin zu einem vollständigeren Erleben ihrer selbst geführt werden kann, ist der der Körperwahrnehmungen sowie der Gesten, Haltungen und Gesichtsausdrücke. Um sie alle zu umfassen, benutze ich das Wort Somatics. Dadurch, daß die Aufmerksamkeit des Klienten auf seine Körperwahrnehmungen gerichtet wird – wie ich es bei Mary in (1), (4), (5), (14) und (18) getan habe –, ermöglicht ihm der Kliniker, daß andere wichtige Aspekte der inneren Bewußtheit zugelassen werden können. Auf Grund meiner Äußerungen (4) und (5) benutzte Mary eine bedeutsame Äußerung (7), die sie dann zur Bewußtwerdung der (fehlenden) Kontrolle über ihr Leben brachte. In (14) machte die Konzentration auf die Spannung in ihrer Brust es ihr leichter, den Widerstand dagegen, sich die Verlogenheit ihres Lebens anzuschauen, zu durchbrechen. Schließlich bestätigte die Konzentration auf ihren Körper (18) sie in der neuen Richtung, die ihr Leben von nun an genommen hatte (in [19] und besonders in [21] „übersetzte" Mary die Bedeutung, die ihre Schwindelanfälle und die Angst, ohnmächtig zu werden, hatten).

Unbewußtes Material, das für den Klienten wichtig ist, wird häufig dadurch ausgelöst, daß man den Klienten bittet, eine Geste zu wiederholen und zu übertreiben. Als Mary in (14) spontan eine Faust ballte, ermutigte ich sie, diese unüberlegte Geste zu nutzen, um ihre Angst, zu tun, was sie tun mußte (insbesondere ihren unehrlichen Lebensstil zu verlassen), zu betrachten.

In den folgenden Sitzungen gebrauchte Mary Somatics in ähnlicher Weise: Sie erlaubte sich, sich durch Körperwahrnehmungen oder spontane Gesten zu einer neuen Bewußtheit ihrer selbst führen zu lassen. Wenn man die Theorie hat, daß Somatics Manifestationen des inneren Selbst sind, erscheint es sinnvoll, sie ernst zu nehmen und zu *führen*, damit sie sich entwickeln können und so ihre Bedeutung für das Individuum enthüllen können.

Folglich kann der Therapeut durch eine sorgfältige Beobachtung der Sprache des Klienten, bedeutsamer Äußerungen und von Somatics den Klienten zu der Bedeutung dessen *führen*, das das Unbewußte des Klienten durch den Prozeß der Ausweitung dieses Erlebens emporbringt. Der Therapeut interpretiert und analysiert nicht; auch bringt er das Erleben nicht in Verbindung mit vorherigem Material. Der Bereich des *Leading* (Führen) beinhaltet den ganzen Bereich der therapeutischen Interventionen.

Angenommen, ein Klient erzählt uns, wie er sich selbst dazu antreibt, drei verschiedene Jobs gleichzeitig zu machen und so kaum noch Zeit für seine Familie und für Entspannung hat. Ein beliebiges Beispiel für eine Interpretation zu wählen (er versucht, etwas zu beweisen; vielleicht, daß er der Beste ist oder daß er etwas machen kann, was sein Vater ihm nie zugetraut hätte) beinhaltet die Gefahr, den Fluß des Unbewußten zu unterbrechen. Erstens wird sich der Klient auf die Frage konzentrieren und darüber reden, was er „zu beweisen versucht" – unabhängig davon, in welche Richtung er ohne die Frage des Therapeuten gegangen wäre. Die meisten Klienten versuchen auf die eine oder andere Weise, dem Therapeuten gefällig zu sein. Zweitens werden die Gefühle, die in dem Klienten zu diesem Thema entstehen, erstickt, weil sie eher unterdrückt als gefördert werden. Diese Gefühle sind dann für den Klienten in diesem Moment real, es wird ihnen aber nicht erlaubt, sich zu entfalten. In dem obigen Beispiel fühlt sich der Klient vielleicht stolz, aufgeregt und frei, daß er sich selbst so zur Arbeit motivieren kann. Er kann sich aber genausogut schuldig, ängstlich oder deprimiert fühlen. All diese Gefühle können sowohl für den Therapeuten als auch für den Klienten alles andere als offensichtlich sein. Dadurch, daß man eine interpretative Frage stellt, werden die Gefühle unterdrückt, und eine neuerliche intellektuelle Suche beginnt und lenkt den Klienten so vom eigentlich bedeutsamen inneren Erleben ab.

Das Führen muß mit Rücksicht auf Veränderungen in der Stimmung des Klienten erfolgen. Die vorherrschende Stimmung oder der Affekt sollte genutzt werden. Im Transkript sagt Mary (9), „diese ganze Geschichte mit dem Ohnmächtigwerden ist ein Teil der Heuchelei", kehrt aber danach zu ihrem kontrollierten Selbst zurück. Diese Äußerung zum Führen zu nutzen wäre vermutlich voreilig gewesen (wie man in [15] sieht) und wäre also verschwendete Zeit gewesen. Erst später (17), als sie darauf zurückkam, war es der richtige Zeitpunkt, sie zu führen; die Auflösung in (19) zeigte das.

Besprechen und Überprüfen

Nachdem die Klientin die Möglichkeit hatte, in Kontakt mit ihrem inneren Erleben zu kommen, sollte sie es intellektuell verarbeiten können. Im OLD-C-Modell fällt das unter den Punkt Besprechen. Weil die Haupttätigkeit in einer Hypnotherapiesitzung nicht das Reden ist (wie der Fall von Mary zeigt), ist es nützlich, wenn der Kliniker zu Beginn der Sitzung klarmacht, daß die Aufgabe der Therapie nicht das Reden ist. Man kann es sich so vorstellen, daß Therapeut und Klient gemeinsam an etwas arbeiten oder sich zusammen auf etwas konzentrieren. Reden über Probleme ist ohne Auswirkung für das Erleben und dient nur dazu, daß das Erlebte integriert und verstanden werden kann. In der oben transkribierten Sitzung gibt es nur wenige Momente, in denen etwas rational besprochen wird, z.B. in (8). Das zeigt, daß Diskussionen und Besprechungen häufig nicht nötig sind. Die Klientin kann vielleicht sogar ganz allein das intellektuelle Verstehen, das notwendig zur geistigen Integration des Erlebten ist, erreichen.

Der letzte Schritt im OLD-C-Modell heißt *Überprüfen*. Dieses Überprüfen gehört auch zu dem Integrationsprozeß. Es besteht daraus, noch einmal zu dem letzten Erlebten zurückzukehren, nachdem es intellektuell angenommen wurde. Das Erleben kann in der Form von körperlichen Wahrnehmungen (22) oder von geistigen Bildern (25) geschehen. Normalerweise gibt es beides. Das gibt dem Therapeuten und dem Klienten die Sicherheit, daß die im „Lead"-Schritt gemachten Erfahrungen vom ganzen Selbst des Klienten aufgenommen werden können. Häufig frage ich die Klientin, ob es irgendeinen Teil in ihr gibt, der nicht einverstanden ist mit dem, was passiert ist. Falls die Reaktion auf diese Nachfrage Frieden, Ruhe und/oder angenehme Bilder sind, ist der Prozeß abgeschlossen.

Falls die abschließende Überprüfung körperliche oder geistige Anspannung erzeugt, so wird diese Spannung dazu benutzt, um den Klienten wieder zu führen, indem man zu Schritt 2 in dem OLD-C-Modell zurückgeht und von da aus fortfährt.

Zusammenfassung

Der auf den vorangehenden Seiten skizzierte Ansatz ist vollkommen klientenzentriert. Die Gesamtheit des Erlebens des Klienten im Hier und Jetzt wird zur Ermöglichung von Veränderungen genutzt. Verbalisierungen tragen nichts zum inneren Erleben bei; sie sind nicht das Hauptmittel hypnotherapeutischer Arbeit. Anstatt mit verbalen, freien Assoziationen zu arbeiten, arbeitet die Neue Hypnose mit freien Assoziationen inneren Erlebens geistiger (durch Vorstellungen) oder körperlicher Art (durch Körperempfindungen). Diese freien Assoziationen werden, wie oben beschrieben, durch die *Führung* des Therapeuten ermöglicht.

Die Neue Hypnose nutzt die „allen Organismen innewohnende Fähigkeit, alle seine Fähigkeiten auf eine Weise zu entwickeln, die zur Erhaltung des Organismus dienen" – wie *Rogers* (1959) sagt. Dieser Ansatz ist dann erfolgreich, wenn die geistigen Vorstellungen des Therapeuten ohne den störenden Einfluß von Verstehen und Begründen heilsam und therapeutisch wirksam werden können. In Anspielung auf das Theaterstück *Man of La Mancha* könnte man sagen, daß zuviel Vernunft die schlimmste Art von Unvernunft ist. Oder –

um Pascal zu zitieren: Der Verstand des Herzens wird vom Verstand nicht verstanden.

Von *Virgil* und *Ignatius von Loyola* bis zu *Albert Einstein* haben viele große Denker den Wert des inneren Erlebens und der Fähigkeit zu imaginieren betont. Aber nur diejenigen, die es sich erlauben können, sich über sich selbst lustig zu machen und die ihre Fähigkeit zur Selbstwahrnehmung nutzen, werden die hier vorgestellte Methode zufriedenstellend in der Arbeit mit ihren Klienten anwenden können.

5 Individuelles Erleben

Unter erlebnisorientierter Psychotherapie verstehe ich *die angewand-te Theorie menschlicher Transformation unter besonderer Berücksichtigung der Prozesse bzw. Erfahrungen, die zum existentiellen Übergang von einem Zustand zu einem anderen, besseren Zustand gehören.* Wie andere erlebnisorientierte Therapeuten berufe ich mich auf eine Reihe von entfernten Verwandten, von denen manche nicht wissen, daß sie verwandt sind: Gestalttherapeuten, Existenzialisten, Bioenergetiker, Reichianer, Logo-, Focusing-, Urschrei- und Psychodrama-Therapeuten, die Kurz-Zeit-Therapeuten des Mental Research Institutes in Palo Alto und viele andere aus dem humanistisch-existenzialistischen Umfeld. Obwohl sich ihre Theorien zum Teil stark unterscheiden und sich ihre Ziele zwischen psychoanalytischen und behaviouristischen Vorstellungen bewegen, ist ihnen ein erlebnisorientiertes Vorgehen gemein. Menschliche Veränderung wird (zumindest in der Theorie) durch *ein neues und wahrhaftigeres Erleben seiner selbst* bewirkt; nicht durch Verstehen oder Einsicht, nicht durch passives Aufnehmen von Stimuli, nicht durch blinden Gehorsam gegenüber Verschreibungen und Aufgaben, die der Therapeut stellt. *Mahrer* (1973) formuliert es so: „Es handelt sich um eine Familie von psychotherapeutischen Verfahren, die alle in der humanistisch-existenzialistischen Theorie menschlicher Veränderung wurzeln und die darin übereinstimmen, daß das Erleben der Schlüssel zu psychotherapeutischer Veränderung ist" (S. 45).

In meinen Begriffen könnte man erlebnisorientierte Therapieformen als diejenigen bezeichnen, die eher an rechtshemisphärischen Vorgängen im Rahmen einer menschlichen Veränderung interessiert sind. Weil aber das Erleben hauptsächlich eine wahrnehmungsgebundene Realität ist, ist Imagination das wichtigste Mittel zum Erleben. Das häufig zitierte Wort von *Epictetus*: „Woran die Menschen leiden, sind nicht die Ereignisse, sondern ihre Beurteilungen der Ereignisse", betont die Wichtigkeit von Imagination. Das, was passiert, wird gefiltert, interpretiert und gefärbt durch die eigene „Beurteilung" bzw. geistige Aktivität; das beinhaltet auch immer Imagination. Das ist der Punkt, an dem Hypnose ins Spiel kommt. Obwohl

Hypnose ein rechtmäßiger Verwandter ihrer erlebnisorientierten Geschwister ist, war sie bis vor kurzem ins Exil verbannt. Dadurch, daß Hypnose 200 Jahre alt ist, steht sie den anderen Therapierichtungen fern und wurde nicht vom Hauptstrom der bekannteren Ansätze menschlicher Veränderung mitgetragen. Die Neue Hypnose ist dadurch, daß sie auf Körperempfindungen achtet und so bewußte und unbewußte Anteile der Persönlichkeit verbindet, extrem erlebnisorientiert.

In diesem Kapitel wird der erlebnismäßige Anteil der negativen Selbsthypnose, die einen Ansatz zum Verständnis von unproduktiven Verhaltensweisen darstellt, untersucht. Ferner wird die Bedeutung der Selbst-Hypnose als ein wichtiger Teil der Neuen Hypnose dargestellt. Abschließend werde ich – da es sich bei diesem Buch um ein anwendungsnahes und praxisorientiertes Werk handelt – einige Bemerkungen über die Therapeut-Klient-Interaktion aus erlebnisorientierter Sicht machen.

Negative Selbst-Hypnose (NSH)

Ich habe dieses Konstrukt 1981 vorgestellt und in einem meiner Bücher (1982a) im Detail dargestellt. Ich werde die NSH aus meiner heutigen Sicht darstellen und ihre Nähe zu sich selbst erfüllenden Prophezeiungen (self-fulfilling prophecies) herausarbeiten. Diese Prophezeiungen haben hypnotischen Charakter – insbesondere, weil dabei *Autosuggestionen oder Überzeugungen unbewußt in Handlungen umgesetzt werden.* Ich werde mein Konzept der NSH in Beziehung zu *Blumenthals* (1984) wichtiger Arbeit über Autosuggestionen und seiner Rationalen Suggestionstherapie setzen.

Sich-selbst-erfüllende-Prophezeiungen (self-fulfilling prophecies)

Der Kern solcher Vorgänge ist der Glaube. Der Glaube „kann Berge versetzen" und so den Weg durch das Leben erleichtern oder aber auch die gleichen Berge in den Weg legen. *Watzlawick* (1984) definiert eine Sich-selbst-erfüllende-Prophezeiung als „eine Annahme oder

Voraussage, die – allein aufgrund der Tatsache, daß sie gemacht wurde – das erwartete oder vorausgesagte Ereignis stattfinden läßt und so die ‚Genauigkeit' der Voraussage bestätigt." (S. 95). Diese Definition beschreibt die Wirkung, aber nicht den Prozeß der Sich-selbst-erfüllenden-Prophezeiungen. An anderer Stelle läßt sich *Watzlawick* darüber aus: *„Nur wenn an eine Prophezeiung geglaubt wird*, d.h. nur wenn sie als eine Tatsache gesehen wird, die sozusagen schon in der Zukunft passiert ist, hat sie Auswirkungen auf die Gegenwart und kann sich selbst erfüllen. Wo *dieser Aspekt des Glaubens oder der Überzeugung* fehlt, fehlt auch dieser Effekt" (S. 100, Hervorhebungen von DLA).

Menschen erleben sich selbst gefärbt durch ihre Erwartungen. Diese Erwartungen (Glaube, Überzeugungen) werden häufig bewußt beibehalten und verteidigt, obwohl ihre Bildung im Unbewußten stattfindet. *Watzlawick* (1984) erklärt unter Bezug auf *Karl Poppers* (1974) Kommentare zu König Ödipus diese bewußt-unbewußte Realität. Ödipus' Eltern unternahmen gewaltige Anstrengungen, um zu vermeiden, daß er eines Tages seinen Vater ermorden und seine Mutter heiraten würde, *weil sie an den Orakelspruch glaubten*. Gerade deshalb, weil sie viel Energie darauf verwendeten, sich vor dem Schicksal, an das sie glaubten, zu schützen, ermöglichten sie seine Verwirklichung. Falls Ödipus' Eltern den Orakelspruch ignoriert und darüber gelacht und nichts weiter getan hätten, wäre die Weissagung niemals wahr geworden. Auch Ödipus glaubte an die Weissagung. Wenn ihn jemand gefragt hätte, warum er flüchte, so hätte er eine perfekte rationale Erklärung dafür gehabt: er wollte der Weissagung des Orakels entgehen. Aber die Tatsache, daß alle Beteiligten an die Vorhersage *glaubten*, war das unbewußte Element in der Erfüllung dieser Prophezeiung.

Und das ist das Prinzip der NSH: es handelt sich um eine unbewußte Überzeugung, die Handlungen in ähnlicher Weise wie ein post-hypnotischer Befehl beeinflußt. Würde man uns fragen, warum wir dieses oder jenes machen, so hätten wir eine logische, bewußte Antwort darauf, würden aber nicht erkennen, daß wir unter dem Einfluß einer unbewußten Überzeugung stehen.

In Kapitel 7 werde ich auf die Macht des Geistes zu heilen (oder besser, den Heilungsprozeß zu beschleunigen und zu erleichtern) zu sprechen kommen. Der heilsame Effekt, den Placebos haben, kommt aus dem Geist: Die Überzeugung, daß es sich bei einer Pille um Medizin handelt, bewirkt Heilung, obwohl es sich um eine pharmakologisch unwirksame Substanz handelt (s. *Benson & Epstein*, 1975). Aber der gleiche Geist, der heilt, kann auch töten. Wenn – wie im Fall des armen Ödipus' – die Überzeugungen, die unsere Handlungen steuern, negativ sind, sind wir im Banne unserer eigenen NSH. Die Neue Hypnose hilft den Klienten, die Momente negativer Selbst-Hypnose, die in ihrem Leben wirksam sind, zu erkennen. Eine Schlüsselfrage an den Klienten, wenn er in Hypnose ist, lautet: „Was geht in Ihnen vor, wenn Sie sich selbst in der Zukunft vorstellen?" Diese Frage (oder Variationen davon) kann man auf jedes beliebige Problem anwenden. Wenn man es ermöglicht, daß eine Vorstellung oder geistige Projektion der Sich-selbst-erfüllenden-Prophezeiung stattfindet, verschwindet ihr magischer Einfluß. Der Klient erkennt die unbewußte Botschaft und kann sie mit Hilfe des Therapeuten erst enthüllen und sie dann durch selbstgewählte, konstruktivere Prinzipien ersetzen. Dieser Vorgang wird illustriert an dem 28jährigen Mann, der fortwährend zu sich selbst sagte, er wollte nicht so sein wie sein Vater, der ein paar Monate davor im Alter von 61 Jahren – viele Feinde hinterlassend – gestorben war. Der Vater war ein skrupelloser Geschäftsmann, der eine Reihe von Geschäften besessen hat. Seinen Erfolg hatte er jedoch auf Kosten anderer Menschen und durch unzählige Gaunereien erlangt. Das Verhältnis des Sohnes zu seinem Vater ist gespannt und explosiv gewesen. Der Sohn wünschte, er wäre arm und unabhängig von seinem Vater anstatt wohlhabend, aber unter Einfluß und Kontrolle des Vaters. Als sein Vater starb, beschäftigte ihn mehr denn je die Frage, nicht so zu sein wie sein Vater. Der Sohn hatte seine Haltung auf der rationalen Ebene geklärt, zu seiner Verwunderung fühlte er sich trotzdem depressiv. In Hypnose wurde ihm seine unbändige Angst bewußt, zu sein wie sein Vater. Er erkannte, daß er viele Züge seines Vaters hatte, und das ließ ihn verzweifeln. In Kapitel 9 werde ich diesen Fall im Detail darstellen. Hier möchte ich nur darauf hinweisen, daß die Erkenntnis seiner unbewußten Befürchtungen ihn von seiner NSH „de-hypnotisierte" und den Fluch der Sich-selbst-erfüllenden-Prophezeiung, zu werden wie sein Vater, aufhob. Dies hat er durch ein inneres, bewußtes „Erleben" erreicht. Argumente, Verstand, Logik und andere linkshemisphärische Aktivitäten wurden dabei nicht gebraucht.

Dank eines aktiven Imaginierens im Rahmen der Methode der Neuen Hypnose war der junge Mann fähig, die Züge, in denen er seinem Vater ähnlich war, anzunehmen. Er erlebte sich selbst auf eine Art und Weise, die er auf der bewußten Ebene ablehnte und vermied. Dieses neue Erleben erlaubte es ihm dann, die Züge an sich, die er nicht mochte, fortzuschicken. Er trat seiner Angst entgegen, indem er in sich selbst das häßliche Bild sah, das er verabscheute. Er war daraufhin fähig, sich dafür zu entscheiden, nicht so zu sein wie sein Vater – trotz seiner „Veranlagung". Er unternahm dann Schritte, das zu werden, was er sich vorgestellt hatte. Es ist wichtig, festzuhalten, daß diese Dinge in der ersten Stunde hervorkamen – hervorgerufen durch die Vorstellung in Hypnose, wie er sich selbst in der Zukunft sieht.

Autosuggestionen

Es kann klinisch sinnvoll sein, immer nach NSH zu suchen, da man davon ausgehen kann, daß es mindestens eine negative Suggestion *gibt*, die unbewußt angenommen wurde. Ein tieferes Verständnis davon gibt *Blumenthals* (1984) Weiterführung der Arbeit der Neuen Schule von Nancy. In Kapitel 1 wurden spontane Suggestionen erwähnt. Eine weitere Verfeinerung ist das Konzept der *bedingten spontanen Autosuggestionen* (*Baudouin*, 1922): Verhalten, das immer dann auftritt, wenn bestimmte Voraussetzungen erfüllt sind. Dieses Phänomen wurde zuerst auf körperliche Unpäßlichkeiten beschränkt, und es gab die Theorie, daß vielleicht das erste Mal, als die negative Reaktion erfolgte, es auf eine tatsächliche körperliche Störung zurückzuführen war. Im folgenden trat dann dieselbe Reaktion spontan auf – ausgelöst durch *eine starke Erwartung des Symptoms*. *Blumenthal* (1984) erklärt: „Eine Idee, gelernt durch vorherige Erfahrung, ist ohne bewußte Absicht angewandt worden, als sie durch Bedingungen, die denen der ursprünglichen Erfahrung ähnlich sind, ausgelöst wurde. Mit jeder folgenden Erfahrung wird die Autosuggestion mehr und mehr ein Teil des Ereignisses und ist bald eine unauslöschliche Gewohnheit geworden" (S. 58).

Wenn man menschliches Verhalten im Kontext seiner Begleitumstände oder „Bedingungen" analysiert, kann man diesen Mechanismus wiederfinden. Mit Hilfe des Prinzips der bedingten spontanen

Autosuggestionen kann man das behaviouristische Konzept von Verstärkung und Konditionierung in einem breiteren und humanistischeren Sinne verstehen: die *Bedingungen,* unter denen die Autosuggestionen auftreten, werden zum Stimulus, und der Response ist das *Ergebnis der gelernten Autosuggestion.* In diesem Fall ist das Ziel von therapeutischer Arbeit nicht mehr, Verhalten zu ändern, sondern Überzeugungen und gelernte Autosuggestionen zu verändern, weil die ungünstigen Autosuggestionen durch neue, selbst gewählte, ersetzt werden müssen. In *Blumenthals* (1984) Worten: „Es ist anzustreben, ungünstige Autosuggestionen durch rational entwickelte zu ersetzen. Diese Technik kann mit großem Erfolg dort angewendet werden, wo die Ideen, die ein Mensch hat, seinen Interessen zuwiderlaufen" (S. 58). Um dieses Ziel zu erreichen, setzt *Blumenthal* die *Rationale Suggestionstherapie* (RST) ein, deren Ziel es ist, „seine Autosuggestionen zu meistern, daß im therapeutischen Rahmen gelernt wird, die Ursache der Autosuggestionen zu kontrollieren" (S. 58). Die Ursache der Autosuggestionen ist für *Blumenthal* das bewußte Selbst. Auf dieser Grundlage läuft die RST in drei Phasen ab: Erstens werden die ungünstigen Ideen und Überzeugungen verändert (die *theoretische Phase).* Zweitens folgt *die praktische Phase,* in der der Klient neue Ideen und Überzeugungen mit Hilfe der Techniken der Neuen Hypnose erarbeitet, und schließlich die *spontane Phase,* die dann beginnt, wenn das nächste Mal die ungünstigen Bedingungen auftreten. Diese letzte Phase ist offensichtlich der Prüfstein für den Erfolg der Behandlung. *Blumenthals* (1984) drei Phasen stellen eine praktische Methode zur Behebung der Schäden, die durch NSH entstehen, dar. Sie sind ein praktisches Beispiel für den erlebnisorientierten Charakter der Neuen Hypnose: Das neue Verhalten, das in Phase drei auftritt, ist eine Manifestation einer wirklichen inneren Veränderung. In diesem Ansatz fehlt ebenfalls die intellektuelle Analyse, die historische Suche nach dem „Warum", die zu Verständnis und Einsicht führt. Der Kern der rationalen Suggestionstherapie ist das Erleben eines neuen Selbst.

Selbsthypnose

In der Neuen Hypnose macht der Klient die Arbeit, nicht der Therapeut. An anderer Stelle (*Araoz,* 1982a) habe ich auf die Wichtigkeit der Beiträge von *Diamond* (1982b) und *Katz* (1979) für die erlebnismäßigen Aspekte der Selbsthypnose hingewiesen. Andere, wie zum Beispiel *Tossi, Reardon* & *Rudy* (1977), *Goba* (1979) und *Miller* (1981) haben eigenständig wichtige Arbeit über Selbsthypnose geleistet. Aber mehr als alle anderen haben *Fromm* und ihre Schüler (1981) wichtige empirische Forschungen über den Charakter, die Kennzeichen und die Anwendbarkeit von Selbsthypnose gemacht. Aus der Vielfalt der Ergebnisse folgt unausweichlich, daß das wichtigste Kennzeichen der Selbsthypnose ihr erlebnisorientierter Charakter ist. Klienten machen unterschiedliche Erfahrungen während sie Selbsthypnose lernen; sie proben für ein neues, reichhaltigeres und wahrhaftigeres Selbst. Wenn man *Miller*s (1981) Ablauf einer Therapie als Beispiel nimmt, dann ist der Kern von Selbsthypnose die angeleitete Imagination und Vorstellung eines „idealen, wahren Selbst". Die Erfahrung von Selbsthypnose gewöhnt den Klienten an eine neue Seinsqualität und erlaubt ihm, so zu werden, wie er es möchte, weil sich der Klient auf eine neue Art und Weise erlebt: voller Fähigkeiten und darauf stolz, Probleme bewältigen und lösen zu können.

In fast allen Büchern über Hypnose ist mindestens ein Kapitel über Selbsthypnose (z.B. *Shaw*, 1977), und es erscheinen häufig Artikel darüber in den Fachzeitschriften (z.B. *Gross*, 1984) oder populärwissenschaftlichen Magazinen (z.B. *Hunt*, 1984). Selbsthypnose ist ein populäres Thema, sie wird aber häufig als eigenartige Technik beschrieben, losgelöst von allem, was man ansonsten über Hypnose weiß. Der Ansatz der Neuen Hypnose stellt dem Klienten jede Art von Hypnose als Selbsthypnose dar. *T.X. Barber* (in Druck) begründet das wie folgt: Erstens vermeidet oder vermindert es Ängste gegenüber der Hypnose; zweitens betont es die Sanftheit und den inneren Frieden statt der bizarren hypnotischen Phänomene, wie sie u.a. durch die Presse dargestellt werden; drittens gibt es dem Klienten die Kontrolle über das Geschehen; viertens ermöglicht es den Therapeuten verschiedener Schulen, sie selbst zu sein, anstatt Techniken anzuwenden, bei denen sie sich nicht sicher fühlen; fünftens gibt es dem Therapeuten mehr Flexibilität in der Nutzung von Hypnose und maximiert die Rückmeldung vom Klienten. Mit Flexibilität meint *T.X. Barber* (im Druck) die Möglichkeit des Therapeuten, zusammen mit dem Klienten in Selbsthypnose zu gehen oder mit dem Klienten nach dessen Erfahrungen in Selbsthypnose zu reden. Ich werde auf diesen Punkt im nächsten Abschnitt dieses Kapitels zurückkommen.

Dadurch, daß hypnotische Arbeit als Selbsthypnose dargestellt wird, vermittelt der Therapeut mehrere wichtige Dinge. Die Implikationen sind: Erstens, daß Therapeut und Klient dabei einzigartige, persönliche und individuelle Erfahrungen machen; zweitens, daß der Therapeut keine todsichere Methode zur Lösung der Probleme hat, sondern daß Klient und Therapeut gemeinsam den besten Weg für den Klienten finden müssen, Selbsthypnose zu erreichen und davon zu profitieren; drittens, daß diese geistige Aktivität etwas ganz Natürliches ist, was durch Übung gelernt werden kann. Ich selbst benutze häufig die Analogie zum Laufen. Laufen ist ein natürlicher Vorgang, der trotzdem von Menschen, die lange Zeit nicht gelaufen sind, erst langsam wieder durch Übung gelernt werden muß. Nach und nach lernt man dann das Maximum seiner Leistungsfähigkeit (Geschwindigkeit, Zeit, Entfernung) kennen, und man kann nicht erwarten, nach dreimaligem Üben ein austrainierter Läufer zu sein. Durch Übung kann aus einem älteren, gesunden Erwachsenen ein guter Läufer werden – sogar wenn er oder sie vorher nie gelaufen ist. Genauso ist es mit Selbsthypnose.

Ich sage meinen Klienten nicht, daß ich jetzt Hypnose mit ihnen machen werde. Hypnose ist *der* modus operandi, wenn man bereit ist, sie zu akzeptieren. Ich sage zu Klienten, daß diese Art Therapie darin besteht, *ein anderes Erleben seiner selbst zu bekommen* und nicht darin, zu reden (*Zilbergeld*, 1983). Dieses ist besonders wichtig zu betonen, wenn der Klient Erfahrungen mit herkömmlicher Therapie hat. Ich betone, daß meine Hauptfunktion ist, ihnen zu helfen, sich zu *verändern*, und daß es wissenschaftlich begründete Zweifel gibt, ob Reden, das zu Einsicht führt, notwendigerweise menschliche Veränderungen bewirkt. In ihrer klassischen Studie über menschliche Veränderungen erwähnen *Watzlawick, Weakland* und *Fisch* (1974) das „mehr desselben" Phänomens, in dem die Lösung das Problem wird. In herkömmlichen Therapien, in denen Jahre des Redens, die zu Einsicht führen sollten, oft keine Veränderungen bewirkt haben, ist das therapeutische Vorgehen ein „mehr desselben". Und die Klienten glauben das merkwürdigerweise. Wenn solche „therapieerfahrenen" Klienten Neue Hypnose erleben, so brauchen sie einige Zeit, um das Reden während der Stunden einzustellen und sich auf das Erleben zu konzentrieren.

Es gibt ein typisches Problem mit Patienten, die zur Hypnose überwiesen werden. In dem Fall, in dem sie glauben, „nichts mehr mitzubekommen" oder phantastische Erwartungen an die magische Macht der Hypnose haben, ist der obige Hinweis auf *Selbsthypnose* statt *Hypnose* besonders hilfreich.

Gestalttherapie

Einige Worte zur Gestalttherapie erscheinen mir angebracht. Ich werde oft gefragt, ob das, was ich mache, nicht Gestalttherapie ist, und warum ich darauf bestehe, es Neue Hypnose zu nennen. Das wichtigste Werkzeug und Ziel der Gestalttherapie ist „awareness" oder der Kontakt mit dem eigenen Selbst im Hier und Jetzt (*Simkin*, 1979). Es wird auch gesagt, daß Gestalttherapie das „awareness continuum" (*Perls*, 1973) *ist*. Wo liegt da der Unterschied zum „Erleben" und rechtshemisphärischer Aktivität, den beiden Markenzeichen der Neuen Hypnose? Gestalttherapie hält den gesamten biopsychosozialen Bereich – einschließlich Organismus / Umwelt – für wichtig (*Yontef*, zitiert nach *Applebaum*, 1976, S. 763). Wo liegt da der Unterschied zu der Beachtung der Somatics im OLD-C-Modell aus Kapitel 4? Die Vergleiche zwischen Gestalt und Neuer Hypnose könnten noch weitergeführt werden. Der wichtigste Punkt ist jedoch, daß die Neue Hypnose keine eigene psychotherapeutische Richtung oder Schule mit einer eigenen Theorie der Persönlichkeit oder der Psychopathologie (wie z.B. die Gestalttherapie) ist. Die Neue Hypnose ist eine angenehme und flexible Methode, hypnotische Prinzipien für Therapeuten jeder beliebigen Schule nutzbar zu machen. Im tatsächlichen Ablauf der Psychotherapie und in den Techniken, die ich nutze, bin ich sehr „gestalt-isch", und ich bin der Gestalttherapie zu Anerkennung und Dank verpflichtet. Da ich mich nicht Gestalttherapeut nenne, habe ich die Freiheit, eine Menge Dinge zu tun, die nicht mit der Gestalt-Theorie übereinstimmen (z.B. Benutzen von direkten Suggestionen). Es gibt aber auch andere Praktiker der Neuen Hypnose wie *Erickson (Rossi*, 1980), *T.X. Barber* (im Druck) und *Blumenthal* (1984), die der Gestalttherapie nicht so nahe stehen.

Fritz Perls (1976) glaubte, daß „Awareness" an sich heilende Wirkung hat, und aufgrund dieser theoretischen Annahme helfe ich Klienten herauszufinden, was in *ihnen* hier und jetzt geschieht. Ich benutze die Neue Hypnose, damit sie ihre „Welt" erkennen und akzeptieren können und dann in Einklang mit dieser „Realität" und all ihren Verzweigungen handeln können. An diesem existentiellen Verbindungspunkt kann ein Mensch sich dann für den einen oder den anderen Aspekt seiner selbst entscheiden. *Beisser* (1979) nannte das sehr treffend den Konflikt zwischen dem, was man *sein sollte*, und dem, was man *denkt, was man ist* – ohne sich dabei mit einem der beiden identifizieren zu können (S. 78). Die Neue Hypnose, so wie ich sie verstehe, löst den Konflikt, indem man dem Klienten hilft, sich vollständig alle Aspekte seines Seins bewußtzumachen und sich dann für die zu entscheiden, die er beibehalten will.

Eines ist sicher: Es gibt keinen Widerspruch zwischen Gestalttherapie und Neuer Hypnose. Viele der Gestalttechniken sind in ihrem Wesen hypnotischer Natur. Denken Sie zum Beispiel an die Intervention, in der der Klient gebeten wird, sich jemanden vorzustellen, der nicht körperlich anwesend ist (und vielleicht sogar vor langem gestorben ist) und zu ihm oder ihr zu sprechen. Wenn der Klient das erfolgreich macht, so muß er sich in einem hypnotischen Zustand oder einer Trance befinden; die Intensität seiner Gefühle zeigt dabei die Tiefe des hypnotischen Erlebens an. Aber dabei handelt es sich lediglich um die Ebene der Techniken. Gestalttherapie enthält, wie *Levitsky & Simkin* (1972) sagen, „eine Wachstumsphilosophie des menschlichen Organismus; sie ist im wesentlichen eine Seins-Philosophie", während die Neue Hypnose als solche auf der technischen Ebene bleibt und es so Therapeuten verschiedener Schulen möglich macht, sie zu nutzen.

Klient-Therapeut-Interaktion

Der Leib und das Blut der Hypnose – ihre ganze mehrdimensionale klinische Reichhaltigkeit und Vielfältigkeit – wird nur dann sichtbar, *wenn Hypnose in den Begriffen einer dynamischen Beziehung zwischen realen Menschen betrachtet wird (Shor, 1959, S. 601).*

Dieses Zitat stößt die Tür zu einer Wirklichkeit auf, die einzigartig zur Hypnose gehört. Aber nur wenige Menschen haben diese Tür bisher geöffnet. *Diamond* (1982b; 1983b) erreichte einige Fortschritte in diesem Gebiet durch die Anwendung psychodynamischer Prinzipien (wie auch einige andere, die nach *Shor* auf diesem Gebiet tätig waren – z.B. *Field*, 1983). *Diamond* unterscheidet vier verschiedene Dimensionen in der Beziehung zwischen Therapeut und Klient in Hypnose, die im folgenden dargestellt werden. Auf der anderen Seite nimmt *Mahrer* (1983) an, „daß die Persönlichkeit oder Identität des Therapeuten in die des Patienten einfließen kann..., daß Patient und Therapeut in multiplen phänomenologischen Welten existieren, die der Patient, der Therapeut oder beide zusammen konstruieren" (S. 145). Ich werde weiter unten diese beiden Positionen, die von *Diamond* und die von *Mahrer*, eingehend erörtern, damit der erlebnisorientierte Charakter der Neuen Hypnose auch in bezug auf die Klient-Therapeut-Beziehung deutlich wird.

Diamond (1983a) erklärt die vier Dimensionen, die er in der Beziehung zwischen Hypnotiseur und Patient gefunden hat, wie folgt: Es handelt sich dabei um *hypnotische Übertragung, hypnotische Arbeitsbeziehung, hypnotisch-symbiotische Zusammenarbeit* und die *reale hypnotische Beziehung*. Die erste Beziehungsdimension wird lange vor der ersten Begegnung von Hypnotherapeut und Patient wirksam. Durch sie kann die „hypnotische Übertragungsneurose" entstehen, wie *Morris & Gardner* (1959) es nannten. Hypnotische Übertragung tritt dann auf, wenn frühe Elemente der Eltern-Kind-Beziehung aufkommen oder wenn eine Regression in die ödipale Situation stattfindet und auf den Hypnotherapeuten projiziert wird.

Die zweite Beziehungsdimension nach *Diamond* (1983a) hat sowohl irrationale als realitätsorientierte Aspekte. In das letztere sind die *adaptive Regression* von *Gill & Brenman* (1959) oder die *Regression im Dienste des Ego* von *Kris* (1959) einzuordnen, so daß das Ich immer beobachtend unhypnotisiert bleibt. Auf der irrationalen Seite der Arbeitsbeziehung steht – in Anlehnung an *Nunberg* (1948) – die Tatsache, daß der Klient den Hypnotherapeuten idealisiert, sich dann wohlfühlt mit diesem Ideal und so dem Therapeuten erlaubt, ihn zu beeinflussen. Der irrationale Teil dieser Zusammenarbeit ist therapeutisch und positiv und wird so häufig vom Therapeuten gefördert. Deshalb wird dieser Aspekt die Arbeits- oder therapeutische

Beziehung genannt. Die dritte Dimension der Beziehung in Hypnose – die symbiotische oder narzistische – besteht aus „der Identifikation der Klienten mit den (realen oder eingebildeten) Eigenschaften des Hypnotherapeuten auf einer *körperlichen Ebene* und der Teilhabe an dessen ‚Magie', Charisma oder was er auch immer hervorruft" (*Diamond*, 1983a, S. 28, Hervorhebung durch DLA). Vermutlich findet diese Identifikation auf einer oralen, vor-ödipalen, narzistischen Ebene statt und stellt einen Zustand der künstlichen Symbiose oder Fusion her. Schließlich bezieht sich die *reale hypnotische Beziehung* auf Elemente wie gemeinsame Anliegen oder Respekt zwischen Therapeut und Klient.

Bevor ich einige praktische Schlußfolgerungen ziehe, würde ich gern noch einmal kurz auf *Mahrer*s (1983) Ideen eingehen. Er behauptet, daß „die Rollen-Beziehung, die zwischen Therapeut und Klient entsteht, das Ausmaß der Aufmerksamkeit, das der Klient seinen innerpsychischen Vorgängen widmen kann, verringert" (S. 166), was heißt, daß solange die Aufmerksamkeit des Patienten auf dem Therapeuten ruht, er nur wenig innere Entwicklungsmöglichkeiten hat. Heißt das, daß der Klient in der Interaktion mit dem Therapeuten den Therapeuten ignorieren kann? Natürlich nicht, aber *Mahrer* möchte darauf hinweisen, daß Miteinanderreden – also die Art der Interaktion, wie sie herkömmlicherweise in Therapie stattfindet – der Grund dafür ist, daß so viele Therapien erfolglos bleiben: Es lenkt den Klienten von seinem innerpsychischen Geschehen ab; es begrenzt die Beziehung des Klienten zu seinem inneren Erleben und es bleibt linkshemisphärisch. Die Patient-Therapeut-Beziehung als etwas, auf das man sich konzentriert, lenkt von einem wahrhaftigen Erleben seiner selbst ab: „Auf die Spitze getrieben, können Therapeut und Patient über die Probleme des Patienten reden, ohne daß der Patient eine Beziehung zu seinem Problem bekommt. Der Patient ist deshalb unfähig, das Problem vollständig zu betrachten, sich damit zu konfrontieren oder sich dagegen zu engagieren, es wahrzunehmen und anzufühlen, ihm zu begegnen, es zu fühlen, es zu erleben" (S. 166-167).

Unter Bezug auf *Naranjo* (1969) und *May* (1983) hebt *Mahrer* (1983) den häufigen Fehler hervor, anzunehmen, daß die Akzeptanz des Therapeuten für den Klienten diesem automatisch hilft, sich selbst zu erleben. In der Tat ist es so, daß eine Betonung der Dinge zwischen

Therapeut und Patient „die Beziehung zwischen dem Patienten und seinen wahren innerpsychischen Vorgängen" (S. 167) vernachlässigt. Im schlimmsten Fall findet der Patient seine Unfähigkeit, mit seinen Gefühlen Kontakt aufzunehmen, in der Therapie bestätigt.

Konsequenzen

Die Implikationen der Klient-Therapeut-Beziehung sind vielfältig, und mein Interesse gilt insbesondere ihren erlebnismäßigen Aspekten. Generell gesagt, erleichtert die Beziehung mit einer anderen Person während der Hypnose die Bewußtheit, die Selbstexploration und den Kontakt mit Bereichen seiner selbst, die bisher unentdeckt blieben oder verzerrt wurden, wie *Sullivan* (1953) über Therapie im allgemeinen sagt. Das trifft aber nur zu, wenn die Interaktion nicht nur für den Klienten, sondern auch für den Therapeuten eine Erweiterung darstellt. Das setzt eine Beziehung zwischen Gleichen auf einer grundlegenden menschlichen Ebene voraus. Versuche, dieses Ziel der menschlichen Gleichberechtigung zu erreichen, sind nicht ungewöhnlich. So geht z.B. *T.X. Barber* (in Druck) zusammen mit dem Klienten in Trance; oder genauer: Er geht in Trance, wenn der Klient es tut, um selbsthypnotische Prozesse im anderen zu erleichtern. *Mahrer* (1983) nimmt ebenfalls während der Stunde an den Erfahrungen des Klienten teil. *Diamond* (1980, 1982a) geht noch einen Schritt weiter, indem er den Klienten auffordert, ihn zu hypnotisieren, um Hypnosetherapie in bestimmten speziellen Situationen zu fördern.

Diese Beziehung zwischen Gleichen auf der grundlegenden Ebene der Bewußtheit hat einige wichtige Implikationen, die in das im letzten Kapitel vorgestellte OLD-C-Modell passen. Zuerst weist es dem Therapeuten eine bescheidene Position zu: Der Therapeut weiß nicht die Antworten auf die Probleme des Klienten. Er führt den Klienten dahin, die Antworten, die in seinem Unbewußten existieren, mit Hilfe des erlebnisorientierten Prozesses der Neuen Hypnose hervorzuholen. Die Expertenschaft des Therapeuten liegt auf der technischen Ebene: Er ist der Experte darin, den Klienten zu seinem innerpsychischen Erleben zu führen.

Die zweite Implikation, die aus dem vorhergehenden Überblick über den Beziehungsaspekt von Psychotherapie im allgemeinen und

121

Hypnosetherapie im speziellen erwächst, ist, daß der Fokus auf den inneren Prozessen des Klienten und auf dessen aktuellem psychischen Erleben und nicht auf der Beziehung zwischen Klient und Therapeut liegen muß. Die Beziehung ist lediglich das förderliche Umfeld, in dem der Prozeß der Selbstexploration stattfinden kann. Wenn der Fokus auf der Beziehung liegt, so ist das nie hilfreich an sich. Es ist lediglich gerechtfertigt, wenn der Therapeut auf irgendeine Art und Weise in das aktuelle innere Erleben des Klienten miteinbezogen ist.

Eine Folge des oben Gesagten ist, daß der Hypnotherapeut *nicht* einfach „er selbst" zu sein braucht (noch ein Mythos, der immer wieder als therapeutisch propagiert wird). Im Gegenteil – er muß große Disziplin darin haben, nicht er selbst zu sein. Er muß hartnäckig an seiner Rolle als Führer festhalten. Er darf nicht seine Rolle als jemand aus den Augen verlieren, der dem Klienten das Erleben innerer Realitäten erleichtern soll, die unbewußt ignoriert, abgewehrt, verzerrt oder unterdrückt wurden. Der Hypnotherapeut muß ganz sein *professionelles Selbst* sein; sein privates Selbst hat in der therapeutischen Situation nichts verloren.

Das ist natürlich nichts Neues. Psychoanalytiker fordern diese aseptische Haltung, damit die Übertragung nicht gestört wird. Gute Therapeuten – egal welcher Schule – haben schon seit langem erkannt, daß Klient und Therapeut auf der Ebene der menschlichen Existenz gleich sind (mit all ihren Unwägbarkeiten und Zweifeln, Hoffnungen und Träumen, der Begrenztheit und Verletzlichkeit, der Freude und der Liebe); in dem Moment aber, in dem sie innerhalb des therapeutischen „Vertrages" sind, muß die Rolle des Hypnotherapeuten klar und vollständig definiert sein.

Diese eindeutige Haltung dem Klienten gegenüber, wie man sie in jeder guten Therapie finden kann, bietet dem Klienten eine einzigartige Erfahrung. Das trifft insbesondere für die Hypnotherapie zu, in der die Sensitivität für das, was der andere sagt, noch wichtiger ist als bei anderen (linkshemisphärischen) Therapieformen. Eine eindeutige Rolle des Therapeuten in der Neuen Hypnose ist um so wichtiger, da in ihr eine respektvolle Beobachtung der Sprachstile, der bedeutsamen Äußerungen und der Körperreaktionen des Klienten stattfindet. Diese Beobachtung soll nicht dazu dienen, das Beobachtete zu analysieren oder zu interpretieren, sondern damit der Klient

zu einem inneren, vollständigen und wahrhaftigen Erleben und Bewußtheit dessen, was in ihm geschieht, geführt wird. In diesem Sinne
ist die Neue Hypnose für den Klienten erlebnisorientiert, da er
während der Therapie die einmalige Erfahrung machen kann, neue
Bereiche seines Selbst zu betreten und neue Aspekte seiner selbst zu
entdecken. Wegen dieser Erfahrung erweitert sich sein psychisches
Sein – und dadurch nimmt er auch neue Aspekte seines physischen
Seins in Besitz. Das letztere passiert auf der einfachsten Ebene, wenn
der Klient lernt, sich zu entspannen. In vielen Fällen erlangt der
Klient dadurch auch körperlichen Gewinn – von der Schmerzkon-
trolle bis hin zur hypnotischen Anästhesie bei chirurgischen Eingrif-
fen.

Schlußbemerkungen

Die Neue Hypnose nimmt eine bescheidenere Position als die Traditionelle Hypnose ein. Letztere ist um wissenschaftliche Objektivität
und die Messung der Hypnotisierbarkeit, der Trancetiefe um Skalen,
Punkte und Statistiken bemüht. Die im Vergleich dazu eher gemä-
ßigte Position der Neuen Hypnose steht in Einklang mit einer Entwicklung, die in den meisten exakten Wissenschaften stattfindet. Die
Traditionelle Hypnose ist in die Jahre gekommen – genau wie das
kopernikanische Weltbild, in dem naiverweise geglaubt wurde, der
Kosmos könnte erfaßt, gemessen, kontrolliert und beherrscht
werden. „Moderne Wissenschaft" wurde als Götzenheilige unserer
Kultur angebetet. Heute, drei Jahrhunderte später, sind die Wissenschaftler nicht klüger als damals; aber sie können sich ihre Fassungs-
losigkeit eingestehen, da sie davon ausgehen, daß der Schlüssel zum
Verstehen des Universums das menschliche Wesen ist. Die rasier-
messerscharfe Unterscheidung zwischen objektiver und subjektiver
Realität ist vielleicht schon heute so obsolet geworden, wie es die kopernikanische Physik nach der Entdeckung von Relativität und
Quantenmechanik wurde – das gilt sowohl für die Wissenschaft als
auch für die Hypnose.

Die Neue Hypnose ist also weniger „wissenschaftlich" und eher
naturalistisch, spontan und erlebnisorientiert. Sein ist Erleben. Die
Neue Hypnose ermöglicht ein neues Erleben seiner selbst; sie dringt

durch die Bereiche negativer Selbsthypnose, die uns glauben machte, wir wüßten, wer wir sind, obwohl wir im Irrtum verfangen sind. Die Neue Hypnose hilft uns, unsere Überzeugungen zu ändern und offener zu werden – offen in bezug auf den sich entwickelnden, sich ständig verändernden Fluß der Dinge, der das Leben ist. Dabei können wir an unserem eigenen *Werden* durch das Erleben teilhaben.

Wir, die Experten in der Neuen Hypnose, werden so zu bescheidenen Führern und Helfern in diesem Prozeß und versuchen das zu fördern, was von anderen vielleicht als „nicht-real" oder „Unsinn" bezeichnet wird. Auf diese Weise stellen wir eine therapeutische Allianz mit dem Klienten her, die – weil es eine solche ist – auch uns selbst verändert, unser Sein erweitert und uns erlaubt, am Tanz des Lebens teilzunehmen.

Dieses ist der Grund dafür, daß es bestimmter Anstrengungen bedarf, um sich in den geistigen Zustand der Neuen Hypnose zu versetzen. In dem Punkt gibt es Ähnlichkeiten zu der Aufnahmebereitschaft und Offenheit des Zen, jener Geisteshaltung des *„beginner's mind"*, die *Suzuki* (1970), der Begründer des ersten amerikanischen Zen-Zentrums, fordert. Diese Geisteshaltung ist frei von absoluter Sicherheit und ständig fragend, suchend und niemals geschlossen; es ist eine Haltung, in der das hinterfragt wird, was offensichtlich ist, das Reale und Rationale, das was allgemeingültig und selbstverständlich ist. Die Neue Hypnose stellt eine unbedingte Forderung an die, die sie ausüben: sich immer diesen offenen Geist, den *„beginner's mind"*, zu bewahren. Diese Forderung ist im ersten Schritt des OLD-C-Modells enthalten. Beobachten heißt, einen offenen Geist zu haben, damit in der Interaktion mit dem Klienten dessen Erleben nicht gestoppt, unterbrochen oder gestört wird.

Zum Abschluß dieses Kapitels über den erlebnisorientierten Charakter der Neuen Hypnose sehe ich mich selbst verfangen in dem Paradox, eine Theorie der Theorielosigkeit dargestellt zu haben. Je mehr ich versuche, mich selbst davon zu überzeugen, daß es sich bei der Neuen Hypnose um eine Methode oder Technologie und nicht um eine Theorie handelt, desto tiefer tauche ich in sie hinein und nehme eine theoretische Position ein: die der Quantenlogik (als Gegensatz zur klassischen Logik). Wenn ich mich bemühe, auch dabei eine offene Geisteshaltung zu bewahren, so muß ich diesen Konflikt akzeptieren, weil ich weiß, daß es sich hier einmal mehr um einen

Schritt in Richtung Mythos und weg vom Logos handelt. Die Neue Hypnose ist eine Seinsqualität, die nicht beschreibbar ist. Sie kann nur erfahren werden, und *wir* als ihre Praktiker müssen sie sowohl in uns wie für uns selbst erlebt haben, bevor wir Klienten dabei helfen wollen, diese Erfahrungen zu machen.

Teil III

Neue Richtungen

Der Bereich der Hypnose wird von Jahr zu Jahr spannender. Bücher, Artikel und Tagungen weisen auf immer neue Anwendungsfelder hin. Zum Beispiel wurde während der XXIII. Olympiade in Los Angeles in der populärwissenschaftlichen Presse häufig auf die wichtige Rolle der Hypnose (die dann entweder Imagination, Psychovisualisierung oder Inner-Mind-Technik genannt wurde) für das Training der Sportler hingewiesen.

Obwohl man ein ganzes Buch über die neuen Richtungen der Hypnose schreiben könnte, habe ich mich aus recht subjektiven Gründen für die Bereiche Familientherapie und Förderung von Heilungsprozessen entschieden. Meinen Doktortitel von der Columbia-Universität habe ich im Fach Familienberatung gemacht, und Familientherapie interessiert mich seit 25 Jahren. Ich finde es sehr aufregend, daß immer mehr Veröffentlichungen zu dem Bereich „Hypnose in der Familientherapie" erscheinen. Das Kapitel 6 gibt einen Überblick über Konzepte und Methoden der Anwendung von Hypnose bei Familien.

Schon seit langem fasziniert mich das Thema Heilen. Lange Zeit war ich in der *American Society of Psychosomatic Dentistry and Medicine* (Amerikanische Gesellschaft für psychosomatische Zahnheilkunde und Medizin) aktiv, heute engagiere ich mich im *International Psychosomatics Institute* und als Herausgeber des *International Journal of Psychosomatics*. Weil es immer mehr Hinweise darauf gibt, daß ein semantischer Input in einen somatischen Output verwandelt wird, habe ich versucht, einen Überblick über das, was wir heute darüber wissen, zu geben. Ich werde ebenfalls meinen eigenen Ansatz in der Arbeit mit psychosomatischen Patienten vorstellen.

6 Familien-Hypnotherapie

In diesem Kapitel, das aus meinem Interesse an Familientherapie entstanden ist, werde ich einen Überblick über das geben, was ich Familien-Hypnotherapie nenne. Dieser Überblick soll verschiedene Ansätze der Arbeit mit Hypnose bei Familien im speziellen und bei Systemen im allgemeinen darstellen. Dann werde ich meine eigene Anwendung der Neuen Hypnose auf Systeme und Familien sowie verschiedene kurze klinische Falldarstellungen geben. Eine der Familien, die hier kurz erwähnt werden, wird dann ausführlich in Kapitel 8 dargestellt werden.

Die Idee, Hypnose bei Familien zu nutzen, ist nicht neu. *Erickson* (*Haley*, 1973) hat viele Familien mit Hypnose behandelt, sofern wir unter „Familie" auch Probleme fassen, die ein einzelnes Familienmitglied – insbesondere der Ehepartner – hat, sowie ungelöste Probleme in bezug auf die eigene Ursprungsfamilie. *Haleys* Buch (1973) Uncommon Therapy (auf Deutsch: Die Psychotherapie Milton H. Ericksons, Pfeiffer) ist über Familientherapien, in deren Verlauf die Neue Hypnose angewendet wird. *Haley* beschreibt im Detail *Ericksons* Vorgehen bei Familien. Häufig hat *Erickson* jedoch nur mit einem einzelnen Familienmitglied und nicht mit der ganzen Familie gearbeitet.

Ein rascher Überblick über die Literatur zeigt, daß es viele andere gibt, die Hypnose bei Familien angewendet haben. Viele der verwendeten Interventionen lassen sich unter den Begriff „Neue Hypnose" zusammenfassen. Zum Beispiel wendet *Morrison* (1981) Imaginationsverfahren an, damit „die sensorische Umwelt der Kindheit wiedererschaffen wird" (S. 53). Er fährt fort, daß „die Erinnerung an solche Ereignisse häufig so reichhaltige Imagination hervorruft, daß starke Gefühle zu einem Elternteil entstehen" (ebenda). Auch wendet er Imaginationsverfahren an, um entscheidende Fortschritte in der Arbeit mit Ehepaaren zu erreichen. Eine effektive Methode ist es, sich „den Ehepartner neben dem gegengeschlechtlichen Elternteil vorzustellen und dabei auf Ähnlichkeiten und Unterschiede zu achten" (ebenda). *Lovern* & *Zohn* (1982) wenden *Erickson*sche Methoden in einer Familien-Gruppentherapie bei Alkoholikern an. Sie verwenden in ihrer Arbeit unbewußtes Konditionieren (*Erickson & Rossi*, 1979), psychologische Schocks (*Erickson* et al., 1976) sowie indirekte Suggestionen und therapeutische Bindungen (*Erickson & Rossi*, 1979). Das Ehepaar *Lankton* (1982) wendet indirekte Suggestionen und Bindungen in der Familientherapie an, indem es Äußerungen verwendet wie „Sie können entweder selbst aus diesen Erlebnissen lernen, oder es Ihren Kindern lehren", „Ihr Bewußtsein wußte nicht, daß Ihr Unbewußtes das Richtige tat, als Sie in Therapie kamen. Aber nun kann sich Ihr Bewußtsein fragen, welches Thema Ihr Unbewußtes als nächstes zur Sprache bringen wird", oder „Sie können aus diesen Erfahrungen etwas lernen oder aber sie einfach nutzen." Das Buch von *Lankton & Lankton* ist voller verschiedener Ansätze, die Neue Hypnose bei Familien und Paaren anzuwenden.

Obwohl man in der Familientherapie häufig informelle Hypnose findet, gibt es auch Beispiele dafür, daß auch traditionelle Hypnose verwendet wird. *Goba* (1978) wandte viele verschiedene formale Hypnosetechniken an, um zu helfen, effektiver zu kommunizieren. *Braun* (1978), der eher psychoanalytisch orientiert ist, stellt hypnotische Interventionen vor, die bei Familien angewendet werden, damit Eltern und Kinder ihre Familiensituation auf verschiedene Art und Weise *erleben* können – und damit ihre Situation nicht zu analysieren oder zu verstehen versuchen. In einer kleinen Studie habe ich die Auswirkungen formaler Hypnose auf 12 Paare, die sich in Gruppentherapie befanden, untersucht. Alle drei Monate wurde ein neues Ziel (Verbesserung der Kommunikation, gemeinsame Kindererziehung, Verbesserung der Sexualität) festgelegt – jeweils abwechselnd hypnotisch und nicht-hypnotisch. Während der 18 Monate des Untersuchungszeitraums zeigten sich die hypnotischen Verfahren durchgehend als erfolgreicher. Vor einiger Zeit habe ich (*Araoz*, 1978) eine Untersuchung über hypnotisches Vorgehen bei Paartherapie gemacht.

In letzter Zeit wurden auch verschiedene andere Aspekte hypnotischer Realitäten in der Familieninteraktion von *Jaffe* (1980), *Ritterman* (1983) und *Calof* (1985) sowie von vielen anderen untersucht. Die drei zuvor Erwähnten haben die Auswirkungen eines negativen hypnotischen Einflusses der Familienmitglieder aufeinander untersucht. Diese Auswirkungen können von körperlicher Krankheit – wie *Minuchin* (1974; *Minuchin, Baker & Rosman*, 1978) gezeigt hat – bis zu „Verrücktheiten" in der Kommunikation reichen. Sowohl *Jaffe* (1980) als auch *Ritterman* (1983) nehmen die negativen hypnotischen Vorgänge in dysfunktionalen Familien als einen Ausgangspunkt für eine konstruktive Nutzung hypnotischer Techniken.

Es gibt offensichtlich noch eine Menge über *Familien-Hypnotherapie* zu lernen. Deshalb wird in diesem Kapitel zuerst die herkömmliche Nutzung von Hypnose in der Familientherapie dargestellt werden. Danach werden die indirekten und nicht-herkömmlichen Richtungen, die Anwendung der Neuen Hypnose sowie zwei wichtige neuere Beiträge zu diesem Bereich dargestellt werden. Abschließend werde ich meine eigenen Überlegungen zur Familien-Hypnotherapie darstellen.

Es sollte betont werden, daß niemand ohne eine formelle Ausbildung in Familientherapie – egal, wieviel Erfahrung er mit Hypnose hat – Familientherapie anwenden sollte. Die Vielfalt der Dynamik innerhalb einer Familie (von vergangenen über gegenwärtige bis hin zu zukünftigen psychischen Realitäten) ist viel zu komplex für Amateure.

Anwendungen Traditioneller Hypnose bei Familien

In diesem Bereich beherrschen psychodynamische Prinzipien die Anwendung von Hypnose bei Familien. Der Schwerpunkt liegt nach *Framo* (1972), *Boszormenyi-Nagy* (1965) und anderen auf Introjektionen und Projektionen. Der vielleicht wichtigste Vertreter dieser Gruppe ist *Braun* (1978, 1984). Er stellt fünf Phasen der hypnotischen Arbeit mit Familien dar: 1) Induktion; 2) Vertiefung; 3) Arbeit; 4) Beendigung und 5) Verarbeitung. Er sagt, daß „Hypnose eine Folge semi-formalisierter Vorgehensweisen zur Erhöhung der Bewußtheit und Suggestibilität durch mentales Training ist" (S. 7). Seine Therapie fängt mit einem vorhypnotischen Interview an, in dem ein mentaler und körperlicher Kontext zum Herstellen der Hypnose hergestellt wird. Damit meint er, daß er die Klienten bittet, die Stühle zu wechseln, „damit die Kämpfer getrennt werden oder jemand Ängstliches neben jemandem Entspanntes sitzt" (S. 10). Unter Benutzung von *Kramer*s (1968) Typologie geht er von vier Haupt-Stilen der Familieninteraktion aus: der *Konfliktstil* (offener Kampf); der *komplementäre Stil* (over/under-adequate – es gibt one-up- oder one-down-Positionen innerhalb der Familie: ein Familienmitglied zeigt das Symptom während die anderen symptomfrei erscheinen; wenn es dem Symptomträger jedoch bessergeht, fängt der Rest der Familie an zu leiden); der *Einheitsfront-Stil* (united front – überharmonisierend) und der *gemischte Typ* (der häufigste).

Hypnose wird dazu benutzt, einen neuen Bezugsrahmen herzustellen. Zuerst kann es sinnvoll sein, der Familie das gemeinsame angenehme Gefühl einer Entspannung zu geben. Die gemeinsame Entspannung schafft eine gemeinsame Grundlage und Vertrauen zueinander. Hypno-Entspannung ist also eine der wichtigsten Techniken. Ob andere Techniken eingesetzt werden, hängt von der Vorstellungskraft und der Erfahrung des Therapeuten ab. Bei *Braun* (1978) sind einige dieser Techniken aufgelistet. Bei der *Umgekehrten-Blinzel-Technik* wird z.B. die Familie gebeten,

ihre Augen zu schließen und sie jedesmal, wenn ich eine Zahl weiterzähle, zu öffnen und wieder zu schließen. Zwischen dem Zählen werden Suggestionen gemacht, daß die Entspannung tiefer wird und daß schließlich die Augen geschlossen bleiben, während mit jeder Zahl die Entspannung zunimmt. Die verschiedenen Familienmitglieder werden zu verschiedenen Zeitpunkten aufhören, die Augen zu öffnen, und irgendwann werden alle mit geschlossenen Augen tief entspannt sein. Von da an kann zu der Arbeit mit Phantasien übergegangen werden (S. 19).

Braun nutzt ferner projektive hypnotische Techniken bei Familien, damit vergangene Erlebnisse wiedererlebt und betrachtet werden können und die Reaktionen darauf intensiver werden.

Altersregression ist eine weitere hypnotische Technik, die erfolgreich bei Familien eingesetzt werden kann, damit Vergangenes wiedererlebt, erforscht und aufgelöst werden kann. Obwohl *Braun* (1984) diese spezielle Technik nicht erwähnt, ist Altersprogression eine weitere traditionelle hypnotische Technik, mit der Familien entweder auf eine schwierige Situation (z.B. einen Krankenhausaufenthalt eines Familienmitglieds) vorbereitet werden können, oder aber, damit neue Wege des Zusammenseins als Familie gefunden werden können.

Die Anwendungsformen traditioneller hypnotischer Techniken in Familientherapie ist vielfältig. Der Therapeut kann ein Familienmitglied in Trance versetzen und die anderen zu geeigneten Zeitpunkten miteinbeziehen; in ähnlicher Weise kann er mit einem Ehepaar entweder alleine oder im Familienzusammenhang arbeiten. Normalerweise wird bei sexuellen Problemen ohne den Rest der Familie gearbeitet.

Bezüglich spezieller Anwendungen dieser Techniken kann z.B. der *komplementären Familie* durch die Arbeit mit dem idealen Selbst geholfen werden. Nach *Braun* (1984) wird ein Familienmitglied

gebeten, ein mentales Bild seiner Selbst, wie er gerne sein möchte, herzustellen. Bitten Sie den Patienten, dieses Bild zu beschreiben, und merken Sie sich die Beschreibung. Bitten Sie ihn dann, das Bild zu beschreiben, das er heute von sich hat. In der Realität wird der Patient irgendwo zwischen diesen beiden Beschreibungen liegen; dieses als Rückmeldung von den anderen Familienteilen zu hören hat einen therapeutischen Effekt. Der Therapeut kann den Klienten auch bitten, diese beiden Bilder zu einem verschmelzen zu lassen, indem er sie sich beide vorstellt, wie sie aufeinander zugehen und so eins werden. Diese Übung gibt dem Patienten häufig das Gefühl von Freiheit und Herrschaft über sein Leben (S. 334).

Für die *Konflikt-Familie* würde eine Übung, in der die Familienmitglieder gemeinsam einen konfliktfreien Zustand imaginieren, ein Ziel für alle herstellen. Im Fall der *Einheitsfront-Familie* wird eine Phantasiesituation (z.B. ein Raumflug) hergestellt, in der die Mitglieder gleichberechtigt zusammenarbeiten müssen. Die Art, wie sie in ihrer Phantasie mit unerwarteten Streßsituationen umgehen, hilft sowohl dem Therapeuten wie den Familienmitgliedern, ihre Stärken, Ängste und andere Dynamiken zu verstehen.

Bei all diesen Beschreibungen traditioneller Hypnoseverfahren ist es interessant, daß die hypnotische Arbeit an sich nicht nach einem festgelegten Muster abläuft. Alleine dadurch, daß Hypnose nicht mehr in der Eins-zu-eins-Situation von Therapeut zu Klient angewendet wird, wird sie flexibler und naturalistischer. Sogar für einen Therapeuten wie *Braun*, der ein sehr traditionelles Hypnoseverständnis auf einen neuen Kontext (Familientherapie) übertragen hat, trifft das zu. Sein Schwerpunkt liegt auf den innerpsychischen Realitäten, wie sie sich in der Familiensituation widerspiegeln.

Indirekte und nicht-traditionelle Hypnose bei Familien

Dieser Ansatz versucht, auf der einen Seite den Ansatz der Traditionellen Hypnose, der auf Individuen konzentriert ist, auf Familiensysteme zu erweitern. Andererseits wird in ihm auch versucht, die systemische Perspektive dadurch zu erweitern, daß auch mit innerpsychischen Realitäten gearbeitet wird. Es handelt sich um einen Versuch, systemische und psychodynamische Theorien zu integrieren. Dieser Ansatz stellt keine Rückkehr zu den traditionellen einsichtsorientierten Theorien (die davon ausgehen, daß Einsicht zur Veränderung führt) dar. Vielmehr wird – in *Ericksons* Worten – davon ausgegangen, daß *Veränderung zur Einsicht führt. Calof* (1985) zitiert *Erickson*, indem er sagt, daß *Jay Haley* die ganze Familie zur Therapie bringt, während er (*Erickson*) nur den Symptomträger behandelt hat und sich durch die Veränderungen, die mit ihm oder ihr geschehen, die ganze Familie verändern muß: Sie muß lernen, mit einem symptomfreien Symptomträger zu leben.

Systemische Theoretiker haben die Prinzipien der innerpsychischen Dynamik stets heftig bekämpft – so als handelte es sich dabei um Erfindungen von *Freud* und seinen Schülern. Dadurch sind sie genauso dogmatisch und unflexibel geworden wie die, die sie bekämpfen. Familien-Hypnotherapeuten, die die Neue Hypnose verwenden, haben eine erweiterte Sicht auf die Familieninteraktion, indem sie sowohl systemische *als auch* intrapsychische Aspekte berücksichtigen. In diesem Bereich gibt es viele bemerkenswerte Beiträge. Um die ganze Vielfalt der Beiträge zu diesem Bereich zu betrachten, müßte man auch die berücksichtigen, die hypnotische Interventionen machen, auch ohne Hypnose als solche zu praktizieren. Zum Beispiel verstehen die paradox arbeitenden Therapeuten – wie *Madanes* (1981) – die Entstehung und die Aufrechterhaltung von dysfunktionalem Verhalten bei Kindern als Hilfe oder Schutz innerhalb des Familiensystems. Das Kind wird von der Familienstruktur „hypnotisiert" und hält durch sein Verhalten das neurotische Familiensystem am Leben. *Selvini Palazzoli* und ihre Kollegen (1978, 1980) bringen Familien weg vom linkshemisphärischen Funktionieren und machen es ihnen durch die Verwendung von Paradoxon und Gegenparadoxon unmöglich, nicht zu rechtshemisphärischen Prinzipien überzuwechseln. Die Klienten – festgehalten in ihrem dysfunktionalen Verhalten – werden als hypnotisiert von ihren eigenen Regeln – ohne es zu merken – gesehen. Um *Selvini Palazzoli* (et al., 1978) zu zitieren: „Die Macht liegt liegt nur in den Spielregeln, die nicht von den Menschen verändert werden können, die in das Spiel verwickelt sind" (S. 6). Die Menschen, die in das Spiel (oder in den entsprechenden geistigen Bezugsrahmen) verwickelt sind, glauben (auf eine negative Art von Selbsthypnose) daran, daß so wie sie jetzt sind die einzig mögliche Art und Weise zu sein ist. *Selvini Palazzoli* und ihre Kollegen de-hypnotisieren sie oder wechseln ihre erstarrten Bezugsrahmen gegen andere aus.

Weeks und *L'Abate* (1982) haben fünf Prinzipien paradoxer Interventionen aufgezählt. Jedes der Prinzipien hat mit bestimmten hypnotischen Prinzipien – so wie ich sie im ersten Teil des Buches erklärt habe – zu tun.

- Erstes Prinzip: Neu auftretende Symptome werden positiv umgedeutet, reframed oder konnotiert.
- Zweites Prinzip: Das Symptom wird mit den anderen Mitgliedern des Systems in Zusammenhang gebracht.
- Drittes Prinzip: Die Richtung des Symptoms wird umgekehrt.
- Viertes Prinzip: Es werden Verschreibungen und paradoxe Interventionen über einen bestimmten Zeitraum gemacht, damit ein Wiedererscheinen des Symptoms unmöglich gemacht wird.
- Fünftes Prinzip: Die paradoxe Verschreibung muß den Klienten dazu zwingen, sich auf irgendeine Art und Weise bezüglich der Aufgabe zu verhalten (S. 90-92).

Die ersten zwei Prinzipien beziehen sich darauf, daß der Prozeß einer negativen Selbsthypnose (*Araoz*, 1981, 1982a) umgedreht wird, so daß die negative Konnotation eines Symptoms verringert wird. Zuerst wird die *funktionale Rolle* eines Symptoms aufgedeckt. Dadurch kann es auf eine andere Art und Weise betrachtet werden, und neue Realitäten entstehen. Außerdem wird die Rolle des Symptoms innerhalb *des Systems* (für das das Symptom eine Funktion hat) betont. Das zweite Prinzip drückt das aus, was *Ritterman* (1983) sehr elegant als eine Form der gemeinsamen Hypnose innerhalb der

Familie beschrieben hat; ich werde *Rittermans* Beiträge weiter unten darstellen.

Das dritte Prinzip hat etwas mit Kontrolle zu tun. Das Familiensystem ist keinesfalls hilflos angesichts des Symptoms. Durch eine wohlüberlegte Produktion des Symptoms *kontrolliert* die Familie das Symptom und fühlt sich nicht mehr so hilflos. *Weeks* und *L'Abate* schlagen zwei Methoden vor, um das Symptom innerhalb des Familiensystems umzudrehen. Das erste ist, die Familie darin zu ermutigen, das Symptom, das der Symptomträger zeigt, zu fördern. Das zweite ist, den anderen Familienmitgliedern beizubringen, sich paradox zu verhalten. Ein Beispiel von *Weeks* und *L'Abate* (1982) mag dieses Vorgehen verdeutlichen. Wenn in einer Familie das Problem darin liegt, daß die Tochter versucht, die Kontrolle über die Mutter zu bekommen, dann wird die erstere gebeten, es noch stärker zu versuchen, während die Mutter dahin instruiert wird, sich gegenüber der Tochter besonders hilflos und kindlich zu verhalten. Der hypnotische Charakter des *So-tun-als-ob* die Tochter für die Mutter verantwortlich wäre und *So-tun-als-ob* die Mutter ein hilfloses Kind wäre, schafft neue Realitäten innerhalb des Systems. Dadurch wird das System gezwungen, sich zu verändern und ein neues Equilibirium zu finden.

Das vierte und das fünfte Prinzip sind beides eine Art posthypnotischer Befehl. Der Therapeut wendet eine Strategie der positiven Umdeutung und der Symptomverschreibung an: Er sagt das Wiedererscheinen des Symptoms voraus und verschreibt so einen Rückfall. Die aktive Mitarbeit des Klienten wird entweder durch die Verschreibung eines paradoxen Rituals erreicht oder dadurch, daß bei einer bestimmten, vorher so eingerichteten und bekannten Konstellation das Symptom wieder auftritt. Dazu einige Beispiele:

Eine Ehefrau konnte allen Beteuerungen ihres Ehemannes, daß er sie liebe, nicht mehr glauben, da sie herausgefunden hatte, daß er eine andere Frau getroffen hatte. Der Ehefrau wurde gesagt, sie liege damit richtig, weil er sich schuldig fühle und Bestrafung brauche. In der Hypnose wurde sie dazu ermutigt, sich alle möglichen Arten vorzustellen, auf die sie ihn bestrafen könnte: nicht mehr für ihn zu kochen, nicht mehr seine Wäsche zu machen, nicht mehr mit ihm zusammen auszugehen, mehr Geld auszugeben, damit er mehr arbeiten müsse, etc. Das Ergebnis dieses Gedankenexperiments kam von ihr selbst – ohne irgendwelche Hilfe von mir oder ihrem Mann. Sie kam darauf, daß das alles lächerlich sei – entweder sie wolle die Ehe oder nicht, entweder bliebe sie mit ihm zusammen oder nicht. Sie entschloß sich also, ihm wieder zu vertrauen, der Ehe noch eine Chance zu geben und einen neuen Anfang zu machen.

Bobby war ein 11 Jahre alter, intelligenter Junge, der sehr schlecht in der Schule war. Die Mutter versuchte „ihm zu helfen", indem sie ihn anschrie, wie sehr seine schlechten Schulleistungen sie verletzen würden. Das führte natürlich dazu, daß Bobby immer enttäuschter wurde und sich immer weniger auf seine Hausaufgaben konzentrieren konnte. Der Mutter wurde gesagt, daß sie Bobby so lange nicht bei den Hausaufgaben helfen dürfe, bis Joe, ihr Ehemann, zu Hause war. Aber zuerst sollte sie eine Viertelstunde mit Joe verbringen. In dieser Viertelstunde sollte sie Joe erzählen, wie frustriert sie sich fühlt, wie unfair alles ist, wie ungerecht Bobby zu ihr ist etc. Sie mußte das genau 15 Minuten lang machen – ihr Mann schaute auf die Uhr dabei. Das Ergebnis war, daß sie keine Lust mehr hatte, Bobby bei seinen Hausaufgaben zu helfen. Bobby wurde also gesagt, daß er seine Hausaufgaben nun alleine machen müsse und nur dann, wenn er wirklich nicht mehr weiterkam, dürfe er seinen Vater um Hilfe bitten. Bobby wurde innerhalb der nächsten drei Wochen besser in der Schule, und am Ende des Schuljahres war er wieder ein durchschnittlich guter Schüler.

Noch ein Beispiel: Ein Ehepaar, das seit 7 Jahren verheiratet war, berichtete, daß sie seit fünf Jahren keinen Geschlechtsverkehr mehr gehabt hätten, da der Mann sich immer Sorgen um die Arbeit macht. In gemeinsamen Sitzungen mit dem Paar wurde der Frau gesagt, sie solle sich überlegen, wie sie sich einen Liebhaber besorgen könne. Der Liebhaber solle nur für den sexuellen Bereich zuständig sein – ohne Gefühle oder Romantik, weil beide die Ehe weiterführen wollten und ja der Ehemann nur wegen seiner Sorgen keinen Sex machen könne. Das Ergebnis war, daß der Mann erkannte, daß er Therapie brauchte. In der nächsten Sitzung erzählten beide, daß sie seit dem letzten Mal zweimal miteinander Sex gehabt hätten – wie „Jungvermählte".

Bei den oben zitierten Autoren gibt es viele aufregende Beispiele für paradoxe Interventionen – wobei *Erickson* (s. *Haley*, 1973) vielleicht der Provozierendste von ihnen allen ist.

Neuere bemerkenswerte Beiträge

Ich werde nun über zwei außergewöhnliche neuere Beiträge zur Familien-Hypnotherapie berichten. Der erste ist, daß die Familien für sich selbst Hypnose nutzen; der zweite, daß hypnotische Prinzipien und Techniken unabdingbar sind, wenn es darum geht, Familien dabei zu helfen, funktionaler zu werden.

Anstatt einen Überblick oder einen Vergleich über die Arbeiten der vielen Autoren zu geben, die neuerdings Beiträge zur Familien-Hypnotherapie geleistet haben (*Calof*, 1983; *Dammann*, 1983; *Lankton*, 1985; *Loriedo*, 1985; *Mazza*, 1983; *Ritterman*, 1983), möchte ich die beiden oben erwähnten zwei Bereiche aus der Fülle der Beiträge zur Anwendung von Hypnose bei Familien herausgreifen. Die oben aufgeführten Autoren haben effektive Techniken zur Anwendung bei Familien entdeckt. Außerdem haben sie neue theoretische Annahmen eingeführt, die unsere Wahrnehmung der Familieninteraktion erweitert haben. Zum Beispiel möchte ich noch einmal betonen, daß *Calof* (1985) darauf besteht, sowohl systemische Realitäten wie innerpsychische Vorgänge zu berücksichtigen; *Ritterman* (1983) weist eindrucksvoll auf hypnotische Vorgänge innerhalb der Familie hin, und die *Lankton*s haben die Identifikation hypnotischer Einflüsse durch ihr elegantes ökosystemisches Modell der Familientherapie erleichtert.

Hypnose innerhalb der Familie. Eins der grundlegenden Prinzipien bezüglich der hypnotischen Vorgänge zwischen den Familienmitgliedern wurde von *Ritterman* (1983) formuliert: „Wir nehmen eine Suggestionsbereitschaft jedes menschlichen Wesens an – d.h. eine jeweils einzigartige Fähigkeit, bestimmte Suggestionen *zuzulassen* (oder auch nicht), die Bereiche seines psychophysiologischen Funktionierens berühren" (S. 35). Die Konsequenz daraus für die Familientherapie lautet:

> Wenn jemand eine gesteigerte Suggestibilität für bestimmte indirekte Hinweise innerhalb der Familie hat oder unfähig ist, sich von diesen Hinweisen abzuschirmen, *kann der Therapeut einen Trancezustand dafür nutzen, um ihn gegen solche „unsichtbaren" Befehle zu immunisieren...* (S. 35), (weil) der symptomatische Zustand zum Teil eine destruktive Nutzung seiner Fähigkeit zur Trance ist. Der

Symptomträger führt zwei scheinbar unvereinbare Suggestionen in seiner Person zusammen – diese Suggestionen kommen von jemand anderem oder aus einem anderen sozialen Kontext oder aus seinem/ihrem familiären oder geistigen Umfeld (S. 37 – Hervorhebungen durch DLA).

Es ist also wichtig, sich in der Kunst, „Familien-Hypnose" zu entdecken, zu üben, damit man die unbewußten hypnotischen Mechanismen der Familienmitglieder in positive verwandeln kann. *Ritterman* (1983) schlägt vor, das fünfstufige Modell von *Erickson & Rossi* (1979) wegen seiner Nützlichkeit und Eleganz zu nutzen. Angenommen, der Rapport ist hergestellt, dann wird, *erstens*, die Aufmerksamkeit des Patienten gefesselt, indem er, vermittelt über seine Überzeugungen oder sein Verhalten, auf seine inneren Realitäten fokussiert wird. Dann wird, *zweitens*, der Bezugsrahmen seiner Gewohnheiten und seiner Überzeugungen durch Ablenkung, Schock, Überraschung, Verwirrung oder Dissoziation verlassen und so das gewohnte geistige Vorgehen unterbrochen. Danach wird, *drittens*, ein unbewußter Suchprozeß durch indirekte hypnotische Suggestionen – wie z.B. Implikationen, Fragen oder Wortspiele – in Gang gesetzt. Das führt dann, *viertens*, zu einem unbewußten Prozeß, in dem persönliche Assoziationen und Bedeutungen entstehen, die dann, *fünftens*, hypnotische Reaktionen, die als autonom wahrgenommen werden, bewirken (*Erickson & Rossi*, 1979, S. 4).

Ritterman (1983) hat darauf hingewiesen, daß „schlechte Hypnose" in dysfunktionalen Familien wirksam ist; der Symptomträger wird von den anderen hypnotisiert. Dieser subtile Prozeß der Familienhypnose kann in vielen Situationen auftreten. So in dem Beispiel von dem Vater, der seiner 16jährigen Tochter sagt, daß er ihr und ihrem Freund vertraut, sie jedoch permanent prüft, indem er ihr immer wieder Fragen nach der Freundschaft stellte oder tatsächlich an Plätzen auftauchte, an denen sich seine Tochter aufhielt. Auf diese Weise gebrauchte er eine hypnotische Suggestion (die indirekte Botschaft lautet: „Ich kann dir nicht vertrauen; du wirst Unsinn machen") und bewirkt paradoxerweise damit eher ein Verhalten bei ihr, das ihm beweist, daß er ihr nicht vertrauen kann.

Ein weiteres Beispiel ist das der Mutter, die ihren 18 Jahre alten Sohn ermutigt, mit ihr zu reden. Sie ging davon aus, daß etwas mit ihm nicht stimmte, wenn er nicht reden wollte. Sobald er aber anfing zu reden, unterbrach sie ihn und beendete den Satz für ihn, um ihm klarzumachen, daß sie viel besser als er selbst über ihn Bescheid wüßte. Das führte dazu, daß er irgendwann seinen Mund hielt und die Mutter so neuen Grund zu der Annahme hatte, daß etwas mit ihm nicht stimmte. Nach *Erickson* & *Rossis* (1979) fünfstufigem Modell der Tranceinduktion stellte die Mutter seine Sicht von sich selbst als „normalem Jungen" in Frage (Stufe 2) und schlug ihm vor, bei sich selbst genau nachzuschauen, ob etwas nicht in Ordnung ist (Stufe 3). Weil eine Familie viele gemeinsame Ereignisse und Erinnerungen hat, fällt es leicht, „schlechte Hypnose" einzusetzen, um die Trance zu vertiefen und Altersregressionen und dramatische Revivikationen zu bewirken, indem man auf etliche dieser vergangenen Erlebnisse verweist (Stufe 4). Das Ergebnis ist dann eine hypnotische Reaktion, die in diesem Fall darin besteht, daß der Sohn bei der bloßen Anwesenheit seiner Mutter ungewöhnlich ruhig wird (Stufe 5).

Aber auch Kinder können hypnotische Kraft über ihre Eltern haben. Eine Adoptivtochter – 18 Jahre alt – beschwerte sich, daß ihre Eltern zu alt wären. Ihr Vater war 68 und ihre Mutter 62. Die Eltern all ihrer Freunde waren viel jünger als ihre eigenen. Die Tochter wollte zu ihrer Cousine ziehen, deren Kinder ungefähr in ihrem Alter waren. Der hypnotische Vorgang liegt darin, daß zuerst die Aufmerksamkeit der Eltern (Stufe 1) auf das Thema „Alter" gerichtet wurde und die Überzeugung der Eltern, daß sie gute Eltern seien, herausgefordert wurde (Stufe 2). Das führte dann zu dem unbewußten Suchprozeß (Stufe 3), warum sie so spät noch ein Kind adoptiert hätten – eine Frage, die in vielen ihrer Träume Thema wurde, seitdem die Tochter mit dem Hinterfragen anfing. Beide Elternteile kamen aus emotional verarmten Familien – eine Tatsache, die unzählige persönliche Assoziationen in beiden wachrief (Stufe 4). Diese Assoziationen waren mit Gefühlen der Ablehnung und emotionaler Vernachlässigung während der Kindheit verbunden. Das Ergebnis (Stufe 5) waren auf der einen Seite vergebliche Versuche, jünger zu wirken. Auf der anderen Seite wurde die Tochter, die immer fordernder wurde und immer weniger im Haushalt half, verhätschelt, obwohl sie ihre Eltern ständig verletzte. Die Tochter regierte das Haus durch ihre Nutzung der „schlechten Hypnose".

Bei der Behandlung von Familien muß der Therapeut zuerst lernen, die „Familienhypnose" in Aktion zu beobachten. Dann muß er sehen, wo er einen Ansatzpunkt für hypnotherapeutische Interventionen findet, damit er die Familie in inneres Erleben führen kann. Die Fähigkeit zum Beobachten muß durch sorgfältiges Eigentraining entwickelt werden. Der Therapeut muß *die Wichtigkeit sehen, eine scharfe Beobachtungsgabe zu entwickeln* für die Vorgänge innerhalb der familientherapeutischen Sitzung; er muß bereit sein, diese Beobachtungsfähigkeit zu jedem möglichen Zeitpunkt einzusetzen. Es gibt ein paar Richtlinien, wie man seine eigene Bewußtheit und seine Fähigkeit zur Beobachtung von Familienhypnose erhöhen kann – was nichts anderes als der Beobachtungsschritt (*observe*) im OLD-C-Modell ist. Wenn es stimmt, daß Hypnose eine rechtshemisphärische Funktion ist, muß man, um sie zu erkennen, auf die Sprache und das Verhalten von Individuen in der Familieninteraktion achten. Auch hier werden die drei Hauptbereiche des Verhaltens – nämlich Sprachstil, bedeutsame Äußerungen und Somatics – beobachtet. Eine Familientherapiesitzung ist natürlich eine gute Gelegenheit, die Interaktionen zwischen den Familienmitgliedern zu beobachten; das ist einer der entscheidenden Vorteile des Familieninterviews gegenüber dem Gespräch mit Einzelpersonen.

In dem ersten der oben erwähnten Fälle (der von der 16jährigen Tochter, die sich darüber beschwerte, daß ihr Vater ihr nicht vertraue, obwohl er das Gegenteil behauptet) habe ich den zärtlichen und liebevollen Blick, mit dem er seine Tochter anschaute, beobachtet (Somatics). Außerdem habe ich beobachtet, daß er sie selbst dann als „Mädchen" bezeichnete, wenn es um die junge *Frau* und ihre Verabredungen ging. Schließlich tauchten in der Rede des Vaters ein oder zwei Äußerungen auf, die einfühlsamer als das Sonstige waren. In diesen Äußerungen ging es darum, daß er sich mehr als andere Väter für seine Tochter verantwortlich fühlte, weil seine Frau in der Zeit, als seine Tochter zwischen 7 und 10 Jahre alt war, krank war. Der *Leading-Schritt* des OLD-C-Modells (oder hypnotherapeutische Einstieg) konnte irgendeine dieser Beobachtungen herausgreifen. Ich entschied mich für den liebevollen Blick des Vaters, indem ich sagte: „Ich sehe, wie liebevoll Sie Ihre Tochter anschauen – und das ist schön anzusehen (unter Verlangsamung meines Sprechtempos). Könnten Sie sich für einen Moment die Ruhe nehmen, sie noch einmal anzusehen? (Pause) Genau so. (Pause). Gehen Sie jetzt in sich und nehmen Sie Kontakt mit dem auf, was Sie fühlen. (Als der Vater anfängt, langsam zu blinzeln:) Vielleicht würden Sie gerne die Augen schließen, um alle Störungen fernzuhalten? (Pause) So ist es gut. (Pause) Vielleicht können Sie jetzt spüren, was für Gefühle Sie *wirklich* zu Ihrer Tochter haben?..." etc. Das brachte den Vater dazu, sich zuzugestehen, daß seine Tochter in seinen Augen mindestens fünf Jahre jünger war, als sie tatsächlich war. Das führte dann zu einem bedeutsamen Austausch zwischen Vater und Tochter.

Der Mutter, die ihrem 18jährigen Sohn nicht erlaubte, verbal mit ihr zu kommunizieren – obwohl sie ihn ständig dazu aufforderte –, wurde in der Therapiestunde die Aufgabe gestellt, immer mehr das auszudrücken, was sie dachte, was ihr Sohn gerade dachte. Diese Intervention schwächte ihre „hypnotische Macht" über ihn so, daß sie nach ein paar Sitzungen anfingen, respektvoll und erwachsen miteinander zu kommunizieren. Erst danach war es der Familie möglich, an ihrer weiteren Entwicklung zu arbeiten. In der Familieninteraktion gab es auch eine ganze Reihe von körperlichen Hinweisen (*Somatics*) und bedeutsamen Äußerungen. Die klinische Entscheidung in bezug auf den Einstiegspunkt hängt von vielen Faktoren ab. Ich habe diesen Aspekt ihres Sprachstils im Umgang mit dem Sohn gewählt, weil es mir stärker als die anderen Aspekte ihrer Interaktion bewußt war (das ist ein subjektives Moment, das immer vorhanden ist). Außerdem war dieses eines der Hauptsymptome, in das der Vater nicht involviert war. Meine Entscheidung war auch von meinem Wunsch beeinflußt, herauszufinden, ob es sich hierbei wirklich um einen therapierelevanten Punkt handelte (was der Fall war). Falls diese Intervention nicht funktioniert hätte, hätte ich einen der anderen drei hypnotischen Hauptbereiche (Somatics, Sprachstile, bedeutsame Äußerungen) benutzt, um sie zu einem neuen Erleben in ihrer Kommunikation zu führen.

Schließlich – im Fall der 18jährigen und ihrer Eltern – wurde die Familie dazu aufgefordert „in sich zu gehen" und ihre Gefühle zu überprüfen, wenn die Tochter (unbewußt) ihren Gesichtsausdruck (*Somatics*) ändert und Wut zeigt, und dabei sagt, daß sie von zu Hause ausziehen wolle. Dadurch wurde es den Eltern möglich, mit mir und der Tochter über ihre emotional deprivierten Kindheiten zu sprechen (was sie davor nicht getan hatten). Weil die Tochter in diesem Moment zu einer neuen Bewußtheit über die Gefühle ihrer Eltern kam, konnte sie ihre Wahrnehmung bzw. ihre Geisteshaltung ändern, und das Alter ihrer Eltern wurde zunehmend unwichtig, und die Bereiche ihres eigenen Selbstwertgefühls und ihrer Adoption konnten behandelt werden.

Wie die obige Diskussion zeigt, läßt sich die Neue Hypnose sehr gut zur therapeutischen Nutzung von „Familienhypnose" anwenden. Das, was die Familie uneffektiv und destruktiv macht, kann zu ihrem Nutzen in die Gegenrichtung gelenkt werden. Die Bedeutung dieses Gesichtspunktes verdanken wir *Ritterman* (1983), dessen „dialektischer" Ansatz sich angenehm von den starren systemischen Ansätzen unterscheidet, die in manchen familientherapeutischen Kreisen z. T. den Status eines religiösen Dogmas bekommen haben. Unter „dialektisch" versteht sie (*Ritterman*) therapeutische Interventionen, die das Familiensystem innerhalb seiner eigenen Kultur mit dem innerpsychischen Bereich des persönlichen Bezugsrahmens integrieren. Sich nur auf eine Seite dieser Dialektik zu konzentrieren würde eine Einschränkung unserer Interventionsmöglichkeiten und der Effektivität zur Folge haben.

Die Notwendigkeit für Familien-Hypnotherapie. Die unbewiesene Annahme, daß Einsicht zu Veränderung führt, wurde von *Erickson* (*Haley*, 1973; *Erickson* & *Rossi*, 1979) kritisiert. Das Kurzzeittherapie-Modell des *Mental Research Institute* stellt uns ein gutes Beispiel zur Verfügung, wie man Menschen durch die Aktivierung rechtshemisphärischer geistiger Prozesse helfen kann. Die Anwendung hypnotischer Prinzipien auf die Familientherapie (von *Watzlawick* [1983] „Hypnose ohne Trance" genannt) besteht darin, *Menschen zu helfen, ihren individuellen geistigen Bezugsrahmen zu ändern*, indem sie ermutigt werden, neue Verhaltensweisen auszuprobieren. Dieses Entkommen aus dem Bezugsrahmen, in dem sie gefangen waren, gibt ihnen eine neue existentielle Freiheit, anders sein zu können. Das war insbesondere die Kunst von *Erickson*. Wenn sich jemand auf eine Art und Weise verhalten kann, die er bis dahin nicht für möglich gehalten oder sich selbst strikt verboten hat, dann verändert er seine augenblicklichen Verhaltensweisen (der symptomatische Grund für das Aufsuchen eines Therapeuten). Aber er verändert dann auch seine Selbstwahrnehmung und seine Definition der Welt. Eine wirkliche innere Transformation findet statt. Wenn man jedoch davon ausgeht, daß die Antwort auf die Frage „warum?" existentiell wichtig für Menschen ist, dann fixiert man sie in ihren Gewohnheiten und der Weise, wie sie sich selbst und die Welt wahrnehmen. Ihre persönliche „Realität" – der eigentliche Grund für ihre Probleme – bleibt unverändert.

Die Neue Hypnose geht von dem Erfahrungswert aus, daß die Realität ein perzeptuelles Phänomen ist und damit subjektiven Charakter hat. Epistemologisch wird das eine *Realität zweiter Ordnung* genannt – die einzige Realität, mit der man es in Therapie allgemein und insbesondere in der Familientherapie zu tun hat. Folgerichtig muß effektive Familientherapie hypnotisch sein, weil die persönlichen Realitäten, Weltbilder oder geistigen Bezugsrahmen nicht durch Vernunft oder durch Argumente, sondern durch ein neues inneres Erleben verändert werden. Zusammenfassend kann man mit *Watzlawick* (1978) sagen:

> Damit aber enthüllt sich die Unzweckmäßigkeit eines Vorgehens, das im wesentlichen darin besteht, diese analogische Sprache konsequent in die digitale Sprache der Erklärung, Begründung, Analyse, Deutung, Konfrontierung usw. zu übersetzen, und das durch diese Übersetzung den Fehler wiederholt, dessentwegen der Patient in die Therapie kam – statt umgekehrt die rechtshemisphärische Sprache des Patienten zu erlernen und als den Königsweg therapeutischen Wandels zu beschreiten (S. 42 f.).

In der Familientherapie haben wir es mit Menschen zu tun, die in ihrem geistigen Bezugsrahmen von Beziehungen, Werten, Erwartungen und so weiter fixiert sind. Das bezieht sich sowohl auf innerpsychische wie auch auf interpersonale Vorgänge. Jedes Individuum nimmt eine Situation anders wahr, obwohl es, da es sich um Mitglieder einer Familie handelt, auch „geteilte Wahrnehmungen" gibt. Nicht nur das Intrapsychische, sondern auch die Familienstruktur bestimmt ihre Beziehungen. Sie wird selten hinterfragt, prägt aber das Weltbild der Familienmitglieder.

Ich halte den hypnotischen Ansatz für *essentiell wichtig* für die Familientherapie, weil die Effektivität dieses Ansatzes von der gleichzeitigen Berücksichtigung dieser zwei Prozesse abhängt. Außerdem ist Hypnose die beste Methode, um sowohl innerpsychische als auch interpersonale Vorgänge im Verbund zu erreichen. Es ist interessant, daß Familientherapeuten (darauf hat *Calof* [1985] hingewiesen) wie *Whitaker* herausgefunden haben, daß Ansatzpunkte für familientherapeutische Interventionen dann gefunden werden, wenn die Patienten hypnoseähnliches Verhalten zeigen. Anstatt auf ihr Auftreten zu warten, kann der Familien-Hypnotherapeut diese gezielt herstellen. Einer der Vorteile der hypnotischen Arbeit (die Vermeidung linkshemisphärischer Aktivierung und die Förderung erlebnisorientieren Denkens) liegt darin, eine gefühlsmäßige Intensität herzustellen, d.h. Menschen in Kontakt mit ihren aktuellen Gefühlen zu bringen. Wie *Calof* (1985) ausführt, kann man dem Klienten Aufgaben geben – z.B. seine Eltern zu besuchen, wenn man von einem Generationenkonflikt ausgeht – und in diese Aufgaben hypnotische Suggestionen einfließen lassen, die die Gefühle regulieren werden, die im Zusammenhang mit solchen Aufgaben erlebt werden. In der Sitzung selbst, zum Beispiel, kann ein Ehepartner durch Hypnose mit neuen Aspekten seiner selbst oder seines Partners in Kontakt kommen. Dadurch können die Partner neue Aspekte, Gesichter, Altersstufen buchstäblich „sehen", die im Moment wirksam werden, aber bei einem linkshemisphärischen Vorgehen unter den Tisch fallen würden.

Noch ein Vorteil der Hypnose (nach *Calof*, 1985) ist eine Zunahme an Nähe. Sie kann durch das Teilen der Tranceerfahrung erreicht werden, oder durch eine gegenseitige Trance (*Araoz*, 1978), oder durch die Induzierung eines „Traums" über ein Thema der Therapie. Auch kann suggeriert werden, daß die Familienmitglieder nachts einen Traum haben werden, der mit dem Thema zu tun haben wird, an dem sie arbeiten. Durch hypnotische Suggestionen können bisher nicht zugelassene oder ausgedrückte Gefühle zwischen Paaren oder zwischen Eltern und Kindern frei werden. Ferner kann durch hypnotische Arbeit der Zusammenhalt innerhalb der Familie schneller erhöht werden oder auch eine Übertragung der Loyalitätsgefühle von den Eltern auf den Partner.

Suggestionen – die gegeben werden, weil das Paar seine Beziehung verbessern möchte – können mit einer Reihe von Techniken vermittelt werden (von denen viele auch in der traditionellen Hypnose Verwendung finden). Ein Beispiel ist die Technik der Altersprogression, bei der das Paar sich selbst so erlebt, als sei es viele weitere Jahre zusammen und blickt zurück auf die Probleme, die es während der Zeit in Familientherapie hatte. Besonders effektiv ist diese Technik in der Arbeit mit Kindern und insbesondere mit Teenagern. Andere Methoden, die Familien-Hypnotherapeuten anwenden, sind gemeinsame Phantasien, Vorstellungen von der Zukunft, Auflösung vergangener Verletzungen und schmerzvoller Erfahrungen, u.s.w. Die hypnotische Arbeit kann mit einem allein, mit zwei Familienmitgliedern, die einen bestimmten Punkt bearbeiten, oder mit der ganzen Familie erfolgen.

Um diese familien-hypnotherapeutischen Techniken zu illustrieren, werde ich drei kurze Falldarstellungen geben. Die erste bezieht sich auf ein kinderloses Paar, das sich vergeblich Kinder wünschte. Schließlich, als sie beide Mitte Dreißig waren, adoptierten sie einen Jungen. Als die Familie in Therapie kam, war der Sohn 15 Jahre alt und hatte Drogenprobleme. Der entscheidende Punkt in der Therapie war, als die Eltern in Hypnose ihre Diskussion und ihre Entscheidung von vor 15 Jahren, ein Kind zu adoptieren, noch einmal wiedererlebten. In der Trance redeten sie über ihre Ängste, ihre Hoffnungen und ihre Liebe. Der Sohn war so bewegt von diesem Erlebnis, daß ich ihn einlud, auch in Trance zu gehen und in die Zukunft zu gehen und dort seine Eltern, die dann über 60 sind, zu treffen. Auch die Eltern gingen in der Trance in die Zukunft. Alle erlebten tiefe Gefühle, und ohne weitere Suggestionen verbesserte sich die Familiensituation schnell und nachhaltig.

In einem ähnlichen Fall kam eine Familie (der Vater war farbig, die Mutter weiß, und sie hatten zwei farbige Söhne) zur Familientherapie, weil der Vater sich in die geschiedene Schwester seiner Frau verliebt hatte. Die Schwester wollte diese Affäre beibehalten und nicht mit in die Familientherapie kommen, obwohl alle (Mutter und Kinder) davon wußten. Obwohl der Vater verliebt war, entschied er sich nicht eindeutig, die Familie zu verlassen. Mit Hilfe einer gemeinsamen Altersregression konnte das Paar seine eigene Liebesaffäre mit allen Schwierigkeiten eines „gemischten" Paares, seine Gefühle bei der Geburt der beiden Kinder u.s.w. noch einmal durcherleben. Dann, durch Altersprogression, konnten sie an den Abiturfeiern ihrer Kinder und deren Hochzeitsfeiern „teilnehmen". „Aus der Zukunft" blickten sie auf ihre heutigen Schwierigkeiten zurück. Das

Ergebnis war, daß der Ehemann an seiner Schwägerin negative Züge entdeckte und diese Affäre beendete.

Eine dritte Familie beschwerte sich über Streitereien zwischen den Eltern, ein nachlassendes sexuelles Interesse und die Angst, daß ihre siebenjährige Tochter durch die feindselige Atmosphäre im Haus beeinträchtigt würde. In diesem Fall wurde eine Erweiterung des dyadischen Kontextes durch eine hypnotische Suggestion, verbunden mit der Etablierung eines Auslösers, erreicht. Beide Ehepartner hatten aktuelle und tiefgreifende Kommunikationsschwierigkeiten mit ihren jeweiligen Eltern. Als Arbeitshypothese wurde beschlossen, daß jeder den Partner als Blitzableiter für den gegengeschlechtlichen Elternteil benutzt. In der Hypnose lernten sie, den gegengeschlechtlichen Elternteil immer dann zu „sehen", wenn sie sich durch ihren Partner genervt fühlten. Allein durch diese Technik wurden ihre Probleme verringert, und sie konnten sich auf die Dinge konzentrieren, die sich durch ihre ständigen Streitereien nicht entfalten konnten.

Einige Familien-Hypnotherapeuten finden, daß sie bei therapieresistenten Familienmitgliedern den Widerstand dadurch umgehen können, daß sie die anderen Familienmitglieder hypnotisch dazu einladen, sich schöne Erinnerungen mit diesem Mitglied der Familie zu vergegenwärtigen oder positive Gefühle zu ihm oder ihr zu verbalisieren.

Durch die Aktivierung von Persönlichkeitsanteilen in Hypnose kann man Familien helfen, ansonsten untolerierbares Verhalten eher zu akzeptieren. In einer Sitzung sagte ein Vater über seinen 16jährigen Sohn: „Ich fürchte, er wird wie ich. Ich habe Jahre gebraucht, um die Neigung, zu lügen, zu überwinden. Jetzt sehe ich den gleichen Zug in ihm." Das legte eine Aktivierung der unsicheren Seite seiner Persönlichkeit nahe. Sie wurde hypnotisch hervorgerufen, wodurch der Sohn ermutigt wurde, seinen „erwachsenen" Teil zu aktivieren und ihn auf seinen Vater reagieren zu lassen. Dieser Austausch gab dem Vater Zuversicht und bestärkte den Sohn darin, das erwachsene Selbst zu werden, das er schon in sich trug.

Geistige Vorbereitung auf schwierige Familienereignisse – etwa, wenn ein Kind zu Hause auszieht, die Hospitalisierung eines Familienmitgliedes oder der Tod eines Kindes oder des Partners – sind weitere Beispiele für die Anwendung hypnotischer Prinzipien in der Familientherapie.

Außerdem kann man Paaren die individuelle oder gegenseitige Selbsthypnose beibringen und ihnen so die Kommunikation von Gefühlen und Dingen aus dem Innenleben erleichtern. Dieser Ansatz kann quasi in jedem Bereich der Paarinteraktion nützlich sein. Auf sexuellem Gebiet (wie ich an anderer Stelle gezeigt habe; *Araoz* & *Bleck*, 1982) kann das Paar durch Hypnose zu einem spontaneren Ausdruck kommen und seine Sexualität lustvoller erleben.

Mein Ansatz der Familien-Hypnotherapie

Mein theoretischer Ansatzpunkt ist der, daß Familiensysteme aus den individuellen Wahrnehmungen ihrer Mitglieder bestehen, aber diese auch beeinflussen. Die inneren Prozesse laufen sowohl unabhängig von dem System als auch in ihm ab. Deshalb gilt mein Interesse den Manifestationen der negativen Selbsthypnose (*Araoz*, 1981, 1982a) und wie sie die Familienmitglieder beeinflussen kann. Um negative Selbsthypnose zu entdecken, kann man z.B. fragen: „Was kommt Ihnen in den Sinn, wenn Sie an die aktuellen Probleme Ihrer Familie denken?" Statt Verbalisierungen zu ermutigen, rege ich an, bei den entstehenden Gefühlen zu bleiben und sie voll und ganz zu erleben. Erst danach wird geredet: die Familienmitglieder tauschen ihre Erfahrungen aus. Dann bitte ich die Familienmitglieder, sich ihre Familie *ohne das Problem* vorzustellen – im Idealzustand. Wieder halte ich sie dazu an, soweit wie möglich in das vorgestellte Bild zu gehen und dabei auf alle Details zu achten. Nachdem sie so einige Zeit mit ihren inneren Realitäten beschäftigt waren, tauschen sie anschließend ihre Eindrücke aus und diskutieren, welche Ziele realistischerweise erreichbar sind. Von da an arbeite ich mit irgendeiner der anderen Techniken, die in den vorherigen Abschnitten erwähnt wurden.

Ich glaube, daß eine hypnotische Vorgehensweise in allen Fällen angebracht ist – ausgenommen, wenn der Klient in seinen eigenen Gedanken verfangen ist oder Schwierigkeiten hat, aus der Imagination herauszukommen. Aber in allen anderen Fällen kann man mit Hilfe des OLD-C-Modells fast immer sofort einen hypnotherapeutischen Zugang finden. Geht man davon aus, daß Menschen stets mit Prägungen, Introjektionen und Projektionen zu tun haben, ist es leicht, diese zu identifizieren, wenn man sie einlädt „bei dem zu bleiben, was innerlich gerade geschieht", und sie dann ermutigt, dieses Erleben stärkerwerden zu lassen. Ein solches Vorgehen ist die beste und natürlichste Tranceinduktion.

Zusammenfassend läßt sich sagen, daß es viele Situationen gibt, in denen die Familientherapie durch hypnotische Verfahren noch effektiver wird. Die unten aufgeführten Kategorien stellen nur einen Teil der möglichen Situationen dar und haben keinen Anspruch auf Vollständigkeit.

Einsicht ohne Veränderung

Der OLD-C-Ansatz ist besonders hilfreich, wenn ein oder mehrere Mitglieder der Familie schon Erfahrung mit Paar- oder Familientherapie haben. Solch ein Klient hat gelernt, über seine Probleme zu reden, als sei der Therapieerfolg proportional dem Anteil des Redens, Verstehens und der Intellektualisierungen. Solche Familien – die in der Regel von sehr sprachgewandten Eltern „angeführt" werden – können in allen Details ihre Einsicht in die Probleme darlegen. Um sie höflich aber bestimmt zu stoppen, sage ich, „daß meine Art, Therapie zu machen, anders ist als andere Ansätze. In erster Linie geht es um das innere Erleben; Reden ist zweitrangig." Ich bitte Sie dann gleich: „Gehen Sie jetzt in sich und finden Sie heraus, wie Sie auf meine Worte reagieren." Ich lasse ihnen dann einen Moment Zeit, mit ihren inneren Reaktionen Kontakt aufzunehmen. Wenn sie anfangen zu sprechen, bitte ich sie, nicht mehr zu reden, sondern „zu warten und sich zuerst voll und ganz dessen bewußt zu werden, was in ihnen vorgeht." Anfänglich kann es schwer sein, solche Patienten umzukonditionieren, aber mit etwas Geduld sind die Ergebnisse wirklich lohnend.

Mir wurde eine Familie vom Kinderarzt überwiesen, weil die 12jährige Tochter Robin – ein Einzelkind – mit Marihuana erwischt worden war und zugab, es regelmäßig zu rauchen. Die Eltern, die beide berufstätig waren, hatten wenig Zeit für Robin – auch nicht am Wochenende. Beide waren seit Jahren in Einzeltherapie. Die Eltern gestanden mir heldenhaft all die Fehler ein, die sie in Robins Erziehung gemacht hätten; wichtig dabei war für sie beide, daß sie selbst regelmäßig Marihuana rauchten. Aber obwohl sie mit Robin geredet und versucht hatten, die Familiensituation zu verbessern und den Marihuanagebrauch einzuschränken, war Robin nicht kooperativ. Ich bat Robin, sich zu erinnern, wie sie sich fühlt, wenn sie Marihuana raucht, und ich ermutigte sie, diese Erfahrung wieder zu erleben. Sie war dazu in der Lage, und ihre Eltern wurden neugierig, was passierte. In der Trance drückte Robin dann aus, wie „Pot" bewirkte, daß sie sich weniger einsam und selbstsicherer fühlte und daß sie nicht so wütend auf ihre Eltern wurde. Wir identifizierten den exakten Zeitpunkt, an dem sie das Bedürfnis verspürte zu rauchen und welche Erwartungen sie hatte, was dann passieren würde. Das war der Anfang einer neuen Beziehung zwischen Eltern und Tochter. Sie willigte ein, ihren „Gedanken an Pot" als Anlaß zu nehmen, zu ihren Eltern zu gehen und sich dadurch besser zu fühlen, mit ihnen umzugehen. Nach drei Wochen hatte sie kein Marihuana mehr geraucht, und die Eltern hatten mit ihr eine Reihe „witziger Sachen" – wie zur Kirmes zu gehen, zu segeln oder zusammen in Konzerte zu gehen – unternommen. Nach weiteren drei Monaten rauchte in der Familie niemand mehr Marihuana, und die Familiensituation war stark verbessert.

Kein Gespür für die Gefühle der anderen

Viele Eltern sind der irrigen Annahme, daß sie ihre Kinder durch und durch kennen und ihre Gedanken lesen könnten. Das war auch so in der Familie Y. Das Problem, mit dem sie kamen, war, daß die drei Kinder (Al, 14; Beth und Carl, 13) sich andauernd stritten. Diese Streitereien machten wiederum die Eltern wütend. In der ersten Sitzung schlug ich vor, daß die Kinder „sich in die Köpfe der Eltern versetzen" sollten, um Kontakt zu dem zu bekommen, was sie dachten, was ihre Eltern über die drei Kinder dachten. Sie sollten nicht darüber reden, sondern es jedes für sich nach einem kurzen Moment des Schweigens aufschreiben. Dann sprachen wir alle zusammen über die Notizen. Al sagte: „Sie wünschten, sie hätten uns nie bekommen. Sie haben das Gefühl, versagt zu haben." Beth sagte: „Es tut ihnen leid, daß wir zur Familie gehören." Carl hatte sich aufgeschrieben: „Sie hassen uns. Ich habe das Gefühl, sie wollen sich nicht mit uns beschäftigen, sie wollen uns nur vorzeigen: wir sollen hübsch und nett sein. Danach können sie uns wieder vergessen." Diese Äußerungen waren ein Schock für die Eltern. Aber auch die drei Kinder waren erstaunt darüber, daß ihre Notizen so sehr übereinstimmten. Die Eltern gaben dann ihre Ambivalenz den Kindern gegenüber zu. In Gegenwart der Kinder nahmen beide dann in den folgenden Sitzungen Kontakt mit ihren unterschiedlichen Persönlichkeitsteilen auf – dem einen, der sich über die Kinder beschwert und dem anderen, der ein perfektes Elternteil sein wollte. Die Kinder reagierten sehr positiv auf diese Zugeständnisse der Ambivalenz und „halfen" auf meinen Vorschlag hin den Eltern dabei, diese Ambivalenz zu akzeptieren. Die Atmosphäre in der Familie wurde bald darauf besser. In den darauffolgenden Wochen machten Eltern und Kinder dann ein „Abkommen", um mehr auf die Bedürfnisse der anderen einzugehen, und die Situation verbesserte sich noch einmal.

Ein weniger erlebnisorientierter Ansatz hätte in diesem Fall wahrscheinlich die Therapie verlängert und das wahre Problem viel länger versteckt gehalten.

Eltern-Kind-Dichotomie

Der berüchtigte „Generationenkonflikt" tritt häufig wegen Schwächen im Erinnerungsvermögen auf. In vielen Konflikten zwischen Eltern und ihren Sprößlingen helfen hypnotische Techniken, eine größere Bewußtheit und mehr Einfühlungsvermögen für den anderen zu bekommen. Bei einer Zeitverzerrungstechnik werden z.B. die Eltern eingeladen, in Gedanken die Zeit ihrer Kindheit wiederzuerleben, während das Kind gebeten wird, sich selbst in der Zukunft als Elternteil vorzustellen. In der Neuen Hypnose wird diese Zeitversetzungstechnik ohne jede formelle Tranceinduktion, fast spielerisch, eingesetzt. Wenn Menschen jedoch einmal anfangen, sich in Gedanken vor und zurück in der Zeit zu bewegen, wird diese Technik auch so ernst genommen.

Eine Familie kam mit dem folgenden Problem. Die Tochter, 23 Jahre alt, eine Computerfachfrau, die in ihrer eigenen Wohnung wohnte, bekam ein sehr gutes berufliches Angebot in einer anderen Stadt. Die Eltern, beide Anfang 70 und sehr rüstig, bestanden darauf, daß es die Pflicht der Tochter wäre, in ihrer Nähe zu bleiben „falls etwas passiert". Begründungen und Argumente hätten hier nicht weitergeführt. In Hypnose waren die Eltern dann in der Lage, sich mit ihren Ängsten vor Krankheit und Tod zu konfrontieren und die Jahre ihrer Jugend, als sie das machten, was für sie gut war, noch einmal zu erleben. Die Tochter, die um die Familientherapiesitzung gebeten hatte, erkannte die Ängste ihrer Eltern, und sie trafen zusammen Vorkehrungen für Notfälle und zukünftige Besuche. Sie konnte danach ohne Schuldgefühle wegziehen; die Eltern erkannten, daß ihre Tochter das Recht hatte, ihr Leben zu leben, ohne sich um das Wohlergehen ihrer Eltern kümmern zu müssen. Eine Beziehung, die davor von Unmut und Bitterkeit geprägt war, wurde liebevoll, sorgend und ergiebig für alle. Hypnose wurde auch dazu benutzt, daß die Eltern ihre Tochter in einer beruflich erfolgreichen und zufriedenen Zukunft „sehen" konnten – was ja letztlich das war, was sie für sie wollten.

Plateaus

Häufig kommt es in Familientherapie – wie in jeder anderen Therapie – vor, daß sie nicht vorankommt. In solchen Fällen wende ich das OLD-C-Modell auf die ganze Familie an und kann so die eingefahrenen Wege verlassen. Im folgenden werde ich ein Beispiel dafür darstellen: Joe, Offizier bei der Armee, Nancy, seine Frau, ihre 18jährige Tochter und ihr 15 Jahre alter Sohn kamen in Therapie, weil sich Nancy von den Kindern überfordert fühlte. Bobby, ihr Sohn, war häufig betrunken, und die Tochter Lisa „benahm sich wie eine Nutte". Joe war die meiste Zeit nicht zu Hause, und er interessierte sich nicht für die Familie, sondern nur für seine Militärkarriere. Der Zusammenhalt in der Familie wurde während der ersten vier Therapiestunden immer besser. Lisa, die alles andere als promisk war (was die Angst ihrer Mutter war), kam immer relativ früh nach Hause, und Bobby hörte auf zu trinken, als Joe sich mehr um ihn kümmerte. Nancy erkannte, daß sie ihre sexuelle Frustration auf ihre Tochter projiziert hatte. Das Paar erkannte deutlicher die Bedürfnisse des anderen und verbrachte mehr Zeit miteinander und hatte eine befriedigendere sexuelle Beziehung zueinander. Die meisten dieser

Veränderungen wurden durch Techniken wie die weiter oben beschriebenen erreicht.

An diesem Punkt der Therapie (nach der vierten Sitzung) waren die Veränderungen noch viel zu neu für die Familie, als daß sie sich mit ihnen ganz und gar wohl fühlen konnte. Alles ging seinen Gang, und trotzdem war da ein Gefühl des Stillstandes in den Therapiestunden. Ich bat die Familie, sich zu entspannen und sich zu erlauben, eine Art Traum zu bekommen, in dem sie die Familie fröhlich und ohne Probleme sehen können. Jeder einzelne sollte für eine Weile „ganz in den eigenen Traum hineingehen", bevor ihn alle zusammen diskutieren. Joe berichtete über eine Situation, in der er und seine Frau Tennis spielen und das Spiel genießen. Nach dem Spiel entspannten sich beide zusammen, hielten die Hände und sprachen über die gemeinsamen, ohne die Kinder geplanten Ferien: eine „zweite Hochzeitsreise". Nancys Traum war der einer Party, auf der ihr Mann sich viel um sie kümmerte, so daß sie sich geliebt und wichtig fühlte. Lisa sah sich, wie sie mit ihrer Mutter zusammen einkaufte und sie sich über einen Jungen unterhalten, an dem Lisa Interesse hat. Bobby träumte, daß er und sein Vater gemeinsam in den Wald gehen und Vögel beobachten und sich unterhalten. Ich bat die Familie dann, diese „Träume" als reale Alternativen zu sehen, die sie verwirklichen könnten. Dann wies ich sie darauf hin, daß in allen vier Träumen ein Gefühl des Wohlbehagens und des Friedens miteinander deutlich wurde. Ich ermunterte sie, sich zu überlegen, wie sie daran arbeiten könnten, ihre Träume zu verwirklichen. Die Familientherapiestunden wurden sehr lebhaft von da an. Die Familiensituation besserte sich weiter, und die Therapie wurde nach zwei weiteren Sitzungen beendet.

Kämpfe und Beschuldigungen

Die Familien-Therapiesituation sollte nie der Ort sein, an dem die Familienkämpfe ausgetragen werden und gegenseitige Anschuldigungen vorgebracht werden. Viele Familien sind aber so ans Streiten gewöhnt, daß es ihnen leichtfällt, sich während der Sitzung gegenseitig anzubrüllen (wenn der Therapeut es nicht schafft, die Richtung der Interaktion zu verändern). Die Neue Hypnose stellt dadurch, daß sie naturalistisch und nicht formalisiert vorgeht, effektive Interventionsmöglichkeiten zur Verfügung. Der Therapeut beobachtet jeden Wechsel in den Stimmungen der Klienten (nach dem OLD-C-Modell). In dem Moment, in dem sich die Wut in Anschuldigungen und Schuldzuweisungen ausdrückt und so unproduktiv wird, ist es nützlich, das Familienmitglied aufzufordern, die Wut zu spüren, „in sich zu gehen" und mit allem, was in ihm vorgeht, in Kontakt zu kommen. Das Familienmitglied wird ermutigt, in seiner oder ihrer Vorstellung die ganze Wut zu erleben, sich der Bilder bewußt zu werden, die dadurch hervorgerufen werden, ihnen zu folgen und sie voll und ganz zu erleben – genau wie auch spontane Assoziationen an frühere Szenen, ohne darüber zu reden. Nach einer Weile wird dann über diese Erlebnisse geredet. Häufig tritt dabei sehr bedeutsames Material zu Tage, das der Familie hilft, ihre Wut besser zu verstehen und produktiver damit umzugehen.

Ein Paar, das sich vor einem Jahr nach 12jähriger Ehe getrennt hatte, kam wegen des Schuleschwänzens seines 17jährigen Sohnes in Familientherapie. Beide Eltern hatten Angst vor der Wut des Sohnes, die sich in Wut- und Gewaltausbrüchen – wie dem Zerschlagen der Möbel – ausdrückte, welche sich aber nie gegen die Eltern richteten. Während der Therapie zeigte der Sohn häufig Anzeichen dieser Wut. Ich sagte ihm, er solle wie oben beschrieben mit seinen Gefühlen in Kontakt kommen. Was herauskam, war die Wut, die er erlebte, als er 10 war und sein Vater das Haus (bei der ersten Trennung) verließ. Diese Wut hatte er aber damals nicht ausdrücken können. Damals hatte er die Mutter beschuldigt, sie sei so „gemein" zu dem Vater gewesen, daß er sie verlassen hätte. In der Familientherapiesitzung halfen sie sich nach und nach, diese Ereignisse von vor 7 Jahren zu verstehen.

Hätte ich die Wut sich frei ausdrücken lassen, so wäre das bestenfalls Zeitverschwendung gewesen (und hätte schlimmstenfalls die Familienkommunikation zerstört). Durch diesen hypnotischen Ansatz wurde die Wut konstruktiv genutzt. Das Schuleschwänzen des Sohnes hörte auf, ohne daß direkt darüber gesprochen wurde. In meinen Augen ist das Ausdrücken von Wut meistens ein Oberflächenaffekt. In Hinblick auf die innere Bewußtheit wird nicht viel erreicht, wenn man die Wut sich frei entfalten läßt. Nur dadurch, daß man unter die Oberfläche geht, wird sich jemand der Ursachen und

Auslöser der Wut bewußt. Hypnose ist eine schnelle Technik, um jemanden mit der ganzen, tiefen Realität seiner Wut in Kontakt zu bringen.

Das waren nun einige der Beispiele aus Familientherapien, in denen der hypnotische Ansatz in kurzer Zeit zu höherer Effektivität der therapeutischen Interventionen führte. Das OLD-C-Modell – an das Setting der Familientherapie angepaßt – stellt eine bequeme, elegante und effektive Hilfe bei der Veränderung von Familien dar.

Schlußbemerkungen

Die Neue Hypnose läßt sich einfach in der Familientherapie anwenden. Das vorhergehende Kapitel hat viele verschiedene Ansätze innerhalb des hypnotischen Modells beschrieben; ihnen allen ist eines gemeinsam: die Bewußtheit der inneren Realitäten hilft Familiensystemen, besser zu funktionieren. Bewußtheit bedeutet nicht Verstehen. Das letztere ist in meinen Augen ein intellektuelles „sich verdeutlichen" der Vorgänge innerhalb der Familie. Das erstere ist die Anerkennung psychischer Realitäten, die zuvor vernachlässigt oder abgewehrt wurden. Da Bewußtheit die Wahrnehmung und somit auch die Wahlmöglichkeiten erweitert, erleben bewußtere Familien sich selbst anders und entdecken dadurch neue Möglichkeiten des Verhaltens und der Interaktion.

7 Unser innerer Heiler

Dieses Kapitel stellt eine natürliche Erweiterung des Konzepts der negativen Selbsthypnose (NSH) auf den Bereich der körperlichen Gesundheit dar. Im Moment wird in der Öffentlichkeit der Bereich des eniatrischen Heilens (*en* = innerhalb; *iators* = Heiler, Arzt) begeistert diskutiert. Ich teile diese Begeisterung und werde deshalb versuchen, einen Überblick über dieses komplexe Gebiet zu geben. Die Neue Hypnose ist wegen ihrer Natürlichkeit besonders geeignet, unsere „inneren Heilungskräfte" zu aktivieren. Eniatrisches Heilen findet in jedem Moment unseres Lebens statt. Im Gegensatz zu Maschinen repariert und heilt sich unser Körper andauernd selbst. Wenn nicht unser innerer Heiler fortwährend bei der Arbeit wäre, könnten wir gar nicht überleben. Wenn man die Neue Hypnose auf den Bereich der körperlichen Gesundheit anwendet, so aktiviert sie diesen wundersamen Prozeß der Selbstheilung. In Einklang mit den Prinzipien der Neuen Hypnose betone ich in diesem Kapitel eher Gesundheit als Krankheit, Methoden zur Gesunderhaltung mehr als Techniken zur Überwindung von Krankheiten und ein generelles Vertrauen in unsere inneren Heilungskräfte mehr als die Beschäftigung mit Krankheiten.

Obwohl die traditionelle westliche Medizin ihre Seele heute verloren hat und übermäßig mechanisiert (*Illich*, 1976) wurde, sind wir Zeugen der hoffnungsvollen Wendung, daß man den kranken Menschen mit einem größeren Interesse als die abstrakte Krankheit an sich betrachtet – wie die Hinwendung zu einer holistischen Medizin es zeigt. Trotz ihrer Fehler und Unvollkommenheit ist die ganzheitliche Medizin dennoch willkommen. Im Hinblick auf die Betonung der persönlichen und natürlichen Heilungskräfte des menschlichen Körpers stellt die Neue Hypnose eine Hilfe für Laien wie für Fachleute dar.

Die medizinische Gemeinschaft scheint noch nicht bereit zu sein, die Realitäten, die sie erfunden hat – wie es *Watzlawick* (1984) nennen würde –, aufzugeben und sich einzugestehen, daß die Psyche den Körper beeinflußt (*Illich*, 1976). Die offizielle medizinische Lehrmeinung akzeptiert die Cartesianische Dichotomie zwischen Körper und Geist und ist unfähig, die mächtigen Einflußmöglichkeiten des

Geistes auf den Körper anzuerkennen und eine einheitliche somato-
psychische Realität anzunehmen. In den letzten Jahren gibt es – insbesondere durch die Entwicklung der Psychoneuroimmunologie –
mehr und mehr Hinweise auf die Auswirkungen von „Gedanken"
auf das Funktionieren des Körpers. Um *Pelletier* (1979) zu zitieren,
kann der Geist im Hinblick auf die körperliche Gesundheit Heiler
oder Schlächter sein. Die medizinische Welt hat auf solche Ideen
häufig mit Feindseligkeit oder Gleichgültigkeit reagiert (*Polanyi*,
1964). Ein Beispiel für die Abneigung, sich diesen faszinierenden
Bereich auch nur anzuschauen, ist das, was mit einem Artikel passierte, den ich im *Journal of Psychosocial Oncology* (*Araoz*, 1984a) pu-
blizierte. Der vierte Teil des Artikels, der sich mit „Hypnose zur Aktivierung der natürlichen Heilungsprozesse" beschäftigte, wurde
nicht gedruckt. Was ich dort geschrieben hatte, folgt jetzt.

Mears (1979), ein australischer Arzt, der einige wichtige Dinge über
Hypnose geschrieben hat, sprach das in vielen medizinischen
Kreisen Unaussprechliche aus: „Wir sollten uns auf die unvermeid-
liche Kritik einrichten und einen großen Schritt in dem Versuch tun,
das Krebswachstum mit psychologischen Mitten zu beeinflussen"
(S. 978). Er hat über eine Reihe von Fällen berichtet, in denen Krebs
nach einer intensiven Meditation – einer hypnotischen Methode, die
er sich ausgedacht hatte – wieder verschwand. Der Bereich der Psychoneuroimmunologie steckt noch in den Kinderschuhen; es häufen
sich aber die Beweise auf eine Verbindung zwischen Heilungsprozessen und bestimmten geistigen Aktivitäten, besonders der Hypnose. *Hall* (1983) hat eine Reihe von Auswirkungen von Hypnose auf
das Immunsystem zusammengestellt und – unterstützt durch seine
eigenen Forschungen über T- und B-Zellenaktivität – geschlossen,
daß wir auf dem Weg sind, körperliche Krankheiten durch kognitive und psychologische Prozesse beeinflussen zu können, weil viele
Krankheiten auf einer Unter- oder Überreaktion des Immunsystems
beruhen. Es wird heute allgemein angenommen, daß psychosoziale
Faktoren einen Beitrag zu körperlichen Krankheiten leisten. Der
Einsatz von Hypnose als Mittel zur potentiellen Beeinflussung der
Immunfunktionen und zur Änderung der biochemischen Faktoren
der Krankheitsentstehung resultiert aus einem pragmatischen
Standpunkt. Er scheint davon auszugehen (*Coe & Ryken*, 1979), daß

sie sicherlich keinen Schaden bei den Patienten anrichtet und daß sie – zumindest in wenigen Fällen – Heilung bewirkt (*Hall*, 1983). Daher sollte die Hypnose ein integraler Bestandteil der Behandlung sein. In keiner der von *Hall* (1983) oder *Finkelstein* & *Howard* (1983) untersuchten Studien und Artikel wurde Hypnose allein zur Krebsbehandlung eingesetzt; eine medizinische Behandlung erfolgt in der Regel parallel zur hypnotischen Behandlung.

Die hypnotischen Suggestionen und Imaginationen, die dem Patienten gegeben werden, während er zur Entspannung und zur positiven Vorstellung angeleitet wird, richten sich alle auf die Realität der inneren Heilungskräfte im Körper. Der Fokus liegt dabei auf dieser Realität und weniger auf den negativen Krankheitsauswirkungen. Vor der Hypnose wird die Patientin gefragt, in welcher Form sie sich ihre inneren Heilungskräfte vorstellen kann. Angenommen, die Patientin beschreibt sie als verschiedenfarbige Wellen, die aus ihrem Kopf in den Körper strömen, der Hypnotherapeut kann dann vorschlagen, diese Wellen mit dem Atemrhythmus zusammenzubringen und sie mit jedem Atemzug intensiver werden zu lassen:

Ohne Ihre Atmung zu forcieren, stellen Sie sich einfach vor, wie diese Wellen der Gesundheit in Ihrem Körper dem Rhythmus Ihrer Atmung folgen. Überprüfen Sie, ob Sie in diesen heilenden Wellen noch etwas anderes entdecken können. Verändern sich vielleicht die Farben? Können Sie Klänge oder Musik hören? Wie weit reichen die Wellen in Ihren Körper? Strömen Sie langsam, aber kraftvoll in die Bereiche Ihres Körpers, in denen Sie gebraucht werden? Denken Sie weiter an diese wunderbare Realität in Ihrem Körper und sagen Sie zu sich: „Die Heilungskräfte in mir können immer stärker und stärker werden. Ich will diese Gedanken genießen und zu ihnen nach dieser Hypnose immer wieder zurückkehren. Ich will immer mehr und mehr an diese heilenden Wellen denken... oftmals während des Tages werden die Heilungskräfte in mir immer stärker durch die medizinische Behandlung. Die Heilungskräfte in mir kommen ihrer Aufgabe nach, meinen Körper mit Hilfe der Behandlung zu heilen. Die Heilungskräfte... ein Teil von mir, nehmen zu und werden mit jedem Atemzug kräftiger."

Falls die Patientin keine innere Vorstellung von ihren Heilungskräften hat, sollte man ihr im Entspannungszustand einfach ähnliche Suggestionen wie die obigen eingeben. Nach meiner Erfahrung wird dann das kinästhetische Erleben von Entspannung zunehmend mit den Heilungssuggestionen assoziiert. Dadurch findet die Vorstellungstätigkeit, wie vorher schon erwähnt, eher in Form körperlicher Erfahrungen als in geistigen Bildern statt. Aus den körperlichen Erfahrungen der Entspannung jedoch erwachsen trotzdem häufig Erinnerungen von Plätzen der Entspannung, und es entstehen einige Visualisierungen.

Ich möchte betonen, daß die hypnotischen Suggestionen nicht auf medizinischen und anatomisch/physiologisch korrekten Beschreibungen beruhen, da das alles linkshemisphärische Aktivitäten sind: eine logische und vernunftgemäße Art zu denken. In Hypnose wird eher die erlebnisorientierte Art zu denken gefördert: rechtshemisphärische Prozesse, Primärprozesse. Dieser Prozeß des *Imaginierens*, des *Fühlens* oder *Spürens* der Lebenskräfte wird für den Patienten in Hypnose genutzt.

Es gibt einige Hinweise darauf, daß Hypnose in der Prävention von Krebserkrankungen hilfreich ist (*Finkelstein & Howard*, 1983). Eine dreijährige Pilotstudie mit 43 Personen mit einem hohen Krebsrisiko zeigte ermutigende Ergebnisse, insbesondere, weil das Vorgehen in dieser Untersuchung so simpel war: ein 10 Minuten langes Tonband wurde von den Versuchspersonen mindestens viermal in der Woche über drei Jahre hinweg abgespielt. Nach einem und nach zwei Jahren wurden Daten erhoben. Auf dem Tonband war eine Entspannungsinduktion mit darauffolgenden Suggestionen für eine höhere Selbsteinschätzung, spezifischen Suggestionen gegen Krebs und einem abschließenden Teil zur Vertiefung des hypnotischen Erlebens.

Es konnte gezeigt werden, daß Menschen häufig – wenn nicht andauernd – eine Art Selbstgespräch führen (s. *T.X. Barber*, 1979a). Wenn man den Inhalt dieser fortlaufenden Selbstkommunikationen ändert, so bewirkt das eine Veränderung in der Grundstimmung (*Araoz*, 1981). Die Stimmung und der psychologische Zustand haben erwiesenermaßen einen Einfluß auf den Krankheitsverlauf (s. *Schleifer, Keller, McKegney & Stein*, 1980; *Shekelle, Raynor, Ostfeld, Garron, Bieliauskas, Liu, Maliza & Oglesby*, 1981). Man kann daraus schließen, daß man, wenn man diese Faktoren beeinflussen kann, auch Einfluß auf den Verlauf von Erkrankungen nehmen kann. Das Mittel der Wahl ist Hypnose; auch wenn wir über viele Aspekte dieses Bereichs noch nichts wissen, so ist es doch dringend angezeigt, weitere Forschungen in dem Bereich zu unternehmen. Die oben beschriebenen Konzepte sind unter Psychosomatikforschern schon längst Allgemeingut (s. z.B. *Weinstock*, 1984). Anstatt sich vorzustellen, daß der Geist den Körper beeinflußt (es sich also um zwei Entitäten unterschiedlicher Art handelt), könnte man die psychosomatischen Prozesse in den Begriffen der Informationsverarbeitung (*Bowers*, 1977) beschreiben. Welches ist der Prozeß, durch den ein semantischer Input als somatischer Output dekodiert wird? Oder, in *Bowers* & *Kellys* Worten: „Wenn wir davon ausgehen, daß Geist und Körper *durch einen informationsaustauschenden Prozeß verbunden* sind und daß sie nicht durch einen philosophischen Abgrund getrennt sind, kann man das Phänomen des hypnotischen Heilens als *einen Weg, sich diesem Prozeß zu nähern*, beschreiben" (S. 502 – Hervorhebungen durch DLA).

Hypnotische Prinzipien bei der Arbeit

Die Konsequenzen aus dem oben Gesagten sind weitreichend. Zuerst kann das, was ein Arzt sagt, oder wie er über Krebs (oder irgendeine andere Krankheit) oder über die Behandlung spricht, als eine mächtige hypnotische Suggestion wirken und den Krankheitsverlauf beeinflussen. Ein semantischer Input wird als ein somatischer Output dekodiert. In der medizinischen Behandlung von Krankheiten kann man grob zwei verschiedene Richtungen unterscheiden: die eine, in der die Aufmerksamkeit *auf die Krankheit an sich* und auf die befallenen Organe gerichtet wird, ohne auf den semantischen Input zu achten. Die andere Richtung achtet mehr auf *den Menschen*, der an einer Krankheit leidet und auf die Worte (Suggestionen), die einen psychosomatischen Prozeß auslösen können. *Kleinmann* und seine Mitarbeiter (1978) wiesen darauf hin, daß amerikanische Ärzte eher die „Krankheit" behandeln, aber das „Krank-sein" vernachlässigen, d.h. das individuelle Erleben der Krankheit und die ideosynkratische Bedeutung, die sie für den Patienten hat. *Remen* (1980) wies darauf hin, daß das Leiden aus der individuellen Bedeutung und Interpretation der Krankheit erwächst. Kann jemand wirklich geheilt werden, wenn seine innere Realität der Krankheit bei der Behandlung ignoriert wird? Kann man Geist und Körper weiterhin als getrennt und voneinander unabhängig sehen? Die Forschungsergebnisse zwingen uns dazu, diese beiden Fragen deutlich zu verneinen (wie die Überblicksartikel von *T.X. Barber* [1981b, 1984a] belegen).

Das Herz der Interaktion von Geist und Körper sind Suggestionen, nämlich Bedeutungen und Ideen, die von jemandem geäußert werden und von jemand anderem tief akzeptiert werden. Suggestionen, explizite oder indirekte, beeinflussen den Geist, der dann wiederum den Körper beeinflußt. Solche Suggestionen „können an die einzelnen Zellen des Körpers und die Chemikalien in den Zellen mitgeteilt werden. Die Zellen ändern dann ihre Funktionsweise gemäß den Bedeutungen und Ideen, die ihnen übermittelt wurden" (*T.X. Barber*, 1984a, S. 116). Wenn einem solchen Satz nicht mehr als 40 Seiten voll mit wissenschaftlichen Daten, kritisch vorgetragen und diskutiert, vorangehen würden, würde er wie blanker Unsinn klingen.

Historisch ist interessant, daß die Nancy-Schule schon im späten 19. Jahrhundert über viele Fälle der Krankheitsbeeinflussung durch direkte hypnotische Suggestionen berichtet hat (*Bernheim*, 1888/1964). Die Anhänger dieser Schule gingen von folgenden Tatsachen aus: Erstens, die Natur des menschlichen Körpers ist es, gesund und funktionstüchtig zu sein.; zweitens, der menschliche Körper hat mächtige Ressourcen, die der Aufrechterhaltung und Wiederherstellung der Gesundheit dienen; drittens, der menschliche Körper kann diese Heilung besser erreichen, wenn Ernährung und Körperertüchtigung im Auge behalten und verbessert werden; viertens, ein gutes und positives Gefühl zu sich selbst hat positive Auswirkungen auf den Körper; das ist die altmodische Vorstellung, daß Freude Heilung bewirkt, während negative Gefühle Hindernisse für die inneren Heilungskräfte darstellen; und fünftens, Selbsthypnose ist ein wirksames Mittel, um positive Gefühle zu sich selbst entstehen zu lassen. Mich interessieren in dieser Aufzählung am meisten die Punkte 4) und 5) – wenngleich auch die ersten drei Punkte faszinierend sind. (Für einen Überblick über Forschungsergebnisse zu den ersten drei Punkten s. *T.X. Barber*, 1981b.)

Negative Selbsthypnose

Um voll und ganz zu verstehen, daß ein gutes und positives Gefühl zu sich selbst eine positive Auswirkung auf den Körper hat, muß man sich an die Auswirkungen negativer Gedanken auf die Gesundheit erinnern. Es geht dabei um die Realität der negativen Selbsthypnose (*Araoz*, 1981) im somatischen Bereich. *Lynch* (1977) hat – um ein dramatisches Beispiel zu nennen – das Konzept des „gebrochenen Herzens" wissenschaftlich untersucht und die Beziehung zu zahlreichen Krankheiten erforscht. Die dort vorgestellten Befunde kann man nicht zurückweisen, ohne das Gebot der Objektivität zu vernachlässigen. Das „gebrochene-Herz-Syndrom" ist ein gutes Beispiel dafür, daß Streß – ein perzeptuelles Phänomen – nicht durch ein bestimmtes Ereignis, sondern durch die Art, wie man auf ein Ereignis reagiert, erzeugt wird. Streß besteht andererseits aus negativen Gedanken, Vorstellungen, Erinnerungen und Gefühlen, die man in Momenten der Frustration, der Enttäuschung und dann, wenn sich Hoffnungen und Träume zerschlagen, zuläßt (und deshalb in gewisser Weise auswählt). Die Forschungsliteratur über Streß ist reichhaltig und wissenschaftlich gut dokumentiert. Wir wissen, daß Streß in ursächlicher Verbindung mit vielen Krankheiten steht; das hat *Selye*s (1976) klassische Untersuchung gezeigt, die der erste Schritt in einem schnell anwachsenden Bereich (s. z.B. *Bowers & Kelly*, 1979; *Hall*, 1983, 1984) war. Generell kann man sagen, daß negative Gedanken, Vorstellungen und Gefühle in direkter Beziehung zu vielen Krankheiten stehen und sogar zum Tod führen können, wie die Untersuchung von *Engel* (1971) zeigt.

Wir wissen aber noch mehr: bestimmte Körperfunktionen können durch bestimmte Überzeugungen beeinflußt und geändert werden. *T.X. Barber* (1981b) hat eine knappe Zusammenfassung in den Bereichen von verschiedenen Hautkrankheiten, Scheinschwangerschaften und Größenänderungen der weiblichen Brust erstellt. *Hall* (1984) gibt einen Überblick über die Auswirkungen von Hypnose auf allergische Reaktionen, dermatologische Parameter, die Unterdrückung der Mantoux-Reaktion (ein Tuberkel-Hauttest, mit dem das Vorhandensein von Tuberkelbakterien entdeckt wird) und auf Krebs. Er kommt zu dem Schluß: „Die Literatur... weist darauf hin, daß *Hypnose potentiell in der Lage ist, die Immunreaktion des Körpers zu be-*

einflussen, um die den Krankheiten zugrundeliegenden biochemischen Faktoren zu ändern" (S. 101 – Hervorhebung durch DLA). Seine sehr vorsichtige Formulierung kann nicht die sehr positive und optimistische Schlußfolgerung verbergen: Mentale Vorgänge, die durch Worte (Suggestionen) hervorgerufen werden, beeinflussen das biophysiologische Funktionieren des Körpers. Wenn die Suggestionen negative mentale Prozesse hervorrufen oder auf die Krankheit fixiert sind, neigt die Krankheit dazu, sich zu verschlechtern. Wenn sie allerdings positiv und auf die Gesundheit konzentriert sind, neigt der Körper dazu, die Krankheit zu bewältigen und seine natürlichen Heilungskräfte freizusetzen. In beiden Fällen wird jedoch ein semantischer Input als somatischer Output dekodiert.

Betonung auf Gesundheit oder auf Krankheit?

Die Neue Hypnose ist sehr nützlich, wenn es darum geht, unsere Aufmerksamkeit von der Krankheit hin zur Gesundheit zu verschieben. Die meisten Menschen in unserer Kultur sehen Gesundheit als etwas Selbstverständliches an und denken über sie meist in negativen Begriffen – insbesondere, wenn sie sich nicht wohl fühlen. Die oben angeführten Untersuchungen zeigen, daß es einen positiven Einfluß auf unsere Gesundheit hat, an unsere Gesundungskräfte zu denken. Denken heißt in diesem Zusammenhang natürlich ein erlebnishaftes Denken. *Shames & Sterin* (1978) setzen in ihrem sehr praxisorientierten Ansatz die Techniken der Neuen Hypnose zur Selbst-Heilung ein. Sie erinnern uns an die enorme Bedeutung, die die Qualität der mentalen Vorstellungen für die Förderung oder Unterdrückung der natürlichen Heilungsprozesse hat. Sie betonen jedoch einen Punkt, der in ihren Augen die wichtigste Voraussetzung bzw. die „sine qua non" – Bedingung eines Selbstheilungsprozesses ist: Die Notwendigkeit, unsere ganzheitliche Reaktion auf das Leben an sich zu überprüfen. Negative Gefühle werden – wie sie erklären – „nach innen gewendet und beginnen, sich als Gift im Körper anzureichern" (S. 90). Man muß deshalb auch mit diesen negativen Gefühlen umgehen und sich oft für Veränderungen in seinem Lebensstil, seinen Werten und Einstellungen oder seinen Beziehungen entscheiden.

Positive Selbsthypnose bleibt ohne Erfolg bei der Selbstheilung, wenn jemand schlechte Gewohnheiten, die dem Heilungsprozeß zuwiderlaufen, beibehält. Die meisten schlechten Gewohnheiten haben mit dem Eßverhalten, dem Arbeitsstil und mangelndem körperlichen Ausgleich zu tun. Es ist wichtig, daß wir gegenüber unseren Klienten die Notwendigkeit einer gesunden Lebensführung (wenig Alkohol und Nikotin, Bewußtheit über sein Eßverhalten) betonen. Unter dem Stichwort Arbeitsstil kann man eine Reihe von Verhaltensweisen zusammenfassen; angefangen bei der Fülle des Terminkalenders und der Zeit für Ferien bis hin zu Organisation und Delegation von Verantwortung. Im täglichen Arbeitsablauf sind Pausen wahrscheinlich genauso wichtig wie die Länge des Arbeitstages, weil Pausen (ihre Qualität, Länge und Häufigkeit) wesentlich die Qualität der Arbeit bestimmen. Körperübungen könnten z.b. in der Mittagspause oder vor oder nach der Arbeit stattfinden.

Es muß unterstrichen werden, daß all diese Bereiche mit der Gesundheit zusammenhängen und daß es ein Widerspruch ist, positive Gedanken zu haben und einen negativen Lebensstil zu führen. Es ist traurig aber wahr, daß das Negative in diesem Fall stärker ist als die positiven Gedanken. Wenn man jedoch die Naturgesetze respektiert und die drei oben beschriebenen Bereiche einer gesunden Lebensführung (Ernährung, Arbeit/Erholung, Sport) berücksichtigt, wird die Selbsthypnose zur Aktivierung des „Arztes in uns" ein mächtiges Mittel zur Gesunderhaltung. („Der Arzt in uns" ist eine Formulierung von *Bennett* [1981], aus seinem wunderbaren Buch, in dem ein sehr gutes Gesundheitsprogramm dargestellt ist.) Die Tatsache, daß Imagination und Selbsthypnose mächtige Hilfen beim Heilen sind, wurde in dem Artikel von *Sheikh, Richardson & Moleski* (1979) – der eine Zusammenstellung der neueren Forschungsergebnisse enthält – bestätigt. Aber diese Tatsache war auch den Menschen vor Jahrhunderten schon bewußt. *Evans-Wentz* (1927) zitiert aus dem *Tibetanischen Totenbuch*: „Sie sollten die Methoden der Visualisierung begreifen und diese wundervolle Methode zur Erhaltung Ihrer Gesundheit einsetzen." Dieser urzeitliche Text ist alles andere als eine Ausnahme aus der vor-wissenschaftlichen Zeit. *McMahon* (1976) untersuchte Überzeugungen und Einstellungen des Prä-Cartesianischen Denkens – insbesondere in bezug auf Imagination. Um es in ihren eigenen Worten zu sagen: „Der Schlüssel zum Verstehen des prä-cartesianischen Denkens liegt darin, zu erkennen, daß *Imagination im gleichen Ausmaß als eine physiologische Realität verstanden wurde,* wie sie heute als psychologische Realität verstanden wird" (S. 181 – Hervorhebung durch DLA). Sie betont, daß, weil Imagination eine größere Macht als Wahrnehmungen hat, die Antizipation eines gefürchteten Ereignisses gefährlicher ist als das Ereignis selbst. Deshalb nahm man an, daß Imaginationen „den Körper verderben, mit dem Herz verknüpft sind, die Sehnen und Fesseln umschlingen und das Fleisch in Richtung ihrer Neigungen ziehen. Ihr wahres Wesen wurde in der Gesichtsfarbe, dem Antlitz, der Haltung und im Gang ihrer Opfer deutlich" (S. 191), wie *McMahon* es in der blumigen Sprache dieser Zeit ausdrückt. Im Einklang mit diesen Auffassungen bestand die Heilung zum großen Teil aus Imagination.

Der Paradigmenwechsel kam, als die wissenschaftliche Gemeinde *Descartes* Dualismus und seine Zweiteilung von Geist und Körper aufgriff – eine Entwicklung, die nie den östlichen Körper-Geist-Monismus angegriffen hat. Die östliche Medizin nimmt an, daß Dualismus eine Illusion ist (*Ikemi* & *Ikemi*, 1983), und sie nutzt unter Bezug auf die Weisheit des Zen das „taitoku" oder „Körperdenken". Daß Körper und Geist eins sind, hat in der östlichen Denkweise zu dem Schluß *sum ergo cogito* (Ich bin, also denke ich) geführt – das Gegenteil des Cartesianischen Satzes. Es gilt das Primat des Körpers, wie es sich in vielen in Japan entwickelten Disziplinen der Körperbewegung zur Selbstaktualisierung zeigt.

Andererseits gibt es Forschungsbefunde, die eine eingeschränkte Fähigkeit zum Imaginieren bei psychosomatischen Patienten nachweisen. Solche Patienten, die sich mit einem psychogenen Leiden konfrontiert sehen, finden es schwer, zu phantasieren oder Tagträume zu haben, und sind deshalb weniger fähig, ihr Imaginationsvermögen zur Aktivierung der natürlichen Heilungsprozesse zu nutzen (s. *Sheikh* et al., 1979).

Um zur Hypnose zurückzukommen: Wir sollten uns daran erinnern, daß, als die Königliche Kommission *Mesmer*s Theorie des animalischen Magnetismus untersuchte, sie es mit der Macht der menschlichen Imagination begründete. Die Wissenschaftler, die die Befragung durchführten, bezweifelten nicht *Mesmer*s Heilungserfolge. Sie begründeten sie aber mit der Imaginationsgabe der Patienten statt mit der Existenz eines animalischen Magnetismus.

Im nächsten Abschnitt werde ich die Anwendung der Prinzipien und Methoden der Neuen Hypnose auf den Bereich der Erhaltung und Förderung der Gesundheit erklären.

Die Neue Hypnose und Selbstheilung

In der Neuen Hypnose gibt es keine ritualisierte Tranceinduktion – ihrem Wesen nach ist sie Selbsthypnose (s. Kap. 5) und deshalb besonders dazu geeignet, die Selbstheilungskräfte des Körpers zu aktivieren und die Heilung von Krankheiten zu beschleunigen.

Patienten, die medizinisch behandelt werden, können aus verschiedenen Gründen zur hypnotherapeutischen Behandlung überwiesen werden: zur Verbesserung ihrer psychologischen Reaktionen auf die Krankheit, zur Angstbewältigung, zur Vertiefung von Entspannung und Schlaf oder um generell ihre Einstellungen zu Leben und Gesundheit zu verbessern. Ich wende in diesen Fällen eine Adaption des OLD-C-Modells an. Der Prozeß besteht aus folgenden fünf Stufen:

1) Mentale Vorstellungen der Krankheit
2) Mentale Vorstellungen der medikamentösen Behandlung
3) Mentale Vorstellungen der Heilungskräfte bei der Arbeit
4) Mentale Vorstellungen von Gesundheit (eine Kombination von 2 und 3 um 1 zu bewältigen)
5) Wiederholung der Punkte 1 bis 4 zu Hause.

Zuerst bitte ich den Patienten, sich auf die *Bilder* zu konzentrieren, die ihm *in bezug auf seine Krankheit* in den Sinn kommen. Wie stellt sich der Patient den „Defekt" in seinem Körper vor? Der Hypnotherapeut muß dem Patienten Zeit lassen, so viele Details des Bildes von seiner Krankheit wie möglich zu erfassen – Größe, Farbe, Geruch, Konsistenz, Bewegungen, etc. – und sich auf dieses Bild der Krankheit so lange zu konzentrieren, bis es zu einer lebendigen Vorstellung wird. Wenn es der Patient schwierig findet, dieses Bild zu entdecken, muß man ihn sich in der Regel tiefer entspannen lassen, bevor man dann zu dem Krankheitsbild zurückkehrt. Dieses negative Bild wird für eine Zeitlang der Fokus; der Patient muß von seiner Krankheitsvorstellung „Besitz ergreifen". In der Hypnose wird der Patient ermutigt, zu sich selbst Sätze zu sagen wie „Ja, dieses Bild ist in mir.

Diese Vorstellung wirkt in mir. Aber nun, da ich dieses Bild der Krankheit in mir entdeckt habe, kann ich mich davon frei machen. Ich kann diese Vorstellung loslassen. Ich kann ein anderes Bild an seine Stelle stellen. Ich kann eine Gesundheits-Vorstellung entwikkeln – eine Vorstellung, die in mir wirkt und aktiv zu meinem Wohle arbeitet."

Im zweiten Schritt wird der Patient aufgefordert, sich *vorzustellen, wie die medikamentöse Behandlung in ihm wirkt* und wie diese Vorstellung mit der ersten (der von der Krankheit) zusammenhängt oder diese beeinflußt. „Zeitlupe" ist auch dabei die angemessene Vorgehensweise. Man muß dem Patienten viel Zeit lassen, damit sich seine Bilder und Vorstellungen aus dem Unbewußten entwickeln und Gestalt annehmen können. Wenn sich diese Vorstellung entwickelt hat, ist es wichtig, ihn sie sehr dynamisch – mit viel Energie und Bewegung – erleben zu lassen. Ich sage z.B. „Spüren Sie, wie stark die medikamentöse Behandlung ist und wie sie Ihrem Körper guttut. Schon jetzt verändert sich die Krankheit in Ihrem Körper – es macht die Krankheit weniger bestimmend. Die Medikamente (oder welche Art Behandlung es sein mag) wirken in Ihnen zu Ihrem Nutzen; es hilft Ihren inneren Heilungskräften, Ihre Arbeit zu tun." Der Patient muß an den Punkt kommen, diese Suggestionen in einem Zustand totaler Entspannung zu empfangen, damit sie ganz angenommen werden können. Wenn er auf der Stufe ist, sage ich Sätze wie „Genau so ist es", oder „Es ist absolut in Ordnung und natürlich für Ihren Körper, die Kraft des Medikaments zu nutzen" oder „Diese Dinge geschehen genau jetzt in Ihnen".

Der dritte Schritt besteht darin, den Patienten eine *Vorstellung seiner inneren Heilungskräfte und Energien* entwickeln zu lassen. Wenn eine solche Vorstellung im Bewußtsein auftaucht, wird sie mit den vorherigen beiden in Zusammenhang gebracht. An diesem Punkt muß der Hypnotherapeut etwas bremsen. Es erscheint mir günstig, die Grundideen in verschiedenen Formen zu wiederholen. Ein Beispiel für solche Suggestionen ist:

Dein Körper ist krank, aber er ist gleichzeitig auch gesund. Bringe dich in Kontakt mit der Gesundheitskraft in dir. Du kannst die Gesundheitsenergie immer stärker und stärker erleben. Du kannst sie im Kopf, im Herzen, im Rückgrat, du kannst sie überall spüren.

Du kannst zu dir selbst sagen: „Ich will mich auf meine Gesundheitskräfte konzentrieren. Ich lebe, weil die Gesundheitsenergie durch meine Adern, Nerven, durch meinen ganzen Körper fließt. Ich will auf der Seite der Gesundheit sein."

Wie schon im zweiten Schritt erwähnt, muß der Hypnotherapeut insistierend und geduldig sein, damit der Patient sein Denken von der Orientierung auf Krankheit zur Orientierung auf Gesundheit ändern kann.

Bevor ich fortfahre, will ich mein Vorgehen am Fall eines 48 Jahre alten Rechtsanwaltes mit fortgeschrittener rheumatischer Arthritis verdeutlichen. Seine Vorstellung der Krankheit war die einer klebrigen, leim-ähnlichen Masse, die lebendig war und in seinen Sehnen und Muskeln wuchs, besonders in den Armen, wo die Schmerzen besonders stark waren. Die Medikamente, die er zu der Zeit nahm, sah er als eine mächtige Flüssigkeit, die das Wachstum der Krankheit stoppte. Die Gesundheitskräfte visualisierte er als eine elektrische Spannung, die durch die mächtige Medikamentenflüssigkeit hervorgerufen wurde und nicht nur das Wachstum der Krankheit aufhielt, sondern auch die Größe der klebrigen, leim-ähnlichen Masse verringerte. Nach drei Hypnosesitzungen gelang es dem Patienten, sich seine Gesundheitskräfte in harmonischer und kraftvoller Weise vorzustellen – die Energie durchfloß ihn im Rhythmus von Militärmärschen und revitalisierte seinen ganzen Körper.

Die oben erwähnten drei Schritte bilden den ersten Teil des Heilungsprozesses. Der nächste Schritt besteht in einer *Ausweitung von Schritt drei in Kombination mit Schritt zwei*, indem die Patienten in Imaginationen den Punkt in ihrem Körper herausfinden, von dem die Heilungskräfte ausgehen (für die meisten Menschen ist das entweder ihr Kopf oder ihr Herz), und dann diese Vorstellung mit so viel sinnlich wahrnehmbaren Details wie möglich intensivieren. Die Vorstellungen der Medikamentenwirkung und die der Heilungskräfte werden anschließend zusammengebracht, damit sie dann die Visualisierung der Krankheit beeinflussen. Man muß sich viel Zeit lassen, die kombinierte Wirkung der Medikamente und der Heilungskräfte auf die Krankheit zu erfahren – wie die Krankheit schwindet, geschwächt oder zerstört wird. In vielen Fällen wird die Krankheit als sehr stark, aktiv und lebendig visualisiert. Dann muß man sich Zeit lassen, den Kampf zwischen Gesundheit und Krankheit zu imaginieren. Der Patient sollte ermutigt werden, „so zu tun, als ob" die Heilungskräfte über die Krankheit siegen. In diesem Zusammenhang sollte man beachten, daß die Unfähigkeit, in diese positiven Vorstellungen zu gehen, auf einen versteckten Todeswunsch hinweisen kann. Die Aktivierung der verschiedenen Teile der Persönlichkeit (s. Kap. 3) ist eine sehr nützliche Technik, um solche autodestruktiven Kräfte aufzudecken und mit ihnen zu arbeiten.

Der vierte Schritt besteht dann in den Heilungsvorstellungen, wie *Jaffe* (1980) es nennt. Die Patienten reorganisieren mit Hilfe des Therapeuten ihre spezifisch heilende Imagination und nehmen sie in Besitz. In dem oben geschilderten Fall visualisierte der Patient, daß die elektrische Spannung in einer angenehmen silbernen Farbe aus seinem Herzen kam und mit jedem Herzschlag heller wurde, „wie eine Digitaluhr, pulsierend", wie er es beschrieb. Er wurde ermutigt zu spüren, wie die heilende Lichtenergie durch seinen ganzen Körper ging und sich dann langsam auf seine Arme konzentrierte. Nachdem er das erlebt hatte, floß die heilsame elektrische Spannung weiter durch seinen Körper und wurde zusammen mit der mächtigen Flüssigkeit (der Medizin) immer heller, stärker und heilsamer, bis sie dann vom rechten Ellenbogen über den linken Ellenbogen und die rechte Schulter zur linken Schulter und wieder zurück floß.

Der letzte Schritt besteht in einer *Wiederholung* der obigen vier Schritte in Ruhe zu Hause. Um die Effektivität zu erhöhen, schlage ich den Patienten vor, eine Art Tagebuch über ihre täglichen Übungen zu führen.

Die Neue Hypnose macht den Heilungsprozeß viel natürlicher als bei der Anwendung komplizierter Tranceinduktionen. Der Patient wird in Kontakt mit dem Arzt in sich gebracht, indem man ihn auf die Vorstellungen hinweist, die spontan entstehen, wenn er über die Krankheit „nachdenkt". Nachdem der erste Schritt auf beinahe beiläufige Art gemacht wird, ist es leicht, zu den nächsten Schritten weiterzugehen und mit der Empfehlung abzuschließen, jeden Tag zu Hause zu üben. Im Fall des oben beschriebenen Patienten wurden die Ärzte mit einer schnellen Besserung überrascht. Drei Monate nach Beginn der selbsthypnotischen Übungen war der Schmerz verschwunden, seine Beweglichkeit war nach seiner Einschätzung um 70 % verbessert, und er konnte wieder seiner Arbeit nachgehen.

Eine auf Gesundheit gerichtete Einstellung

Das Unbewußte als etwas Positives zu sehen (*Erickson & Rossi*, 1979), ist eine Charakteristik der nicht-psychoanalytischen Sichtweise, wie sie von *Erickson* und seinen Schülern vertreten wird. Wenn Hypnose eine natürliche, gesunde Funktionsweise des Geistes ist, dann muß der Teil unseres Nervensystems, der für das Erlebnis der Hypnose zuständig ist, etwas Positives sein. Aus diesem Blickwinkel betrachtet ist es nicht schwer, den wohltuenden Einfluß des Unbewußten auf den Bereich des körperlichen Wohlbefindens auszuweiten – insbesondere,wenn man sich vom cartesianischen Dualismus wegbewegt. Geist und Körper sind eins; das Unbewußte ist der Teil in uns, der für unsere Gesundheit und unser Wohlbefinden zuständig ist. Das Wohlbefinden kann sich auf körperlicher, geistiger, spiritueller oder gefühlsmäßiger Ebene oder Kombinationen dieser Modalitäten ausdrücken.

Ich sollte erwähnen, daß *Ericksons* Glaube an die gutartige Natur des Unbewußten nicht aus einem naiven Glauben an das Gute im Menschen erwuchs. So wie ich es verstehe, hat das Unbewußte mit den Aktivitäten des subkortikalen Hirnbereichs zu tun. Das Unbewußte ist seinem Wesen nach eine positive Kraft, die für ein optimales Funktionieren unseres ganzen Seins „zuständig ist". Das schließt auch unser nicht-körperliches Selbst ein – Gefühle, Emotionen und andere Kognitionen (oder *Mentationen*, wie sie von den frühen Psychologen genannt wurden).

Die Funktion des Unbewußten ist demnach, uns lebendig, gesund und glücklich zu erhalten. Aber ebenso wie wir die Organe unseres Körpers durch Mißbräuche persönlicher oder kulturbedingter Art schädigen können, können wir das gutartige Funktionieren unseres Unbewußten durch emotionellen Mißbrauch behindern. Emotioneller Mißbrauch kann in irrigen Annahmen, falschen Werten, schädlichen Einstellungen oder ähnlichen Dingen, die wir seit der Kindheit in uns aufgenommen haben, bestehen. Wenn wir Erwachsene sind, ist unser aller Unbewußtes schon längst in seinen gutartigen Funktionen durch die zahlreichen emotionellen Mißbräuche eingeschränkt.

Der Versuch, die wohltuenden Kräfte des Unbewußten anzusprechen, soll eher den positiven Einfluß *wiederherstellen* als davon ausgehen, daß er noch intakt ist. Was bei den meisten Therapien versucht wird, ist, das Unbewußte zu reinigen, so daß der Patient von seinen ursprünglichen positiven Funktionen profitieren kann. Das geschieht, indem das emotionale Gift (die Neurose, die negativen Scripts, irrationale Glaubenssätze, oder wie auch immer man es in den verschiedenen Psychotherapieschulen nennt) entfernt wird.

Meine Methode der Neuen Hypnose geht von einem gutartigen *Wesen* des Unbewußten aus; es wird versucht, seine ursprüngliche Funktionsweise wiederherzustellen. So entspricht zum Beispiel die Beschäftigung mit negativer Selbsthypnose – insbesondere zu Beginn der Behandlung – diesem Konzept einer Reinigung des Unbewußten von emotionalen Giften, bevor effektive Ziele erreicht werden. Metanoia (oder innere Transformation) ist nur nach der Reinigung des Unbewußten möglich.

Konsequenterweise erwächst eine positive Einstellung zur Gesundheit aus dem Verständnis von Hypnose als etwas Natürlichem und des Unbewußten als einer positiven und wohltuenden Kraft in uns. Man kann Klienten helfen, ein positiveres Bild von sich selbst zu bekommen, indem man Gesundheit anstelle von Krankheit betont. Menschen, die sehr besorgt über mögliche Krankheiten sind, oder die durch kleine Wehwehchen beunruhigt sind, oder die wenig auf ihren Körper achtgeben oder Gesundheit als etwas Selbstverständliches ansehen, all denen kann beigebracht werden, sich ihrer inneren Heilungskräfte stärker bewußt zu werden.

Im folgenden wird eine kurze Abfolge von Suggestionen vorgestellt, die sich an die oben erwähnten fünf Schritte anlehnen. Es wird dabei davon ausgegangen, daß der Patient schon einige Zeit damit zugebracht hat, in den veränderten Bewußtseinszustand einzutreten, der Hypnose genannt wird. Dann kann der Therapeut sagen:

Jetzt, wo Sie angenehm entspannt sind, können Sie spüren, wie leicht Sie atmen. Ihr Körper hat ganz von selbst seinen eigenen Atemrhythmus gefunden. Und Sie können die Entspannung noch mehr genießen. Sie können jeden Atemzug genießen. Stellen Sie sich vor, wie Ihr Atem mit Ihrer Gesundheitsenergie zusammenhängt. Stellen Sie sich vor, wie Ihre Gesundheitsenergien mit jedem Atemzug immer stärker und kräftiger werden. Vielleicht sind Sie neugierig, in welcher Form Ihre Gesundheitsenergie in

Ihrem Geist erscheint? (Man muß hier dem Patienten die Gelegenheit zum Antworten geben.) Was ist es für eine Kraft, die durch Ihren Körper fließt; die jetzt in Ihrem ganzen Körper ist? Ist es vielleicht eine Art Bewegung in Ihren Fingerspitzen? Oder ein Kribbeln in den Ohrläppchen? Können Sie es spüren? Und Ihre Heilungskräfte sind jetzt voll und ganz da; energievoll, belebend, überwachend und heilend. Können Sie sie spüren? Und während Sie einfach weiteratmen, fließt die Heilungsenergie wie eine mächtige Kraft weiter. Versuchen Sie, ob Sie sie wahrnehmen können. In welcher Form können Sie sie spüren? (In Abhängigkeit von der Antwort wird dann fortgefahren.) Sie können sie noch deutlicher sehen; sie voll und ganz erleben. Gibt es Farben? Klänge oder Musik? Irgendwelche Temperaturveränderungen in Ihrem Körper? Wo? Genießen Sie all diese Wahrnehmungen. Ihre Heilungskräfte sind ein Teil von Ihnen. Ein Teil, über den Sie nicht häufig nachdenken. Er gehört zum Bereich Ihres Innenlebens. Erlauben Sie dieser Energie, in jede einzelne Ihrer Milliarden von Zellen zu strahlen. In Ihr Herz, Ihre Leber, in Ihre Lungen, Ihre Nieren, in Ihre Bauchspeicheldrüse, Ihren Magen, den Darm, in all Ihre Organe, in jeden Teil von Ihnen. Lassen Sie die Kraft strahlen, scheinen, strömen, reinigen, heilen. Lassen Sie diese Kraft in Ihren Kopf strömen und durch das Rückgrat und die Nerven in den ganzen Körper fließen, getragen von den Nervenimpulsen und dem Blutstrom, und Sie verjüngt jedes Organ, jeden Teil von Ihnen. Sehen Sie, wie diese Energie Sie umhüllt, als ob Ihr ganzer Körper strahlt, lebendig ist, leuchtet. Genießen Sie diese Energie, die zu Ihnen gehört.

Diese Suggestionen mögen dem erfahrenen Hypnotherapeuten genügend Anregungen geben, um seine eigenen Gesundheitssuggestionen zu formulieren. Wenn man diese Methode anwendet, so empfehle ich, zusammen mit dem Klienten einen Satz oder eine Botschaft zu entwickeln, die ähnlich *Cues* berühmten „Jeden Tag geht es mir in jeder Hinsicht besser und besser" vom Klienten so oft es geht wiederholt werden kann. Zusammen mit der obigen Übung kann ein solcher Satz zu einem post-hypnotischen Signal zur Reaktivierung der in Trance gemachten Erfahrungen werden. Es ist hilfreich, eine solche Gesundheitsbotschaft mit irgendeinem Umstand aus dem täglichen Leben zu verbinden. In städtischen Gegenden kann man einen Bezug zu Verkehrsampeln herstellen, so daß der Patient immer dann, wenn er eine grüne Ampel sieht, auch seinen Heilungskräften „grünes Licht gibt". Eine rote Ampel kann dann vielleicht mit Entspannung assoziiert werden und dem Gedanken, mit dem Sorgen um Krankheiten oder mit der Vernachlässigung seines Körpers aufzuhören. Was für eine Verbindung man auch herstellt, das wichtigste ist, ein Mittel zu finden, sich an die Absicht zu erinnern, die Heilungskräfte zu aktivieren. Es sollte aber nur jeweils eine dieser Assoziationen hergestellt werden, die auch solange nicht verändert wird, bis sie im Patienten fest verankert ist und auch spontan, ohne bewußtes Nachdenken, auftritt.

Eine positive Einstellung zur Gesundheit steht in Einklang mit der der neuen Hypnose entsprechenden positiven und konstruktiven Sicht des Geistes. Diese Einstellung kann ein wirksames Gegengift sein gegen die Orientierung auf die Krankheit hin, wie sie von Medikamentenherstellern und vom medizinischen Establishment gefördert wird (s. *Illich*, 1976). Die gesundheitsorientierte Einstellung geht mit der natürlichen Tendenz jeder lebenden Materie einher, Integration zu erreichen, sich zu vervollkommnen und sich vollständig auszudrücken, wie Nobelpreisträger *Szent-Gyoergyi* (1974) gezeigt hat.

Diese gesundheitsorientierte Einstellung bezieht sich auch auf Zeiten, in denen es uns nicht so gutgeht. Wir müssen dann medizinische Hilfen in Anspruch nehmen, wie den Rat eines Arztes oder die Einnahme von Medikamenten. Aber wenn es uns nicht gut geht, wir jedoch wissen, daß unsere Krankheit nicht eine ist, die medizinische Interventionen erfordert, kann die hier beschriebene Methode unsere Krankheit in ein persönliches Wachstum und ein Lernen über uns selbst transformieren. *Jaffe* (1980) nimmt an, daß „Krankheit ein Anlaß für den Beginn einer positiven Veränderung ist..., eine Gelegenheit, sich selbst besser kennenzulernen und eine Erweiterung unseres inneren Wissens" (S. 231-232). Seiner Auffassung nach ist Krankheit der Ausdruck einer fehlenden Integration innerhalb des kranken Menschen; sie bietet sich so für Methoden der Neuen Hypnose an. *Jaffes* Dialog zwischen dem bewußten und dem unbewußten Selbst, „in dem Informationen ausgetauscht werden und in Richtung auf das gemeinsame Ziel der Verwirklichung des inneren

Selbst gearbeitet wird" (*Jaffe*, 1980, S. 232), ist ein gutes Beispiel für die Anwendung der Neuen Hypnose. Schmerz oder Krankheit als den Ausdruck eines positiven Unbewußten zu erleben, ermöglicht es uns, in positiver und konstruktiver Weise eine Bedeutung zu finden. Im allgemeinen deuten Krankheiten auf Bereiche unseres Lebens hin, in denen wir Veränderungen oder Verbesserungen nötig haben. Eine Technik, mit deren Hilfe man sich, wenn man krank ist, mit seinem Unbewußten verbinden kann und die Bedeutung der Krankheit herausfinden kann, besteht darin, sich in Hypnose auf das Symptom oder die Krankheit zu konzentrieren. Das Symptom kann dann als etwas Lebendiges betrachtet werden, und man kann sich mit dem Symptom unterhalten und so herausfinden, *was es versucht, uns zu sagen*. Wenn man nicht sofort eine Antwort erhält, sollte man sich noch mehr entspannen und es noch einmal versuchen. Wenn dann immer noch nichts passiert, sollte man sich für eine Antwort aus dem Inneren offenhalten, indem man den Teil in sich, der für das Symptom verantwortlich ist, bittet, uns wissen zu lassen, *was es bedeutet und in welcher Weise es versucht, uns zu helfen*. Die Antwort kann uns dann zu jedem beliebigen Zeitpunkt bewußt werden: im Traum, als „Eingebung" oder während man alltäglichen Dingen nachgeht, wie Autofahren oder Essen.

Wenn die Antwort dann kommt, findet ein Integrationsprozeß statt. Teile von uns, die vernachlässigt, verdrängt oder mißbraucht wurden, werden wieder angeeignet und berücksichtigt. Das beschleunigt den Heilungsprozeß, weil das Symptom dann nicht mehr von unserem Unbewußten gebraucht wird, um uns auf die Bereiche unserer selbst aufmerksam zu machen, die wir ignoriert hatten. Ich möchte noch einmal deutlich machen, daß diese Technik der Neuen Hypnose davon ausgeht, daß wir Krankheiten medizinisch behandeln lassen, wenn es nötig ist, und dann parallel dazu wie oben beschrieben vorgehen. Ich möchte betonen, daß das Puzzle der körperlichen Krankheiten leichter aufgelöst wird, wenn man nicht „warum", sondern „was" und „wie" fragt. Die Frage „Warum" stimuliert unser Bewußtsein, den logischen Teil, obwohl man eigentlich mit dem rechtshemisphärischen, gefühlsbetonten und unbewußten Selbst kommunizieren müßte. Durch Insistieren darauf, was geschieht und wie das Symptom wichtige Dinge in uns widerspiegelt, wird es leichter, zu diesem Teil in uns Verbindung aufzunehmen, der uns zuvor nicht bewußt war. Die Antworten auf unsere Fragen über das Symptom können große Konflikte in uns entstehen lassen. Die gleiche Wahrheit, die letztlich befreiend wirkt, verursacht oft akute Schmerzen im Prozeß der inneren Befreiung. Der erste Schritt hin zu innerer Freiheit, Integration des Selbst jedoch wird mit Hilfe der Krankheit möglich. Auf diese Art und Weise kann man von dem Arzt in sich profitieren. Von anderen Autoren werden diese Kräfte der innere Ratgeber (*Bresler*, 1977), der spirituelle Führer (*Jaffe*, 1980), der innere Heiler (*Samuels* & *Bennett*, 1974) oder der heilende Geist (mind) genannt. Der Arzt in uns kann die Tür zu den Geheimnissen unserer Krankheiten und Leiden aufstoßen. Dadurch wird dann der Selbstheilungsprozeß des Körpers in Gang gesetzt, und wir können zu einem normalen, gesunden Leben und normalen, gesunden Lebensfunktionen zurückkehren.

Der Arzt in uns

Eine naturalistische Art und Weise, von dem Arzt in uns zu profitieren, ist, das OLD-C-Modell anzuwenden und dabei besonders auf die körperlichen Aspekte zu achten. Die in Kapitel 3 beschriebenen Körpertechniken – insbesondere die Körperbrücke und das subjektive Biofeedback – sind gute Mittel, um den Arzt in uns zu aktivieren. Das folgende Therapieprotokoll stammt aus einer Therapiesitzung mit einem 38 Jahre alten Mann, der wegen zwanghafter Hypochondrie überwiesen wurde. In der sechsten Sitzung verbesserte sich sein Zustand nach seiner Einschätzung um „mehr als 50 %". Er stellte sich den Arzt in sich als eine Frau vor.

Pat.: Was soll ich machen..., obwohl ich große Fortschritte gemacht habe, habe ich noch immer Angst, wenn ich mich nicht so gut fühle. Ich denke immer gleich, es ist etwas Ernstes. (Der Patient hatte ein leichtes Schmerzgefühl in der rechten Nakkenseite.)

DLA: Sie wissen, wie Sie damit umgehen können. Nehmen Sie mit dem Arzt in sich Kontakt auf. In Ordnung? Entspannen Sie sich zuerst; genau so... Ihre Augen bleiben geschlossen und jeder Atemzug bringt Sie näher zu dem Arzt in Ihnen. Lassen

Sie sich von ihr helfen. Sie weiß, was das Symptom versucht, Ihnen zu sagen. Sind die Instruktionen verständlich? (Der Patient nickt mit dem Kopf.) Konzentrieren Sie sich jetzt auf den Schmerz. Lassen Sie den Arzt in Ihnen den Schmerz eine Persönlichkeit geben, oder ihn in eine eigene Wesenheit verwandeln, ihn lebendig werden. Machen diese Worte Sinn in Ihnen? (Der Patient nickt noch einmal.) Sie können jetzt mit dem Schmerz sprechen. Ok? Fragen Sie ihn, was er dort macht. Sagen Sie ihm, daß Sie ihn bemerken und daß Sie bereit sind, ihm Aufmerksamkeit zu schenken. Liegt eine Botschaft in seiner Anwesenheit? Nehmen Sie sich die Zeit dafür, die Sie brauchen. Fragen Sie: Kann ich den Schmerz loswerden? Wie? Was sollte ich tun, um ihn loszuwerden? Hören Sie auf Ihre innere Stimme. Der Arzt in Ihnen arbeitet jetzt in diesem Moment. Fragen Sie sich die gleichen Fragen noch einmal. Kann ich von diesem Schmerz loskommen, jetzt? Wie kann ich es machen? Was muß ich tun, um ihn zu stoppen?

Pat.: Ich habe irgendwie das Gefühl, ich sollte meinem inneren Selbst mehr vertrauen.

DLA: Sagen Sie das einmal zu sich selbst. Wiederholen Sie es immer wieder in verschiedenen Formulierungen. Ich muß meinem inneren Selbst mehr vertrauen.

Pat.: Ja. Ich will dem Arzt in mir vertrauen. Der Schmerz ist Unfug. Ich bin nicht krank. Es ist nur, daß ich mich selbst verrückt mache – das macht die Symptome.

DLA: Bleiben Sie dabei; lassen Sie sich so viel Zeit, wie Sie brauchen.

Pat.: (Stille, entspannt und konzentriert.) Ich will meiner Ärztin vertrauen. Sie kennt mich. Sie weiß, was gut für mich ist. Sie hat sich schon so lange um mich gekümmert. (Lächelt) Ja, ich kann ihr vertrauen. Der Schmerz ist weg (berührt den Nacken an der Stelle, an der der Schmerz saß).

DLA: Der Schmerz ist fort. Er war wohl da, um Sie daran zu erinnern, der Ärztin in Ihnen zu vertrauen. Danken Sie ihr jetzt für diesen Austausch.

Pat.: (Ruhig, entspannt, mit einem friedvollen Lächeln) Ja, ich bin voller Dank. (Stille)

DLA: Überprüfen Sie noch einmal Ihr ganzes Selbst, Ihr ganzes inneres Sein und finden Sie heraus, ob alles in Ihnen friedvoll ist? Ist jeder Teil von Ihnen zufrieden mit diesem Erlebnis? Lassen Sie sich Zeit, das herauszufinden.

Pat.: (lächelt noch breiter) Ja, es geht mir gut. Mein ganzes Selbst ist in Ordnung. Es geht mir großartig!

DLA: Bevor wir aufhören, sagen Sie zu sich selbst, daß Sie diese Technik ab jetzt immer nutzen werden, wenn Sie Schmerz spüren. Nehmen Sie sich dann einen Augenblick Zeit, um sich mit der Ärztin in Ihnen in Kontakt zu bringen, um von ihr zu lernen, wie Sie mit Ihrem Schmerz umgehen können.

Ich bin zusammen mit *Jaffe* (1980) der Auffassung, daß jedermann einen inneren Ratgeber in sich hat. Auf irgendeiner Ebene wissen wir alle, wie man sich selbst heilen kann. Wenn wir dann die Wahrheit enthüllt haben, brauchen wir den Mut, sie in Handlung umzusetzen. Aber die Neue Hypnose stellt mit ihren naturalistischen Techniken eine große Hilfe dar, diesen Prozeß der Ehrlichkeit mit sich selbst in Gang zu setzen.

Schlußbemerkungen

Weiter oben in diesem Kapitel habe ich über die Abneigung der Mediziner berichtet, das Konzept der inneren Selbstheilungsprozesse in ihre in den letzten Jahren entwickelten wunderbaren Behandlungstechnologien zu integrieren. Wenn man den Geist bei der Behandlung von Krankheiten vernachlässigt, wird Heilung zu etwas Künstlichem und Unnatürlichem. Das Ziel der Behandlung sollte eine vollkommene Harmonie aller Aspekte unseres Menschseins und deren Integration sein. Die Neue Hypnose bietet zur Erreichung dieser Ziele mächtige Handwerkszeuge. Und weil diese Techniken sowohl naturalistisch sind als auch leicht zu lernen und anzuwenden, hat der Therapeut durch sie die Möglichkeit, den Körper in seine Arbeit einzuschließen. Die Medizin hat den Geist und die Seele des Menschen vernachlässigt, die meisten Psychotherapien haben jedoch den menschlichen Körper ignoriert. Die Berücksichtigung des inneren Arztes – die Anwendung des OLD-C-Modells, in dem *Somatics* als ein Hauptbereich der Interaktion zwischen Patient und Therapeut angesehen werden – hilft, die Vernachlässigung des Körpers in der therapeutischen Arbeit zu überwinden. Die Vernachlässigung des Körpers ist jedoch nicht allein ein Problem von Psychotherapeuten. In der jüdisch-christlichen Tradition gibt es viele Beispiele für eine negative Einstellung gegenüber dem Körper. In allen orthodoxen Religionen – seien sie jüdisch, katholisch oder evangelisch – gibt es gemeinsame Unterdrückung der Körperlichkeit, Ängste und Prüderie gegenüber dem Körper. Im frühen Christentum war es ein Ziel, seinen Körper zu hassen und ihn dem Heiligen Geist durch Buße, Fasten und körperliche Schmerzen zu übereignen. Ich hoffe, daß wir mitten in einem Wechsel hin zu einem monistischen Holismus sind: daß der Körper ebenso als Teil des Selbst betrachtet wird wie der Geist. Die Techniken der Neuen Hypnose leisten dabei hoffentlich ihren Beitrag zu diesem Holismus.

Unsere inneren Heilungskräfte haben etwas mit den mächtigen Ressourcen zu tun, die wir alle Zeit unseres Lebens in uns haben. Es ist die Fähigkeit des menschlichen Geistes, die auf den Heilungsprozeß einwirkenden physiologischen Prozesse zu beeinflussen. Die Tatsache, daß in der gesamten westlichen Kultur diese natürliche Kraft nicht „herangebildet" wird, läßt diese nicht verschwinden. Die durch die Nutzung der inneren Heilungskräfte erzielten „wunderbaren" Erfolge sind vielleicht viel natürlicher als uns gelehrt wurde zu glauben – und folglich auch zu erwarten.

Das gegenwärtige Wiederaufleben des Interesses an eniatrischem Heilen – sowohl in religiösen wie in wissenschaftlichen Kreisen – weist darauf hin, daß eine rechtshemisphärische Haltung, in der der Glaube die Oberhand behält, gar nicht so verschieden von normalem Verhalten ist. In religiösen Kreisen wird dieser Glaube mit einer höheren Kraft in Zusammenhang gebracht. Im wissenschaftlichen Bereich wird dieser Glaube an die einzigartige menschliche Ressource der Selbstheilungskraft zum Nutzen des einzelnen eingesetzt und verstärkt. Die Neue Hypnose macht es durch ihre naturalistischen Methoden leicht, die inneren Heilungskräfte in uns allen zu aktivieren.

Teil IV

Anwendungen

Die beiden Kapitel in diesem letzten Teil stellen dar, wie ich mit der Neuen Hypnose arbeite. Es ist lästig und unnötig, jede Äußerung in jeder Therapiestunde mitzuprotokollieren. Ich habe versucht, so viele wörtliche Transkripte wie nötig zu verwenden, damit der Leser einen guten Eindruck von den Klienten und ihrer Interaktion mit mir bekommt; manche Teile der Sitzungen habe ich jedoch kurz zusammengefaßt, habe aber dabei versucht, meine Kommentare kurz und konkret zu halten.

Diese beiden Kapitel mögen dem Leser eine lebendige Erfahrung davon geben, wie die Neue Hypnose im klinischen Bereich angewendet wird – zum einen bei einem Familiensystem (was meine bevorzugte Arbeitsweise ist, wann immer es sich verwirklichen läßt) und zum anderen mit einem einzelnen Klienten.

Die zwei Falldarstellungen stammen aus verschiedenen Zeiten meiner praktischen Arbeit. Es war für mich selbst interessant, eine bestimmte Kontinuität in meiner Arbeit festzustellen – obwohl zwischen den beiden hier dargestellten Fällen sechs Jahre liegen.

8 Eine „mustergültige" Familie

Im folgenden Fall geht es um eine Familie, die verzweifelt nach Hilfe suchte, als sie zu mir kam. Sie war aber dennoch skeptisch, weil sie vor ein paar Jahren schon einmal ohne Erfolg eine Therapie wegen Disziplinproblemen bei dem ältesten Sohn gemacht hatte. Es zeigte sich damals, daß der „Familientherapeut" ein Experimentalpsychologe ohne angemessene Ausbildung in Psychotherapie oder Familientherapie war. Da die Familie nichts über den beruflichen Hintergrund ihres damaligen Therapeuten wußte, schrieb sie den Mißerfolg dem Versagen der Familientherapie zu.

Hintergrund

Die Familie Z. bestand aus einem 62 Jahre alten Vater, einer 58 Jahre alten Mutter, einer 25 Jahre alten Tochter sowie einem 27 Jahre alten Sohn, der aber nicht an der Familientherapie teilnahm, da er seit zwei Jahren in einem anderen Bundesstaat wohnte. Die Mutter stellte den anfänglichen Telefonkontakt mit mir her, in dem sie mit sehr enttäuschter Stimme sagte, daß „ihrer Familie etwas Schreckliches zugestoßen ist", sie aber mehr am Telefon nicht sagen wolle. Ich werde später in der Schilderung der ersten Sitzung auf das Problem zurückkommen. Daisy, die Tochter, war Sozialarbeiterin in einer staatlichen Beratungsstelle, in der sie es mit Nichtseßhaften und anderen verzweifelten und häufig hoffnungslosen Fällen menschlichen Leides zu tun hatte. Sie lebte in einer großen Stadt in einem Neubauappartment. Ihre Eltern lebten in einem der reicheren Vororte. Der Vater war ein erfolgreicher Verwalter einer privaten, internationalen Stiftung, und er hatte häufig an der Westküste der USA und in Europa zu tun. Die Mutter war eine typische, wohlhabende Ehefrau; sie war in vielen wohltätigen Einrichtungen sowie in der Gemeinde aktiv. Die Eltern waren sehr religiös, sie hielten sich an die jüdischen Traditionen und waren orthodoxe Juden. Sie kamen zu mir, da ihr Rabbi, den die Mutter zuerst wegen des Problems konsultiert hatte, mich empfohlen hatte. Wegen seiner Empfehlung hatte sich die Familie noch einmal zur Familientherapie entschieden. Daisy (die ursprünglich Rachel hieß, sich aber Daisy nannte, seit sie im Teenageralter war) war gegen „die Heuchelei aller Religionen – jüdisch, katholisch oder evangelisch" und weigerte sich, an den religiösen Festen teilzunehmen.

Ich fragte die Mutter am Telefon, ob ihr Mann und die Tochter auch Interesse an Familientherapie hätten, oder ob sie nur ihr zu Liebe mitkämen. Sie antwortete: „Ja, sie wollen mit Ihnen reden. Das Problem ist in der Hauptsache zwischen ihnen."

Erste Sitzung

Das, was „ihrer Familie Schreckliches zugestoßen ist", wie die Mutter es nannte, war vor ungefähr einer Woche passiert, als der Vater in einem Nachtclub war, in dem nackte Mädchen zur Unterhaltung der Gäste tanzten. Eines der Tanzmädchen war niemand anderes als Daisy. Voller Bestürzung verließ er das Lokal. Am nächsten Sonntag besuchte Daisy ihre Eltern und brachte den Vorfall zur Sprache. Die Mutter reagierte wütend, verletzt und verwirrt. Sie war sowohl auf ihren Mann wütend („Was macht der alte Bock in so einem Lokal?") als auch auf die Tochter („Ein nettes jüdisches Mädchen aus gutem Elternhaus, benimmt sich wie eine Nutte, an einem solchen schmutzigen Ort!"). Die Tochter erklärte ruhig und leicht amüsiert, daß für sie nichts falsch an ihrer „Nachtschicht" sei, daß es sich bei dem fraglichen Nachtclub um ein elegantes Lokal mit „anständigen Gästen, die Klasse haben", handle, daß es für sie eine Art Therapie zum Vergessen all des Elends in ihrem Berufe sei und daß das Tanzen ihr ein Gefühl von Macht und Kontrolle gebe. Sie fügte hinzu: „Wenn Ihr nicht so verdammt kleinkariert wärt, hätte ich Euch das schon vor langem erzählt", und lächelte, während sie ihre Mutter anschaute.

Der Vater war gedemütigt, peinlich berührt und wütend („Daß ich meine eigene Tochter nackt sehen mußte. Sie ist einfach wiederwärtig!"). Das folgende ist eine wörtliche Mitschrift des weiteren Verlaufs der Stunde. (Die Notation „...." bedeutet eine Pause.)

182

Frau Z.: Du sprichst über wiederwärtige Dinge! Und was ist mit dir? Was machst du in so einem schmierigen Ort?

Daisy: (unterbricht wütend) Ich habe dir schon gesagt, daß es kein schmieriger Ort ist.

Frau Z.: Hören Sie sie? Sie ist auch noch stolz darauf, sich wie eine Nutte zu benehmen. Und das ganze Geld, was wir in deine Tanzstunden gesteckt haben, war das dafür? Was sagen Sie dazu, Doktor Araoz?

Daisy: Ja, Mutter, ich bin Gott sei Dank nicht wie du!

DLA: Lassen Sie uns jetzt zur Sache kommen und sehen, was wir damit tun können. Frau Z., könnten Sie bitte in sich gehen und Kontakt zu ihrer Wut aufnehmen?

Frau Z.: Was meinen Sie damit?

DLA: Stellen Sie sich einfach vor, wie Sie all Ihre Wut an Ihrer Tochter auslassen. Tun Sie so, als ob... Sie's ihr heimzahlen, vor Ihrem inneren Auge. Schreien Sie, schlagen Sie sie, werfen Sie Sachen nach ihr... Und Sie, Herr Z. und Sie, Daisy, nehmen Sie auch mit Ihrer Wut Kontakt auf.

Frau Z.: Das ist lächerlich. Wir sind hier, um miteinander zu reden, nicht um komische Spiele zu spielen, in denen wir „so tun als ob".

DLA: Sie haben voll und ganz recht, Frau Z., aber damit wir in einer tatsächlich bedeutungsvollen Weise miteinander reden können, müssen alle zuerst ihre Wut richtig spüren.

Frau Z.: Sie meinen, wir sollen uns vorstellen, wie wir uns gegenseitig wehtun?

DLA: Das muß nicht sein. Sie sollten versuchen, die Wut in Vorstellungen und Bildern auszudrücken, damit wir danach darüber reden können. Lassen Sie die Wut heraus, in Ihrer Phantasie.

Frau Z.: Wie sollen wir das tun?

DLA: Schließen Sie einfach die Augen. Sie bitte auch, Daisy. Sehr gut. Und nun erkennen Sie, daß Sie wütend sind... Prüfen Sie, was für eine Wut es ist...

Frau Z.: (unterbricht) Ich weiß, warum ich wütend bin. Weil...

DLA: (unterbricht) Ja. Sie kennen die Gründe für Ihre Wut... Vergegenwärtigen Sie sich die Wut in Ihnen... Schließen Sie jetzt die Augen... sehr gut... genau so... und nehmen Sie jetzt Kontakt mit Ihrer Wut auf... Stellen Sie sich vor... Sie drücken die Wut

Ihrer Tochter gegenüber aus... Sie alle gegenüber den anderen
... Gucken Sie es sich an, als ob Sie sich selbst in einem richti-
gen Film anschauen, ...wie Sie kämpfen... voller Wut... ohne
Bremsen... alles kommt 'raus... wie in einer Explosion... und
atmen Sie weiter ruhig dabei und... gleichmäßig... aber mit
jedem Atemzug... können Sie dichter an Ihre Wut herankommen...

Während der nächsten 10 Minuten redete ich so weiter, während
die drei ihre Augen geschlossen hielten und offenbar meinen Anweisungen folgten. Zwischendurch stellte ich Fragen wie: „Sind Sie noch
dabei?", „Kommen Sie hinein in dieses Erleben?", „Ist es in Ordnung
für Sie?".

DLA: Und jetzt können Sie ganz langsam wieder zurückkommen...
nicht in Eile... aber Sie kommen zurück... zu der normalen gei-
stigen Funktionsweise... so daß wir nun darüber reden können, wie Frau Z. es vorgeschlagen hatte.
Herr Z.: Das war sehr interessant, Herr Doktor... Ich glaube, irgendwie bin ich auch wütend auf meine Frau... Das war mir bisher
nicht klar. Ich glaube aber, wir sollten ehrlich zueinander sein.
Ich bin wütend auf dich, Alice... Es tut mir leid, aber es ist so...
Du kannst manchmal sehr schwierig sein, weißt du?
DLA: Was haben Sie während dieser geistigen Übung erlebt, Herr
Z.?
Herr Z.: Mmmh, ich weiß nicht... ich glaube, ich muß darüber noch
nachdenken...
DLA: Vielleicht ist das besser. Wir werden dann später noch einmal
darauf zurückkommen. Sind Sie damit einverstanden?
Herr Z.: Ich glaube schon...
DLA: Und was ist mit den beiden Damen?
Frau Z.: Sagen Sie nicht „Dame" zu ihr!
Daisy: Jetzt geht das schon wieder los! Ja, ich war rasend vor Wut
über dich. Ich sah mich, wie ich schrie, bis mir fast der Kopf
platzte. Ich habe dich zusammengeschlagen und geschrien.
Frau Z.: Da sehen Sie's, Herr Doktor. Keinen Respekt. Schon als
kleines Mädchen war sie immer rebellisch. Sie wollte nie 'was
mit der Familie zusammen machen.

DLA: Was haben Sie innerlich gemacht, Frau Z.? Denken Sie daran, das war nur ein „So tun als ob"?

Frau Z.: Gut, Herr Doktor. Ich habe gefühlt, wie wütend ich über sie bin. Ich glaube, ich bin enttäuscht. Sie war immer ganz anders als Jeff (ihr Sohn, Daisys Bruder). Wissen Sie, manchmal habe ich gedacht, ob sie vielleicht im Krankenhaus einen Fehler gemacht und mir das verkehrte Baby gegeben haben.

Daisy: Mach ruhig weiter, ich bin also nicht deine Tochter. Was kümmert's dich dann, wenn ich nicht deine Tochter bin? (Ihre Augen werden feucht dabei.)

DLA: Lassen Sie uns bei diesen inneren Bildern bleiben, die Sie vor einigen Minuten hatten. Möchten Sie weitermachen, Frau Z.?

Frau Z: Nun, ich sah mich selbst, wie ich weinte und schrie...

DLA: Haben Sie irgend etwas gesagt dabei?

Frau Z.: Ich habe geschrien „Du bist nicht meine Tochter. Du bist nicht mein Kind."

Daisy: Ja, ich weiß genau was in dir vorgeht. Ich bin nicht so, wie du mich haben willst.

DLA: Und Sie, Daisy? Noch irgend etwas?

Daisy: Nur was ich schon gesagt habe. Ich war wütend über sie, habe sie geschlagen – keinen Respekt, wie sie gesagt hat. Ich war wü-tend – ich glaube, ich bin wütend – darüber, wie sie Daddy behandelt. Es ist traurig.

Frau Z.: Halt dich da 'raus, du Schlampe. Das geht Dich nichts an, wie Vati und ich uns gegenseitig behandeln.

DLA: Ich glaube, Sie haben recht, Frau Z., aber lassen Sie Daisy ausreden.

Daisy: Vergessen Sie's. Sie können mit der Frau nicht reden...

DLA: Sie sind alle enttäuscht, aber das ist ganz natürlich... Gehen Sie noch einmal in sich und machen Sie etwas anderes. Stellen Sie sich Ihre Wut noch einmal vor, aber ohne daß diese sich gegen jemanden richtet. Einfach pure, nackte Wut. Lassen Sie sie vor Ihrem inneren Auge entstehen. Vielleicht kommt sie in Form eines Vulkans, als ein Feuer, oder als ein Sturm, eine Explosion oder als etwas ganz anderes... Schließen Sie bitte wieder die Augen. Gehen Sie jetzt einfach in diese Vorstellung...

Herr Z.: Entschuldigen Sie mich, Doktor. Ich glaube nicht, daß Alice und Daisy so wütend aufeinander sein sollten.

Frau Z.: Der ewige Beschwichtiger! Aber ich bin wütend auf sie.

Daisy: Und ich bin wütend auf sie.

Frau Z.: Und ich bin wütend auf dich, Joe.

DLA: Lassen Sie uns zu der nackten Wut zurückkehren. Wir sprechen dann später... in Ordnung?... Schließen Sie die Augen und stellen Sie sich vor... Ihre ganz persönliche Wut... wie Sie sich ausdrückt... Lassen Sie ein inneres Bild... Ihrer Wut... in Ihrem Geiste... entstehen... Eine deutliche Vorstellung... ganz langsam... entsteht sie... formt sich... vor Ihrem geistigen Auge... Bleiben Sie einen Moment dabei... Lassen Sie ihre Wut... voll und ganz erscheinen... sich ausdrücken.... sich auflösen... Bleiben Sie dabei, bis von ihr nichts mehr übrig ist... und Sie... ganz entspannt sind... vielleicht erschöpft... aber entspannt... ruhig... still... von der Wut befreit...

Wiederum sprach ich in diesem Stil noch für eine Weile. Als ich dann sah, daß alle drei weniger verspannt waren, brachte ich sie wieder zur linkshemisphärischen Aktivität zurück.

DLA: Wie sah Ihre Vorstellung der Wut aus, Herr Z.?

Herr Z.: Sehr interessant, Doktor... ich war überrascht... ich hatte eine große Atombombenexplosion, wie in Hiroshima... Aber danach war Frieden, Ruhe. Keine Strahlung, keine Trümmer.... Ich habe für eine Weile kein einziges Geräusch gehört.... Und ich wußte, daß ich nicht schlafe.... Dann sah ich in dieser Einsamkeit das Bild meiner Frau auf mich zukommen.... Aber – das war interessant, Doktor – sie sah so aus wie in der Zeit, als wir geheiratet haben... eine Erscheinung... schön und friedlich...

DLA: Und Sie, Frau Z.?

Frau Z.: Mir geht es jetzt besser. Ich glaube, Rabbi M. hatte recht. Sie arbeiten wirklich anders. Ich möchte mich für das entschuldigen, was ich vorhin gesagt habe und wie ich mich benommen habe.

DLA: Das ist schon in Ordnung. Danke... was noch?

Frau Z.: Ich war auf einem großen Kreuzfahrtschiff. Dann gab es eine gewaltige Explosion, eine sehr große Explosion darauf. Alle ertranken, ich war aber plötzlich in einer Unterwasserstadt mit herrlichen Gärten. Als Sie dann Stop sagten, war ich wie verzaubert. Ich wollte dableiben... in meiner Unterwasserstadt.

DLA: Nun, Sie können jeder Zeit zu Hause dorthin zurückkehren. Vielleicht bekommen Sie ja sogar Lust, jeden Tag Ihre Unterwasserstadt zu besuchen und dort Frieden zu finden... Und was war mit Ihnen, Daisy?

Daisy: Am Anfang ist es mir schwergefallen, aber als Sie zum dritten oder vierten Mal von „nackter Wut" sprachen, sah ich riesige Eisberge, wie Berge am Nordpol, und sie zerbrachen mit viel Kraft und Lärm. Alles wurde flach und hinter dem Gebirge von Eisbergen sah ich einen wunderbaren Ort mit viel grünem Gras und Blumen und kleinen Tieren....

DLA: Lassen Sie uns die inneren Bilder der anderen angucken? Irgendwelche Fragen zu ihnen? Oder Kommentare?

Frau Z.: Ich bin froh darüber. Ich hätte nie gedacht, daß meine Wut so schnell verschwinden könnte. Ich bin noch immer wütend, aber jetzt ist es anders. Ich sinne nicht mehr nach Rache, ich glaube, ...es hat mir gutgetan, daß Joe mich gesehen hat, wie ich als Braut auf ihn zugehe. Und Daisy? Ist das nicht komisch... ihr inneres Bild war meinem so ähnlich...

DLA: Was ist mit Ihnen, Herr Z.?

Herr Z.: Ich bin noch immer beeindruckt von der Erfahrung, die ich gemacht habe. Sehr interessant... Ja, ich mochte alle. Ich glaube, Daisy und Alice haben sich mit ihren ähnlichen Bildern wieder etwas ausgesöhnt, oder...?

DLA: Und Sie, Daisy?

Daisy: Mir geht es sehr gut. Es tut mir leid, daß das alles passiert ist. Es tut mir leid, wenn du (schaut ihre Mutter an) denkst, ich sei eine Schlampe. Ich weiß, ich bin keine. Ich bin nicht wütend auf dich. Ich weiß, du und ich sind verschieden. Verschiedene Werte im Leben. Unterschiedlichen Geschmack. Das Tanzen tut mir gut. Ich liebe meinen Körper, ich bin stolz auf ihn. (Sie schaut mich an.) Vielleicht narzistisch, würden Sie sagen. Aber ich sehe nichts Verkommenes darin. Ich sage es den Leuten in der Beratungsstelle nicht, weil ich dann meinen Job verlieren würde, aber ich bin trotzdem stolz darauf.

Frau Z.: Ich glaube, wir sind wirklich sehr verschieden. ... Wir können uns aber trotzdem lieben... ich verstehe dich nicht, aber ich werde es versuchen..

Daisy: Akzeptiere einfach, daß ich anders bin. Versuche nicht, mich zu verstehen. Das ist nicht so wichtig, als daß du mich akzeptierst, so wie ich bin.

Herr Z.: Die Tatsache, daß beide ähnliche innere Bilder hatten, bedeutet, glaube ich, daß Daisy nicht so sehr anders als Alice ist. Zumindest ihre Vorstellungen...

DLA: ...sind deren ihrer Mutter sehr ähnlich. Vielleicht ist es vererbt... Lassen Sie uns jetzt sehen, wie wir diesen Punkt klären können. Es gab eine Krise. Herr Z. war erstaunt, daß er auf Alice wütend war und will darüber nachdenken. Frau Z. hat ihre Wut und ihre Enttäuschung ausgedrückt. Herr Z. und Daisy haben sie enttäuscht. Und Daisy hat ihr Anrecht darauf, ihr Leben nach ihren Vorstellungen zu leben, durchgesetzt. Wie, denken Sie, könnte man diesen Punkt abschließen?

Daisy: Ich glaube, es ist kein Problem mehr. Die beiden sollten an der Wut, die sie aufeinander haben, arbeiten.

DLA: Was denken Sie?

Herr Z.: Sie sind der Doktor.

Frau Z.: (nickt zustimmend)

DLA: Ich glaube, Daisy hat in bestimmter Weise recht. Wir sollten uns ohne Daisy wiedertreffen – zumindest einmal. Bevor wir die Therapie beenden, sollten wir uns noch einmal alle zusammen treffen. Aber bevor wir uns treffen, sollten Sie, Herr Z., über die Wut auf Ihre Frau nachdenken und nicht versuchen, sie zu verleugnen. Es ist völlig normal, auf die Menschen, die wir lieben, wütend zu sein... Und Sie, Frau Z., versuchen Sie, sich auf das zu konzentrieren, was an Ihrer Ehe gut ist, was Sie an Ihrem Mann mögen. Tun Sie das in Ihrer Unterwasserstadt, wo Sie den inneren Frieden genießen können. Machen Sie eine Liste... Und Daisy, Sie haben eine Pause in der Therapie, aber ich werde Ihnen sagen, wann Sie wiederkommen sollten. Haben Sie das verstanden?

Mit dieser Vereinbarung wurde die Sitzung beendet und ein neuer Termin für die nächste Woche verabredet. Vor der Verabschiedung bat ich jeden, seine Hausaufgabe noch einmal zu wiederholen, da es wichtig ist, daß die Familie die Therapie mit einer klaren Vorstellung von dem, was getan werden muß, verläßt.

Kommentar zur ersten Sitzung

Die Sitzung fing mit dem Ausdruck offener Feindseligkeit an. Hätte ich das Gespräch in der Weise weitergehen lassen, hätte es vermutlich länger als eine Sitzung gedauert, um die Familie so weit zu bringen, wie sie durch diese Familien-Hypnosetherapiesitzung gekommen war. Nachdem ich die wichtigsten Informationen über die Krise bekommen hatte, definierte ich die beiden Hauptprobleme: 1) der (bisher nicht identifizierte) Konflikt zwischen Frau und Ehemann; und 2) die Reaktion bzw. Interpretation der Eltern (insbesondere der Mutter) über das Verhalten der Tochter. Es gab noch andere untergeordnete Probleme, z.B. die mögliche Eifersucht/ Reaktionsbildung der Mutter gegenüber der Tochter. Es wurde schon sehr frühzeitig in der Sitzung festgelegt, worauf der Fokus liegt. Für mich war klar, daß zuerst die Wut bearbeitet werden mußte.

Der Ansatzpunkt für therapeutische Interventionen kam, nachdem die Tatsachen auf dem Tisch lagen und Mutter und Tochter bereit waren, einen nutzlosen Streit vom Zaun zu brechen, und die Mutter sich an mich wandte („Hören Sie sie? Sie ist auch noch stolz darauf, sich wie eine Nutte zu benehmen?"). Diese unnütze Unterhaltung wäre so weitergegangen, wie sie anfing, indem unbedeutende Fakten aus der Vergangenheit von der Mutter vorgebracht wurden („Und das ganze Geld, was wir in deine Tanzstunden gesteckt haben...", etc.). Ich ignorierte diese Streitebene und beschäftigte mich mit der Wut, indem ich die Mutter aufforderte, bei der Wut zu bleiben. Ich sah, daß es auch für Vater und Tochter hilfreich wäre, dasselbe zu tun, und forderte auch sie dazu auf. Daß ich die selbsthypnotische Arbeit als ein *„so tun als ob"* beschrieb, stellte sich als unglückliche Wahl heraus, wie die Beschwerde der Mutter darüber zeigte: „komische Spiele zu spielen, in denen wir ‚so tun als ob'". Weil die Mutter darauf bestand, daß sie gekommen seien um zu reden, stimmte ich ihr zu und betonte, daß die *Qualität* des Geredeten durch meine Methode besser würde.

An diesem Punkt wurde das Bedürfnis des Vaters nach Klärung als solches akzeptiert und nicht als eine verdeckte Feindseligkeit gegenüber Frau und Tochter interpretiert. In gleicher Weise wurde das Nachfragen der Mutter nach weiteren Instruktionen, was sie machen solle (obwohl ich das schon detailliert erklärt hatte), nicht als Widerstand gedeutet, sondern ich gab ihr die direkte Anweisung, die Augen zu schließen. Später kam ich noch einmal auf „Frau Z.'s Absicht zu reden" zurück. Die Mutter erwähnte „die Gründe, warum sie wütend ist" (und zeigte wieder Widerstand?), und ohne mich auf eine Diskussion darüber einzulassen, bestand ich darauf, diese Imaginationsübung zu machen. Nach und nach entwickelten die drei immer mehr mentale Aktivität. Meine Anweisungen kamen zu diesem Zeitpunkt sehr langsam, mit langen Pausen dazwischen und häufigen Nachfragen nach Feedback von der Familie.

Nach diesem ersten Teil der hypnotischen Arbeit forderte ich die Familie auf, das Erlebte zu verarbeiten. Ich wandte mich zuerst an den Vater und unterstrich so die hierarchische Struktur der Familie, anstatt unnötigen (unbewußten) Widerstand durch Handlungen hervorzurufen, die implizieren könnten, daß die „Familie kein Oberhaupt hat". Meine Antwort auf die Bemerkung des Vaters („Wir werden dann später noch einmal darauf zurückkommen") enthielt eine verborgene Botschaft über seine offen eingestandene Unfähigkeit, über das gerade Erlebte zu reden.

Die Reaktion der Mutter darauf, daß ich sie und ihre Tochter als „Damen" anredete, die Antwort der Tochter und die Entgegnung der Mutter darauf hätten erneut einen Streit in Gang setzen können, der sie paradoxerweise vom Erleben ihrer Wut abgelenkt hätte. Davor, als die Mutter sagte: „Du bist nicht meine Tochter", nahm Daisy diese Bemerkung nicht persönlich und bearbeitete ihre Wut, anstatt sie auszuagieren, und trug so dazu bei, daß es nicht wieder in eine Sackgasse ging. Bei dieser Art der Auseinandersetzung läuft man Gefahr, sich in kleinlichen Details zu verlieren und vergangene Ereignisse mit den aktuellen Problemen zu vermengen. Ich ignorierte die Bemühungen der Mutter, mich auf ihre Seite zu ziehen, und kam auf die „so tun als ob"-Übung zurück. Im weiteren wurde ich in meinem schon still getroffenen Entschluß, das Paar in der nächsten Stunde allein zu sehen, bestätigt.

Der bedeutsame Austausch zwischen den drei Familienmitgliedern ging dann noch weiter. Dadurch wurde es ihnen möglich, sich ihre Wut aufeinander einzugestehen und mit ihr in Kontakt zu kommen. Anstatt sie zu besänftigen, schlug ich ihnen vor, mit der nächsten hypnotischen Arbeit die Wut durch das Arbeiten mit Imaginationen loszuwerden.

Meine Bemerkungen über die „nackte Wut", die Daisy in ihrer Imagination nutzte, waren Ausdruck meiner Gegenübertragung. Daisy war ein sehr gut aussehendes, junges Mädchen mit einer perfekten Figur, einem hübschen Gesicht und einer angenehmen Stimme. Ein Teil von mir wurde von der Vorstellung, daß Daisy nackt als Go-Go-Girl tanzte, abgelenkt, und obwohl ich es auf der bewußten Ebene ignoriert habe, fand mein Unbewußtes einen Weg, das zur Sprache zur bringen.

Der Vater, „der ewige Beschwichtiger", wie die Mutter ihn nannte, versuchte die Feindseligkeit zwischen Mutter und Tochter zu verdrängen. Ich kam jedoch – wegen meiner unbewußten Beschäftigung mit der „nackten Wut" – auf die vorgeschlagene Imaginationsübung zurück. Schließlich ließen sich alle auf diese Übung ein, und das Ergebnis war positiv, wie die Rückmeldungen zeigten. Trotz der Intellektualisierungen des Vaters gelang es ihm, sich fast völlig auf die Imaginationsübung einzulassen, und er erlangte so neue Informationen über sich. In den folgenden Sitzungen wird seine Vorstellung von Frieden nach der Atombombenexplosion und die seiner Frau von der Unterwasserstadt zur Exploration ihrer Beziehung genutzt werden.

Auch Frau Z. hat Nutzen aus der hypnotischen Arbeit gezogen: Sie entschuldigte sich für ihre vorhergehenden Äußerungen der Wut und dafür, daß sie meine „Spiele, so zu tun als ob" in Frage stellte. Nachdem sie ihre Vorstellung beschrieben hatte, nutzte ich die Gelegenheit, ihr beizubringen, ihre friedvolle Vorstellung auch zu Hause therapeutisch zu nutzen, und verband diese Vorstellung am Ende der Sitzung mit einer Verhaltensverschreibung.

Daisys Beschreibung befreite mich von meiner Vorstellung der „nackten Wut". Als ich nach Reaktionen auf die Vorstellungen der anderen fragte, versuchte die Mutter Daisy emotional zu erreichen, indem sie die Ähnlichkeiten in ihrer beider friedvollen Bilder während der Hypnose bemerkte. Auch den Vater erfreute diese Ähnlichkeit. Am Ende dieses Austauschs habe ich dann, basierend auf ihren inneren Bildern, die Verantwortlichkeit für „die Lösung des Problems" an sie zurückgegeben und habe so ihren Bemühungen entgegengewirkt, den Fachmann anzusprechen (wie sie es schon einige Mal getan hatten und auch später noch taten).

Ich habe die Sitzung mit einer klaren Verhaltensverschreibung für den Ehemann und die Frau beendet. Dadurch, daß ich Daisy keine Aufgabe übertragen habe, habe ich ihren Lebensstil bestätigt, ohne unbewußte Dynamiken von Narzißmus, Exhibitionismus, Penisneid oder Kastrationswünschen anzunehmen und ohne mich auf politische Fragestellungen bezüglich der Ausbeutung der Frau oder der Frau als männliches Sexualobjekt einzulassen. Der Grund dafür, daß ich diese interessanten Nebenaspekte unbewußter oder soziopolitischer Natur vermieden habe, liegt darin, daß weder Daisy noch ihre Eltern gekommen waren, um diese Aspekte zu erforschen.

Zweite Sitzung

Das Ehepaar und ich sahen uns erst fünf Tage später, da Herr Z. auf einer seiner Reisen in Übersee war. Frau Z., die in der ersten Sitzung ihrer Stimmung entsprechend schlicht und in dunklen Farben gekleidet war und kein Make-up oder Schmuck trug, war jetzt gekleidet, als wenn sie zu einer Party gehen wollte: ein Kleid in leuchtenden Farben sowie viel Make-up und Schmuck. Sie begann die Sitzung.

Frau Z.: Was denken Sie von Daisy, Doktor? Manchmal denke ich, mit ihr stimmt etwas nicht, in ihrem Kopf, meine ich. Was denken Sie?

DLA: Hatten Sie Gelegenheit, über die Dinge zu reden, über die wir das letzte Mal gesprochen hatten?

Frau Z.: Nun, mit Daisy gab es schon immer Probleme. Sie ist so anders als Jeff. Sie...

DLA: (unterbricht) Erzählen Sie mir, was zwischen Ihnen nach der ersten Sitzung passiert ist, Herr Z.

Herr Z.: Das ist das Problem. Meine Frau redet die ganze Zeit über Daisy und vergleicht sie mit Jeff. Dabei müssen wir über uns selbst reden.

DLA: Jeder von Ihnen hatte etwas zu tun seit unserer letzten Sitzung. Wie ging es bei Ihnen, Frau Z.?

Frau Z.: Nun, ich habe versucht, in meine Unterwasserstadt zurückzukehren, aber ich hatte keine Zeit dazu. Ich hatte so viel zu tun... und ich war so enttäuscht von der ganzen Situation. Warum nur geht Joe in solche schmutzigen Lokale.

Herr Z.: Ich habe über meine Wut auf Alice nachgedacht, aber ich hatte keine Gelegenheit, mit ihr zu reden. Wir sehen uns kaum. Ich bin abends meistens zu Hause, aber sie hat immer was zu tun – Versammlungen, Komitees, Angelegenheiten...

Frau Z.: Wegen deiner ganzen Reisen muß ich mich irgendwie beschäftigen...

DLA: Also, in den nächsten paar Minuten können Sie, Frau Z., in Ihre Unterwasserstadt zurückkehren und Sie, Herr Z., können im Geiste die Unterhaltung vorausplanen, die Sie gerne mit Ihrer Frau führen würden. Lassen Sie das uns jetzt machen. Schließen Sie einfach die Augen, wie Sie es das letzte Mal gemacht haben, und folgen Sie meinen Anweisungen, hören Sie auf meine Stimme. Sehr gut, genau so, einfach atmen, langsam... Frau Z., gehen Sie zurück in Ihre Unterwasserstadt. Bewundern Sie... die Schönheit dieses Ortes. Schlendern Sie durch die Gärten und... erlauben Sie sich, ...sich gut zu fühlen, richtig gut. Herr Z., Sie finden sich an einem angenehmen Ort wieder, an dem Sie mit Ihrer Frau reden können. Wo sind Sie?

Herr Z.: Im Wohnzimmer.

Frau Z.: Ich komm nicht rein. Es funktioniert nicht.

DLA: Es ist in Ordnung, Frau Z. Während Joe im Wohnzimmer ist, können Sie sich noch mehr entspannen. Joe stellt sich vor, daß er mit Ihnen redet und ... Sie können Ihr Atmen genießen... die Entspannung in Ihren Schultern fühlen... in Ihrem Nacken... Wie geht es jetzt?

Frau Z.: Jetzt besser.

DLA: Genießen Sie Ihren Körper... Entspannung... überall. Prüfen Sie: Wo ist die Entspannung stärker?

Frau Z.: Meine Beine... und meine Arme.

DLA: Phantastisch! Sie machen das sehr gut! Fragen Sie sich, wie lange wird es dauern, bis ich völlig entspannt bin?... Eine Minute? Fünf Minuten? Währenddessen proben Sie, Herr Z., die Unterhaltung, die Sie mit Ihrer Frau führen wollen. Führen Sie sie jetzt. Sie sind im Wohnzimmer, mitten im Gespräch...

Horchen Sie auf Ihre Stimme... Und Alice wird noch entspannter. Horchen Sie auf die Stimme Ihrer Frau in der Unterhaltung, die Sie im Geiste führen... Nehmen Sie all Ihre guten Gefühle wahr... Trotz allem sorgen Sie füreinander... es gibt vieles Gutes zwischen Ihnen beiden... Wie geht es Ihnen, Frau Z.?

Frau Z.: Besser, gut (sie zeigt jetzt alle Anzeichen, in einer entstandenen Trance zu sein).

DLA: Sprechen Sie noch immer mit Ihrer Frau, Herr Z.?

Herr Z.: Ja...(auch er zeigt Tranceverhalten).

DLA: Wo sind Sie im Geiste, Frau Z.?

Frau Z: Mein wundervoller Ort... so großartig...

DLA: Sehen Sie sich selbst, wie Sie irgendwo sitzen, vielleicht auf einer eleganten Bank... und irgendwo dort können Sie Ihren Mann reden hören... Sie werden sich mit seinem Geist in Ihrer Vorstellung verbinden... eine mentale Form der Kommunikation.

Frau Z.: Ich höre nichts...

DLA: Herr Z., sprechen Sie mit Ihrer Frau. Erzählen Sie etwas Schönes... Positives... jetzt.

Herr Z.: Alice, wir sind lange Zeit zusammen... Du bist ein Teil meines Lebens... Natürlich sorge ich mich um dich...

Frau Z.: (mit wütendem Tonfall) Ja, du sorgst dich... Diese schmutzigen Lokale...

Herr Z.: Alice, ich liebe dich, aber wir haben seit Jahren keinen Sex mehr miteinander gehabt... Ich bin kein Mann... mit dir...

Frau Z.: (unterwürfig) Ich weiß... ich kann einfach nicht... es liegt in der Vergangenheit... Du berührst mich nicht...

Herr Z.: (öffnet seine Augen und schaut mich an) Ich glaube, wir unterhalten uns doch.

DLA: Schließen Sie wieder die Augen. Ja, Sie reden. Sie sind entspannt. Sagen Sie Alice, was Sie sich wünschen würden.

Herr Z.: Ich würde gerne wieder Mann und Frau sein.

DLA: Sagen Sie es noch einmal, mit all Ihren Gefühlen.

Herr Z.: Ja, Alice. Ich will dich wieder lieben... voll und ganz. Mit dir Liebe machen... dein wahrhaftiger Ehemann sein... im Schlafzimmer...

Frau Z.: (mit Tränen in den Augen) Ich... weiß...

DLA: Frau Z., was sagen Sie?

Frau Z.: (in kindlichem Tonfall) Ich will das auch, aber... Ich habe Angst... Ich bin zu alt...

DLA: Herr Z.?

Herr Z.: Ich bin traurig... Sie ist nicht alt...

DLA: (unterbricht) Sprechen Sie bitte zu Alice, Joe.

Herr Z.: Du bist in Ordnung, Alice. Alter ist unwichtig... Ich wollte dir nicht wehtun... es tut mir leid wegen meiner Affäre, es tut mir leid wegen des Go-Go-Clubs... Ich will dich noch immer... aber du mußt auch mich wollen...

Frau Z.: (mit ihrer normalen Stimme) Ich habe noch immer Angst, Joe... Ich glaube, wir könnten es wieder versuchen... Ich glaube, ich weiß, daß du mich liebst... Aber du solltest es mir zeigen.

Herr Z.: Wir müssen alleine sein... öfter.

Frau Z.: Ich will mehr Zeit mit dir zusammen verbringen... zusammen... alleine.

DLA: Vielleicht können Sie in sich schauen und sehen, was Sie konkret tun können, um noch einmal eine gute und vollständige Ehe zu beginnen... Schauen Sie in sich...

Frau Z.: ... zuerst... im selben Bett schlafen... im selben Zimmer.

Herr Z.: Das will ich auch... Das werden wir tun.

Frau Z.: Und wir werden allein ausgehen... ohne Freunde.

DLA: Stellen Sie sich vor, zusammen auszugehen, allein, nur Sie beide... wo sind Sie? Was passiert?

Herr Z.: Ich glaube...

DLA: (unterbricht) Nein, warten Sie... Gehen Sie zuerst... hinein, voll und ganz... Erzählen Sie sich dann davon...

Frau Z.: Ein gutes Essen... entspannt... allein.

Herr Z.: Ja, das gefällt mir... romantisch... zusammen...

DLA: Gehen Sie zurück ins Schlafzimmer. Im selben Bett schlafen. Wie fühlt sich das an? Gehen Sie zuerst hinein, fühlen es zuerst... erzählen Sie sich dann davon...

Herr Z.: Es ist schön... Ich mag es.

Frau Z.: Ich weiß nicht... Es ist so lange her... Ich habe Angst...

Herr Z.: Ich verspreche dir, Alice... Ich werde dir nicht wieder weh tun... niemals!

Frau Z.: Ich kann es versuchen... einfach versuchen.

DLA: Lassen Sie uns zu dem Essen zu zweit und zur Romantik zurückgehen.

Frau Z.: Das fühlt sich besser an...

Herr Z.: Da sind keine Probleme... Es ist schön.

DLA: Gut. Lassen Sie uns dann zu der normalen Art zu denken zurückkehren. Ganz langsam... Wenn Sie die Augen öffnen, fühlen Sie sich gut und entspannt.

(Beide kehren gleichzeitig zur linkshemisphärischen Funktionsweise zurück und brauchen einige Zeit, sich wieder zu orientieren. Wir sprechen dann über das, was passiert ist.)

DLA: Wie steht's jetzt?

Herr Z.: Ich fühle mich viel besser. Wir müssen einige Veränderungen vornehmen. Drastische Veränderungen.

Frau Z.: Ich würde gerne langsam anfangen. Vielleicht ein paarmal zusammen ausgehen. Dann können wir zusammenziehen. Joe kann in das Hauptschlafzimmer zurückkommen. Und dann müssen wir sehen, was passiert.

Herr Z.: (drückt in seiner Stimme Ärger aus) Wie lange wird das denn dauern, Liebste? (Schaut mich an:) Sie meint Sex, wissen Sie.

Frau Z.: Ich weiß nicht, Joe. Du weißt, bei mir dauern Veränderungen lange. Wir waren nicht zusammen, weißt du, seit mehr als fünf Jahren. Was sage ich? Es sind mindestens sieben Jahre. Zuerst war es dein Schnarchen, dann hattest du all deine Anziehsachen im anderen Schlafzimmer... wir schlafen immer in getrennten Betten, sogar auf Reisen, im Hotel. Wie, denkst du, habe ich mich dabei gefühlt? Und dann rechne noch die zwei Jahre lange Affäre dazu. Und nun die Tanzmädchen...

Herr Z.: (einlenkend) Laß uns jetzt nicht kämpfen. Ich verstehe dich. Wir werden von vorne anfangen. (Zu mir:) Ich glaube, es ist nie zu spät, noch einmal von vorne anzufangen, oder, Doktor? (Zu seiner Frau:) Wir werden von vorne anfangen. Morgen sage ich meine Verabredung ab. Sagst du auch deine ab? Wir werden in das netteste Restaurant in New York gehen. Es wird eine Überraschung werden.

Frau Z.: Das klingt besser.

DLA: Prüfen Sie beide, was in Ihnen vorgeht. Wie fühlen Sie sich? Nehmen Sie Kontakt mit Ihren Gefühlen auf. Sprechen Sie jetzt noch nicht. Erleben Sie Ihre Gefühle voll und ganz. Ja, schließen Sie die Augen und... entspannen Sie sich. Es ist, als ob Sie sich wieder gegenseitig den Hof machen... Nehmen Sie Kontakt mit den Gefühlen auf...

Frau Z.: (nach ungefähr einer Minute) Ja, das ist gut... Ich fühle mich gut.

Herr Z.: Wissen Sie, ich hatte einige Schwierigkeiten, 'rein zu kommen, aber dann war meine ganze Verärgerung verschwunden. Ich habe mich gut gefühlt... ich habe ein Gefühl von Liebe für Alice gehabt, für dich, Liebling. Es war schön.

DLA: Ich werde Sie nun für fünf Minuten allein lassen. Und Sie sagen sich in der Zeit, daß Sie sich lieben und daß Sie einen Neuanfang machen wollen. (Ich verließ dann mein Büro. Als ich wiederkam, fuhr ich fort:) Wie war es?

Frau Z.: Ich war irgendwie... verlegen, könnte man sagen. Aber mir haben Joes Worte gefallen. Ich glaube, ich traue ihm. Aber ich habe noch immer Angst.

Herr Z.: (zärtlich) Ich weiß, Liebling, ich weiß. Wir müssen beide miteinander Geduld haben.

DLA: Das klingt sehr gut. Lassen Sie uns jetzt noch einmal durchgehen, was Sie gemacht haben – ich meine, während der ganzen Sitzung. Was für Pläne haben Sie?

Frau Z.: Lassen Sie es Herrn Z. sagen... Ich sage meine Verabredung morgen ab.

Herr Z.: In Ordnung. Das finde ich gut. Zuerst werden wir anfangen, einige Zeit alleine zu verbringen. Nicht so viel gesellschaftliche Verpflichtungen, Termine, Veranstaltungen und so.

DLA: Das heißt konkret...?

Herr Z.: Ja. Ich komme gerade dazu. Wir werden alleine zum Essen ausgehen. Einmal in der Woche. Wenn wir es schaffen, mehr als einmal. Außerdem werden wir einen Abend nur für uns haben. Geheiligt! Dann werde ich, wenn sie so weit ist, in das Schlafzimmer zurückziehen. Es wird merkwürdig sein nach all den Jahren. Dann, so hoffe ich, werden wir wieder Mann und Frau sein.

DLA: Gut. Das klingt großartig. Was denken Sie, Frau Z.?

Frau Z.: Ja. Ich stimme diesem Plan zu.

DLA: Dann machen Sie es so. Wir werden einen Termin in zwei

Wochen machen. So haben Sie genug Zeit, mit Ihrem Plan anzufangen. Ich hoffe, dann werden Sie für die nächsten Schritte bereit sein. Wie klingt das?
Beide: Klingt gut. Ja, das ist eine gute Idee.
DLA: Prima, das wär's dann.

Damit war die Sitzung beendet, und wir verabredeten uns für
zwei Wochen später. Beide gingen in entspannter Stimmung und
guten Mutes. Beim Herausgehen sagte ich: „Überraschen Sie sich gegenseitig. Das beste wartet noch auf Sie". Beide lächelten und sagten
auf Wiedersehen.

Kommentar zur zweiten Sitzung

Das Ziel dieser Sitzung wurde in der vorherigen festgelegt: dem Paar
zu helfen, über seine Ehe zu sprechen und darüber, was in Wirklichkeit die Wut, die sie auf den anderen gespürt hatten, hervorgerufen
hatte. Obwohl nicht alle Details ihrer emotionellen Unbefriedigtheit
besprochen wurden, kamen die wichtigsten Elemente spontan zur
Sprache. Ohne in den vergangenen Ereignissen zu wühlen, habe ich
versucht, dem Paar zu helfen, Verhaltensziele aufzustellen und eine
Motivation zu entwickeln, ihre Partnerschaft zu verbessern. Mein
hartnäckiges Insistieren darauf, im Hier und Jetzt zu kommunizieren, hat sich gelohnt.

Nachdem wir über Hausaufgaben der letzten Stunde sprachen
und ich erkannt hatte, daß sie von den beiden nicht gemacht worden
waren, nutzte ich die Sitzung dafür, das zu tun, was sie während der
Woche nicht gemacht hatten. Trotz ihrer anfänglichen Schwierigkeiten gelang es Frau Z. schließlich, sich zu entspannen und Selbsthypnose zu nutzen. An diesem Punkt war es für den Ehemann und seine
Frau möglich, sich so miteinander auszutauschen, wie es schon lange
nötig gewesen wäre. Daß das in Hypnose stattfand, erleichterte die
Interaktion, ohne die normalen rationalen Widerstände, die auftreten, wenn Menschen lange Zeit nicht offen miteinander waren. Es ist
bemerkenswert, das Herr Z. an einem bestimmten Punkt zur normalen Bewußtheit zurückkehrte und bemerkte, sie würden wirklich
reden. Um nicht das Moment ihres Erlebens zu verlieren, führte ich

ihn in Selbst-Hypnose zurück, was ihm ohne Schwierigkeiten gelang. Man könnte spekulieren, ob, wenn ich mit ihm über den Wert dieser lang überfälligen Unterhaltung mit seiner Frau geredet hätte, er die tiefere Bedeutung dieses Erlebnisses verloren hätte. Kurz danach war bei Frau Z. eine beginnende Altersregression zu beobachten, wie sich in ihrer Stimme zeigt. Diese Altersregression diente der Aktivierung des Austauschs zwischen ihnen: Regression im Dienste des Ich; eine elegante Beschreibung von Hypnose, die von *Kris* (1952) stammt. Ich habe nicht versucht, die Altersregression zu vertiefen; der Grund war derselbe, warum ich nicht Herrn Z. ermutigt hatte, rational über die Unterhaltung mit seiner Frau zu sprechen. Der Austausch, der dort und damals stattfand, besaß bestimmte Momente, die durch irgendeine Art von „Störung" verlorengegangen wären. Ihre Interaktion mußte beschützt werden, weil sie eine neue Erfahrung nach vielen Jahren darstellte.

Das Ergebnis dieses bedeutungsvollen Austauschs zwischen Ehemann und Ehefrau war, daß Herr Z. seiner Frau seine Gefühle der Liebe ihr gegenüber versicherte – trotz aller vergangener Verfehlungen. Während sie noch in Hypnose waren, schlug ich vor, daß sie die nötigen Veränderungen zur Verbesserung ihrer Ehe planten. Bemerkenswert ist, daß Frau Z. zuerst vorschlug, wieder zusammen zu schlafen, sich dann aber wieder ihres Gefühls von Verletzung erinnerte. Folgerichtig beschlossen beide ein „Programm", das mit gemeinsamem Essengehen, ohne Freunde, und einem Abend allein zu Hause anfing. Dieser Aktionsplan wurde später bestätigt, als sie ihre hypnotischen Erfahrungen diskutierten. Er wurde zu einer von ihnen selbst erstellten Verschreibung, zuerst gemeinsam Essen zu gehen und dann den Beischlaf wieder aufzunehmen. In der Diskussion – nach dem generellen OLD-C-Modell aus Kapitel 4 – schlug ich vor, noch einmal zu prüfen, was für ein Gefühl sie wirklich zu diesem Plan der Wiederbelebung ihrer Ehe hatten. Nach dieser abschließenden Überprüfung berichtete Herr Z., daß er „ein Gefühl von Liebe" gegenüber seiner Frau spürte, und deshalb ließ ich sie für ein paar Minuten allein, um über diese schönen Gefühle ungestört reden zu können. Das ist spontaner und natürlicher, als wenn der Therapeut vorschlägt, sie mögen sich in Gegenwart des Therapeuten die Hände halten und sich küssen. Ihr Austausch war offenbar erfolgreich, obwohl Frau Z. noch immer auf ihre Angst verwies. Dieser Punkt wird in der nächsten Sitzung wieder aufgegriffen werden. In der abschließenden Zusammenfassung der Sitzung wurde betont, daß die konkreten Teile des Plans sofort in die Tat umgesetzt werden müßten. Das Ziel der Sitzung war erreicht. Das Paar war in der Lage, sich in bedeutungsvoller Art und Weise zu unterhalten und konkrete Pläne zur Auffrischung der Ehe zu machen. Eine Pause von zwei Wochen wurde vereinbart, damit sie in Ruhe ihre Pläne in Taten umsetzen konnten.

Im Rückblick ist es interessant sich vorzustellen, wie die Sitzung gelaufen wäre, hätte ich Frau Z. erlaubt, über ihre Tochter zu reden, wie sie es zweimal am Anfang der Sitzung versucht hatte. Statt dessen verfolgte ich das Ziel, welches ich mir vorgenommen hatte (nämlich eine neue Art der Kommunikation zwischen dem Paar zu ermöglichen, ohne dabei über Frau Z.'s Motivation zu spekulieren). Zur Erreichung dieses Ziels gehörte eine notwendige Aufwärmphase genauso wie ihre manipulativen Manöver, mit denen sie versuchte, mich auf ihre Seite zu bringen, und der Widerstand, bis wir dann schließlich zu den wahren Problemen kamen.

Dritte Sitzung

Zwei Wochen später hatte das Paar seine nächste Sitzung mit mir. Beide brannten darauf, mir über ihre Fortschritte zu berichten. Nicht nur, daß sie dreimal zum Essen aus waren, in entspannter, romantischer Atmosphäre, sondern sie hatten sich auch entschlossen, nach sieben Jahren wieder das Bett zu teilen. Herr Z. war vor drei Nächten in das Schlafzimmer seiner Frau gezogen, und seine Frau war sehr glücklich darüber. Herr Z. fühlte sich, als sei er wieder ein Teenager; er war sehr froh und stolz auf sich. Bisher gab es noch keine sexuellen Aktivitäten zwischen ihnen, aber „es gibt eine Anziehung", wie Frau Z. sagte. Dieser Fortschritt erschien mir etwas voreilig. Deshalb kam ich noch einmal auf ihre Angst vor Nähe und Offenheit – nach all den Jahren der Distanz und der Verletzungen – zurück, die in der letzten Sitzung häufiger angesprochen wurde. Ich schlug vor, zur Festigung des bisher erreichten Fortschritts eine weitere Gedankenübung zu machen. Sie stimmten zu und wir fingen mit der Übung an. Das folgende ist ein Transkript des Rests der dritten Sitzung.

DLA: Also dann. Sie wissen, was Sie tun müssen. Schließen Sie die Augen und nehmen Sie sich einen Moment Zeit,um Ihre Mitte zu finden... ruhig und sanft zu atmen... ganz und gar zu entspannen.... Und jetzt, gehen Sie zurück durch die Jahre und wählen Sie einige der Höhepunkte Ihrer Ehe aus, gerade so, als ob Sie ein Familienalbum betrachten. Einfach einige der schönen Momente... die schönen Augenblicke zusammen... die Zeiten des Friedens, des Glücks, des Vertrauens und der Liebe. Kommen Sie hinein in diese Erlebnisse? (Beide nicken bestätigend.) Erleben Sie diese schönen Augenblicke noch einmal wieder. Suchen Sie einen aus, um mit ihm anzufangen. Seien Sie wieder dort. Sind Sie noch in den guten Gefühlen? (Beide nicken.) Durchleben Sie jetzt diesen Augenblick. Seien Sie dort. Die ganzen guten Gefühle... wachsen in Ihnen... erfüllen Sie ganz... Sind sie dort? (Beide nicken.) Und jetzt gehen Sie in die Gegenwart, aber bleiben Sie bei diesen guten Gefühlen... Was können Sie aus diesen schönen Augenblicken für das *Jetzt* lernen?... Können Sie ins Heute einige der Dinge, die Sie... in diesen schönen Augenblicken hatten, mitnehmen?... Bereichern Sie die Gegenwart durch einige der Dinge... diese Gefühle, die noch immer da sind... aus den schönen Augenblicken Ihres Zusammenlebens. Die Fähigkeiten, die Ressourcen, die Weisheit... Nehmen Sie einige der Dinge aus den schönen Augenblicken der Vergangenheit... mit in die Gegenwart... Machen Sie das jetzt? (Beide nicken bestätigend.) Die Gegenwart bereichern, ja? (Bestätigung) Mit der Vergangenheit... Einige Gefühle, Haltungen aus der Vergangenheit sind auch heute nützlich... Sind Sie dabei? (Bestätigung)... Tun Sie sie mit dem zusammen, was sie heute sind.... Nutzen Sie das, was Sie aus Ihrer schönen Vergangenheit gelernt haben, um das Heute besser zu machen... Nutzen Sie Ihre Weisheit...

In dieser Art ging es noch einige Minuten weiter. Nachdem sie den hypnotischen Geisteszustand (die Trance) verlassen hatten, sprachen wir über die Szenen aus der Vergangenheit. Sowohl der Ehemann als auch die Frau erinnerten sich an verschiedene wichtige Meilensteine ihrer Ehe und zeigten eine für sie überraschende Übereinstimmung. Ich fragte sie, welche von diesen Dingen aus der Vergangenheit sie in die Gegenwart übertragen könnten. Um ihnen zu helfen, die Auswahl zu treffen, führte ich sie wieder in Selbsthypnose. In den nächsten Minuten schlug ich ihnen vor, ihr inneres Selbst Einstellungen oder Verhaltensweisen aus der Vergangenheit auswählen zu lassen, das ihnen in ihrer Gegenwart und ihrer Zukunft nützlich sein könnte.

DLA: Und während Sie noch einmal kurz all diese schönen Augenblicke aus der Vergangenheit betrachten, lassen Sie einige Einstellungen deutlich werden... die Sie noch heute nutzen können..., um Ihre Beziehung glücklicher zu machen... Betrachten Sie kurz die schönen Augenblicke zwischen Ihnen..., und, aus diesen Augenblicken, filtern Sie etwas aus Ihren Gefühlen, Ihren Haltungen, Ihrer Weisheit heraus... was Sie auf die heutige Situation übertragen können... ganz behutsam... Wie eine Tugend aus der Vergangenheit, die heute wieder genutzt werden kann...

Diese Suggestionen wurde noch eine Zeitlang wiederholt. Als beide dann aus der Hypnose kamen, sprachen wir darüber, was einige dieser „Tugenden" aus der Vergangenheit waren. Wiederum stimmten sie in bestimmten wichtigen Haltungen überein – wie der, ihre Eindrücke des Tages in entspannter Atmosphäre und im Gefühl, „froh zusammen zu sein", wie Frau Z. es nannte, miteinander auszutauschen. Dann fuhr ich fort.

DLA: Um sicher zu gehen, daß diese Bereicherung tatsächlich stattfindet, lassen Sie uns Situationen proben, in denen die neuen Dinge gefährdet sein könnten. (Beide stimmten nonverbal zu.) Gehen Sie zurück und versuchen Sie, in der Vergangenheit Situationen zu finden, in denen Sie sich distanziert voneinander gefühlt haben. Konzentrieren Sie sich auf jeweils eine zur Zeit... schwierige Situationen in der Ehe... Betrachten Sie sie mit Ihrem inneren Auge... Klappt es, dort hinzukommen? (Beide nicken zustimmend.) Sie hatten ein schlechtes Gefühl zum anderen, distanziert, ohne Liebe... Gehen Sie in diese Situationen. Aber gehen Sie nicht zu tief hinein. Betrachten Sie sie jetzt aus der Entfernung... Studieren Sie eine dieser Situationen in Zeitlupe... Entdecken Sie... ob der andere etwas macht... etwas sagt... oder nicht das sagt, was Sie erwartet haben... Entdecken Sie, was es ist, das dafür sorgt, daß Sie sich distanziert vom anderen fühlen läßt... Löst der andere in Ihnen etwas aus? ... Gibt es ein bestimmtes Muster im Verhalten und in der Reaktion... durch all die Jahre?... Etwas, das der andere tut, ruft schlechte Gefühle in Ihnen hervor... oder etwas, was der andere nicht macht?... Betrachten Sie das ganze Bild und entdecken Sie... was es ist. Sind Sie dabei? (Beide bedeuten ja.)

Ich fuhr fort, zu suggerieren, daß sie Auslöser finden sollten, die bei ihnen negative Reaktionen hervorrufen. Nach der Hypnose sprachen wir darüber, und verschiedene Verhaltensweisen wurden identifiziert. Zum Beispiel, daß 1) Herr Z. sich so verhält, als wenn seine Frau blöd sei (wie sie es nannte), und wie er sagte, daß 2) sie ihn bemuttert, ohne zu fragen, ob er das braucht oder nicht. Obwohl sie noch einige andere solcher Verhaltensweisen benannten, lud ich sie ein, bei den beiden oben erwähnten zu bleiben und so konkret wie möglich zu sein. Wiederum wurde Selbsthypnose angewendet, um für die Zukunft ein befriedigenderes Verhalten zu finden.

DLA: Stellen Sie sich eine Situation in der Gegenwart vor, in der Joe Sie so behandelt, als wenn Sie blöd seien. Und Sie, Joe, stellen sich eine Situation vor, in der Alice Sie bemuttert... Können Sie sich auf eine solche Situation einstellen? (Beide nicken.) ... Aber dieses Mal reagieren Sie... beide anders auf diese Situation. Sie lassen es nicht an sich herankommen, statt dessen machen Sie etwas Nützliches daraus. Sie meistern die Situation. Sehen Sie sich selbst, wie Sie es machen. Erleben Sie, wie Sie es machen. Sie nutzen Ihre innere Weisheit, die über all die Jahre aufgebaut wurde... Ihre inneren Ressourcen aus der Vergangenheit, die Situation zu meistern, ohne aus der Fassung zu geraten. Sie haben die Kontrolle... Können Sie es sehen? (Beide nicken wiederholt zustimmend.) Sie scheinen sehr überzeugt davon zu sein, schlimme Situationen meistern zu können, oder nicht? (Beide bedeuten ja.) ... Gehen Sie es noch einmal durch, um wirklich sicherzugehen, daß Sie es ohne Schwierigkeiten machen können. Lassen Sie sich einen Moment Zeit, das zu tun... Gut? Dann sind Sie zufrieden damit, daß es gut laufen wird?... Sie möchten dann vielleicht zum normalen Bewußtsein zurückkehren, damit wir über das sprechen können, was passiert ist.

Ehemann und Frau hatten das Gefühl, daß diese letzte Übung sehr nützlich gewesen sei, und sie baten darum, die Therapie fortzuführen, damit sie „noch mehr von den Sachen entdecken, die beim anderen die falsche Reaktion auslösen", wie Herr Z. sagte.

Frau Z.: Zum Proben, wie Sie es nennen, war die neue Reaktionsweise sehr hilfreich. Wissen Sie, was ich mich hab machen sehen, zum ersten Mal im Leben? Stellen Sie sich das vor, zu sagen, er sei von sich eingenommen. Ich habe gesagt: „Er ist so verdammt von sich eingenommen. Er irrt sich gewaltig! Er hat unrecht", und so weiter. Schließlich ist Joe kein Alleswisser. (Ganz plötzlich:) Aber ich liebe dich, Joe, tut mir leid.
Herr Z.: Ich weiß. Ich fühle mich nicht angegriffen. Ich muß sagen, ich bin froh – wirklich –, daß du mich so siehst, wie ich bin. Das ist eine Erleichterung!... Ich brauche deine Liebe als Frau und Begleiter, nicht als Mutter oder als hilfloses kleines Mädchen.

Dann bat ich das Paar noch, als Verhaltensverschreibung, daß jeder für sich und beide, wenn sie in vertrauten Augenblicken zusammen waren, ihre Aufmerksamkeit auf die schönen Erinnerungen aus ihrem langen gemeinsamen Leben lenken und herausfinden sollten, was sie aus ihnen lernen könnten, um die Gegenwart zu bereichern – wie sie es während der Sitzung gemacht hatten. In dieser Weise könnten neue Verhaltensweisen entstehen, die die Ehe bereichern werden – so wie es bei Frau Z.'s Durchsetzungsfähigkeit der Fall war, die in der Sitzung mit mir entstanden ist.
Schließlich trafen wir eine Verabredung für die nächste Sitzung, die zusammen mit ihrer Tochter stattfinden sollte, und „wenn alles geklärt ist", fügte ich hinzu, „werden wir Daisy fürs erste entlassen, und wir drei werden so wie heute zusammen weiterarbeiten". Ihnen

gefiel dieser Plan gut. Beim Herausgehen sagte Frau Z. zu mir mit einem breiten Lächeln: „Das Schöne aus der Vergangenheit nehmen, um die Gegenwart besser zu machen, oder?"

Kommentar zur dritten Sitzung

Die Verhaltensverschreibung, zu der wir uns in der vorherigen Stunde geeinigt hatten, war durchgeführt worden. In der Tat hatte das Paar schneller als erwartet Fortschritte gemacht, indem sie nach Jahren des Getrenntschlafens in das selbe Schlafzimmer gezogen sind. Die erste Imaginationsübung zielte darauf ab, sicherzugehen, daß die Veränderungen nicht zu voreilig erfolgt waren. Ich eröffnete die Sitzung, indem ich ihnen half, sich auf die positiven Erfahrungen ihrer langen Beziehung zu konzentrieren. Der Grund dafür war, ihnen eine erlebnismäßige Überzeugung für die positiven Gefühle in ihrer Ehe zu geben. Danach bat ich sie, die Vergangenheit noch einmal in dem positiven Licht zu betrachten und dabei auf die Einstellungen, Verhaltensweisen etc. zu achten, die in der Gegenwart hilfreich und fruchtbar sein könnten. Erst danach schlug ich vor, sich auf bestimmte „gefährliche Bereiche" zu konzentrieren und sie noch einmal zu erleben und dabei „so zu tun, als ob" sie mit Hilfe der guten Eigenschaften aus der Vergangenheit konstruktiv bewältigt werden könnten.

Der nächste Schritt bestand darin, das zu entdecken, was *Ritterman* (1983) einige Jahre später sehr treffend Familienhypnose oder unbewußte Anwendung von Hypnose aufeinander nannte. Ich hatte ein Interesse daran, daß ihnen bewußt wurde, welches Verhalten des einen Partners einen „hypnotischen" Einfluß über den anderen hatte. Anders gesagt, ich führte sie dahin, daß ihnen die Macht übereinander bewußt wurde, die, ohne es zu merken, die Beziehung gefährden könnte. Nachdem zwei Beispiele dafür identifiziert waren (daß Herr Z. seine Frau so behandelt, als wenn sie weniger intelligent und fähig als er sei; ihre Überfürsorglichkeit, wenn er allein sein wollte), probten sie wiederum in Hypnose, wie sie diese Situationen auf befriedigendere und fruchtbarere Art und Weise kontrollieren könnten. Schließlich wurden diese Situationen noch einmal durchgegangen, um das neue Verhalten zu verstärken. Zusammenfassend wurden in dieser Sitzung sechs Schritte durchgeführt:

1) Positive Höhepunkte der Ehe wurden noch einmal erlebt.
2) Bestimmte Haltungen und Einstellungen aus diesen Momenten wurden herausgefunden, um sie auf die jetzige Situationen anzuwenden.
3) Negative Situationen, die den gegenwärtigen Fortschritt gefährden könnten, wurden identifiziert.
4) Es wurden dann *spezifische* Verhaltensweisen herausgearbeitet, die eine negative Reaktion im anderen bewirken.
5) Situationen, die denen in Schritt 4) ähnlich sind, wurden in positiver Weise durchgeprobt.
6) Dann folgte eine Wiederholung von Schritt 5) zur Verstärkung und Konsolidierung des neuen Verhaltens.

Weil das Paar den Wert dieser Sequenz für sich erkannte, bat es darum, die gemeinsame Therapie fortzusetzen, und ich stimmte dem zu. Wir sahen uns sechs weitere Sitzungen lang, wobei in der vierten Sitzung auch Daisy dabei war (wie unten beschrieben sein wird).

Es war anrührend, von Frau Z. zu hören, wie glücklich sie darüber war, sich ihrem Mann gegenüber behaupten zu können, ihrem Mann im Geiste etwas entgegenzusetzen, obwohl sie sich zu diesem frühen Zeitpunkt („Zum ersten Mal im Leben, stellen Sie sich das vor") noch bei ihrem Mann dafür entschuldigen mußte. Durch seine positive Reaktion wurde sie ermutigt, durchsetzungsfähiger zu sein. Als Verhaltensverschreibung schlug ich eine Übung des in der Stunde Erreichten zu Hause vor.

Der Grund dafür, die Tochter in der nächsten Stunde dazuzunehmen, war, das Problem mit dem Nachtclub abzuschließen und der Mutter erkennen zu helfen, daß sie jetzt befriedigender auf ihre Tochter reagieren konnte, die so rebellisch gewesen war und weiterhin ist. Frau Z.'s Worte beim Herausgehen, die Gegenwart besser werden zu lassen, waren ein zusätzlicher Hinweis auf ihre Therapiemotivation.

Vierte Sitzung

Eine Woche später kamen Herr und Frau Z. mit ihrer Tochter pünktlich zur Sitzung. Daisy hatte ihre Eltern am vorausgehenden Sonntag besucht, und nach Meinung aller war es eine sehr erfreuliche Zusammenkunft gewesen. Frau Z. berichtete, daß sie erkannt habe, wie stolz sie auf Daisy sein könne, obwohl sie in vielen Punkten nicht einer Meinung sind. Daisy zufolge war es das erste Mal seit sie Sozialarbeiterin geworden war, daß ihre Eltern wirkliches Interesse an ihrer Arbeit mit allen Details und Begleitumständen zeigten. „Ich habe erkannt", sagte Frau Z., „daß Daisy eine junge Frau ist, die ihren Verantwortlichkeiten mit großer Sorgfalt nachgeht. Sie ist kein kleines Mädchen mehr, und sie muß ihr Leben so leben, wie sie es für richtig hält." Herr Z. stimmte ihr zu und fügte hinzu: „Es ist komisch. Ich glaube, ich habe es schon immer gewußt, aber jetzt weiß ich es wirklich. Ich bin stolz auf Daisy." Frau Z. schloß sich dem an: „Ich glaube, wir gewöhnen uns an das positive Denken. Was wir in den Sitzungen gemacht haben, fängt jetzt an zu wirken."

Ich fragte Daisy, ob sie irgendwelche Anliegen an ihre Eltern habe. Mit ernstem Lächeln guckte sie ihre Mutter an und sagte: „Wenn Ihr weitermachen könntet, Euer Leben zu genießen, ohne Euch in mein Leben einzumischen, wird alles sehr gut werden." Ich drängte sie auf ein konkretes Anliegen, das sie vielleicht habe.

Daisy: Vertraut mir, akzeptiert mich, auch wenn ich nicht das Leben führe, daß Euch gefällt. Ich bin nicht verheiratet. Ich weiß, ich habe Euch bisher keine Enkel geschenkt. Manchmal bedrückt mich das Euretwegen. Ich tanze im Club, ich übe unsere Religion nicht aus. Ich glaube nicht einmal, daß Gott all diese Gesetze gemacht hat, nach denen wir leben sollen. Aber ich bin Eure Tochter. Ich bin ein anständiger Mensch und ich bin glücklich mit dem Leben, daß ich führe. Könnt Ihr mir das lassen? (Beide stimmen freundlich zu.)

DLA: Was passiert, wenn Ihr Vater oder Ihre Mutter sich wieder aus alter Gewohnheit in Ihr Leben einmischen, wie Sie es nennen?

Daisy: Ich flippe aus, ich ziehe mich zurück, ich will nichts mehr mit ihnen zu tun haben.

DLA: Können wir uns jetzt alternative Wege ausdenken, damit umzugehen?

Daisy: Was meinen Sie? Soll ich es ignorieren?

DLA: Nein, nicht notwendigerweise. Könnten Sie sie beim ersten Anzeichen des Einmischens einfach an diese Sitzung *erinnern* oder an all die Dinge, derentwegen sie stolz auf Sie sind?

Daisy: Das könnte ich, glaube ich, aber ich weiß nicht, ob es funktioniert.

DLA: Was denken Sie, Joe und Alice, könnten Sie drei sich darauf einigen?

Frau Z.: Ich verstehe nicht. Was wollen Sie, das wir tun sollen?

DLA: Das nächste Mal, wenn Sie sich in Daisys Leben einmischen, wird sie Sie ganz freundlich auf das aufmerksam machen, was Sie gerade machen, ohne wütend zu werden. Und Sie nehmen diesen Hinweis und hören auf, sich einzumischen. Daisy war damit einverstanden, Sie einfach darauf aufmerksam zu machen, weil sie weiß, daß Sie Ihre Warnung beachten werden, und sie flippt nicht aus oder zieht sich zurück.

Frau Z.: Ich glaube, das wäre gut. Ja.

DLA: Ist das auch für Sie in Ordnung, Herr Z.?

Herr Z.: Ja, ich denke, das ist eine sehr gute Idee.

DLA: Und Sie, Daisy?

Daisy: Oh, ja. Wäre toll, wenn es funktioniert.

DLA: Ok. Lassen Sie uns etwas dafür machen, daß es funktioniert. Sagen Sie mir eine Situation, über die Sie sich aufregen würden.

Daisy: (ohne Zögern, an ihre Mutter gewandt) Wenn du mich über meine Verabredungen ausfragst – wer der Junge ist, wo er herkommt. Ich wünschte mir, du würdest das nicht tun.

Herr Z.: Ich hab's dir gesagt, Alice. Das ist keine gute Idee.

Frau Z.: Jetzt fängst du schon wieder an, Joe. Ich brauche dich nicht als Führer.

DLA: Lassen Sie uns Selbsthypnose nutzen, um das zu korrigieren. Lassen Sie uns alle uns die Szene lebhaft vorstellen. Sie, Daisy, besuchen gerade Ihre Eltern, und Ihre Mutter fragt Sie über Ihre Verabredungen aus. Nutzen Sie jetzt Ihre Vorstellungskraft, um diese Szene durchzugehen, aber dieses Mal, ohne auszuflippen. Sie brauchen Ihre Mutter nur darauf hinzuweisen, und sie hört auf damit. Würden Sie das gerne jetzt proben? (Alle stimmen zu.) Gut. Fangen Sie so wie immer an. So ist es richtig, schließen Sie Ihre Augen und entspannen Sie sich für einen Augenblick. Bringen Sie sich ins Gleichgewicht. Stellen Sie sich die Szene vor, und mit jedem Atemzug wird die Szene deutlicher... Sie sind alle im Haus. Daisy ist zu Besuch. Fühlen

Sie wie angenehm es ist, zusammen zu sein. Vielleicht sprechen Sie über Jeffs letzten Telefonanruf oder Brief. Alles ist erfreulich... Seien Sie ganz dort, fühlen Sie es... Dann fällt Mutter, ohne zu überlegen, auf ihre alten Gewohnheiten zurück und fragt Daisy über ihre Verabredungen aus... Sie, Daisy, erinnern Ihre Mutter an diese Sitzung. Hören Sie, wie Sie mit ihr reden. Fühlen Sie sich ruhig und entspannt... Die Fragen Ihrer Mutter haben nicht die gleichen Auswirkungen wie sonst. Sie erinnern sie ganz freundlich und sie antwortet freundlich... Hören Sie auf ihre Stimme. Schauen Sie ihr ins Gesicht. Fühlen Sie sich gut wegen der Dinge, die passieren. Seien Sie stolz auf sich... Und Sie, Frau Z., fühlen Sie die guten Gefühle gegenüber Ihrer Tochter. Ja, Sie wollen ihre Entscheidungen akzeptieren. Ja, Sie wollen sie als eine verantwortungsvolle Erwachsene sehen. Ja, Sie sind stolz auf Ihre Tochter. Sie sind stolz auf sich, daß Sie so eine großartige Tochter haben... Sie, Herr Z., beobachten die ganze Szene mit Freude und Stolz. Nehmen Sie Kontakt mit Ihren guten Gefühlen auf.

Die drei gehen gut auf diese Übung ein und wir wiederholen sie einige Mal. Dann bat ich die Mutter, noch einen Augenblick lang zu prüfen, welche Gefühle oder Wahrnehmungen in ihr das Nachfragen nach Daisys Verabredungen auslösen. Sie begann mir zu erklären, was sie für die Gründe hielt, aber ich unterbrach sie.

DLA: Machen Sie es sich doch einfacher, Sie wissen ja jetzt, wie. Gehen Sie in sich und erleben Sie noch einmal, was Ihnen passiert. Gedanken, die Ihnen in den Sinn kommen oder Gefühle... Wahrnehmungen im Körper, Erinnerungen... Was geschieht in Ihnen, bevor Sie diese Frage stellen?

(Die Mutter verbrachte ungefähr eine Minute in Selbsthypnose. Schließlich sprach sie mit ruhiger und langsamer Stimme, die Augen noch immer geschlossen.)

Frau Z.: Ich glaube, ich stelle mir mich selbst vor in dem Alter, in dem sie jetzt ist. ... Ich weiß, Daisy ist nicht wie ich, aber ich habe in mir das Gefühl, sie sollte langsam verheiratet sein. Ich habe auch Angst, ich werde meine Enkel nicht mehr sehen. Jeff

wohnt so weit entfernt, wir sehen sie nur ein- oder zweimal –
mit Glück – im Jahr... und dann ist da Daisy, die eine alte
Jungfer wird.

Daisy: (lacht) Mutter, wir sind unterschiedlich! Ich werde niemals
eine alter Jungfer sein, auch wenn ich nicht heirate. Aber mach
dir keine Sorgen. Eines Tages werde ich dich überraschen. Ich
werde sogar einen netten jüdischen Jungen heiraten.

DLA: Gehen Sie zu den Gefühlen zurück, die Sie gerade erlebt
haben, als Sie daran gedacht haben, wie Sie so alt wie Daisy
waren und Sie das traurig gemacht hat – oder ängstlich, sollte
ich sagen –, daß Sie Daisys Kinder nicht mehr sehen werden.
Konzentrieren Sie sich... auf dieses Gefühl von Angst... Aber
fügen Sie dabei diesen Gedanken hinzu: „Daisy ist in
Ordnung. Sie ist glücklich. Darauf kommt es an." Sagen Sie
das immer wieder... und wieder... zu sich selbst, bis Sie davon
überzeugt sind, daß dieser Gedanke stärker als Ihre negativen
Gefühle ist.

Nach ein paar Minuten öffnete Frau Z. die Augen und lächelte
breit. Sie sagte über diesen Gedanken: „Ja, daß sie glücklich ist, ist
das Allerwichtigste. Alles andere ist egoistisch von mir." Daisy und
ihr Vater waren zufrieden mit dem, was passiert war, und letzterer
bestätigte seine Frau darin, daß sie nicht egoistisch sei. Als nächstes
wurde wieder das Problem vorgebracht, dessentwegen die Familie
ursprünglich in Familientherapie gegangen war.

DLA: Lassen Sie uns jetzt das Problem mit dem Nachtclub und
Daisys Tanzen dort ein für alle Mal aus der Welt schaffen. Sind
noch irgendwelche Gefühle davon übrig?

Frau Z.: Das liegt alles in der Vergangenheit. Ich will nicht noch
einmal darauf zurückkommen.

Herr Z.: Alice und ich haben darüber geredet: es ist jetzt alles vergan-
gen. Übrigens geht es uns sehr gut: wir gehen mindestens
einmal pro Woche alleine aus zum Essen und haben viel mehr
Zeit zusammen – die Wochenenden und ein Abend in der
Woche. Wir haben darüber geredet und das Thema ist abgeschlossen.

Daisy: Ja, es ist gut, daß Ihr über meine „Nachtschicht" Bescheid wißt.
Ich erwarte nicht, daß Ihr das mögt. Ich habe Euch gesagt,

warum ich das mache, was ich davon habe. (Mit einem freundlichen Lächeln:) Es gibt nichts, wofür ich mich entschuldigen müßte. Ich glaube, Vater besucht nie mehr einen Nachtclub.

Herr Z.: (irgendwie peinlich berührt) Das Thema ist beendet.

Daisy: Es ist nicht mal mehr ein Problem. Ich bin froh, daß es ans Tageslicht gekommen ist. Nicht darüber wie, aber daß es geschehen ist.

Frau Z.: Ja, wir bewegen uns vorwärts.

DLA: Ja, wir könnten also mit diesem Thema abschließen. Am letzten Sonntag war der Besuch schön. Richtig? Gehen Sie ihn noch einmal durch und beschließen Sie dabei, noch viele solche Besuche stattfinden zu lassen. Einverstanden? (Alle drei nicken zustimmend.) Also, gehen Sie noch einmal in sich und durchleben Sie diesen Besuch noch einmal. Großartig. Seien Sie dort... nehmen Sie wieder Kontakt mit all den guten Gefühlen auf. Dieses Gefühl des Friedens und des Wohlfühlens miteinander... Sagen Sie zu sich: „Ich möchte genau dieses Gefühl zu meiner Tochter, bzw. zu meinen Eltern haben... Ich werde diese schönen Gefühle immer wieder haben, wenn wir zusammen sind... die ganzen schönen Gefühle der Liebe zueinander und des Zusammenseins... " Bleiben Sie einen Moment dabei, innerlich... Kommen Sie dann zur normalen Denkweise zurück, fühlen Sie sich entspannt und erfrischt und bereit, den Rest des Tages voll und ganz zu genießen.

Wir sprachen über diese mentale Rückschau. Es war ein positives Erlebnis für alle. Ich empfahl ihnen, es noch einmal zu Hause zu üben und bat jeden für sich zu entscheiden, wann genau er es machen würde – allein und nicht als Familie. Daisy sagte, wie schön für sie die beiden Sitzungen Familien-Hypnotherapie waren, und wir verabschiedeten uns. Die Eltern machten mit mir für die darauffolgende Woche einen neuen Termin für sich aus.

Kommentar zur vierten Sitzung

In dieser Sitzung wurde das ursprüngliche Problem endgültig gelöst, obwohl das Paar noch für fünf weitere Sitzungen in Familien-Hypnotherapie blieb. Diese vierte Sitzung wurde dadurch vereinfacht, daß die Familie am Sonntag davor eine sehr angenehme Erfahrung während eines Besuchs von Daisy gemacht hatte. Ihre positive Grundhaltung, mit der die Sitzung begonnen wurde, zeigte, daß die vorausgehenden Familien-Hypnotherapiesitzungen erfolgreich waren und gute Ergebnisse produziert hatten. Die beiden Eltern drückten aus, daß sie jetzt in ihrer Tochter die junge Frau sahen, die das Recht hatte, ihre eigenen Entscheidungen zu treffen, wie sie leben wollte. Das schien mir eines der grundlegenden Probleme zu sein, die unter dem präsentierten Problem lagen: das „Leaving-home"-Problem. Um die Äußerungen der Eltern zu validieren, hätte ich die Technik benutzen können, in der eine bestimmte Äußerung immer wieder wiederholt wird und dabei auf die Körperreaktionen geachtet wird (s. Kapitel 3 über subjektives Biofeedback), aber ich entschloß mich, Daisy in den Mittelpunkt zu stellen (meine Gegenübertragung war noch immer wirksam). Ihre „Nachfrage" half dabei, die Gegensätze innerhalb der Familie herauszustellen. Dadurch angeregt, schlug ich vor, eine Situation zu üben, in der die Eltern sich wieder in ihr Leben „einmischen". Als Daisy die Punkte „Verabredungen" und „noch nicht verheiratet sein" benannte, schlug ich der Familie vor, ein neues Verhalten mental zu üben. Das ebnete den Weg für die Konzentration auf die inneren Überzeugungen der Mutter, das Ausfragen über Daisys Privatleben betreffend. Die Mutter erkannte ihre Angst davor, daß sie Daisys Kinder nicht sehen würde, und auf welche Art sie sich mit ihrer Tochter identifizierte, wie der Dialog zeigt. Die Bewußtheit über diesen Punkt jedenfalls eröffnete die Möglichkeit für eine neuerliche Bestätigung von Daisys Entscheidungen („Was wichtig ist, ist, daß sie glücklich ist").

Wenn ich mir diesen Teil der Sitzung noch einmal anschaue, kommt mir der Gedanke, daß ich sie auch hätte bitten können, diese Übung noch einmal zu wiederholen, um so die guten Gefühle zwischen Eltern und Tochter noch stärker zu festigen. Ich kam noch einmal am Ende der Sitzung darauf zurück. Als die Mutter an diesem Punkt Daisy als eine selbständige Erwachsene akzeptierte, ignorierte ich ihre Bemerkungen darüber, daß sie egoistisch sei, Daisy verheiratet und mit Kindern sehen zu wollen, weil ich bei dem Prozeß bleiben wollte, der gerade stattfand. Das erlebnismäßige Akzeptieren der Tochter als Erwachsene war zu diesem Zeitpunkt von überragender Wichtigkeit.

Die Zeit war dann dafür reif, ein letztes Mal das ursprüngliche Problem zur Sprache zu bringen. Ihre Reaktion darauf könnte man als Widerstand deuten, ich habe sie jedoch dafür genutzt, den Fortschritt zu fördern. Dadurch, daß ich ihre vermutlich vorliegende Selbsttäuschung darüber, daß das Problem aufgelöst und abgeschlossen sei, akzeptierte, war es mir möglich, fortzufahren, ohne gezwungen zu sein, umzukehren. Es geschah, daß das Thema von Herrn Z.'s Nachtclubbesuch in der sechsten Sitzung wieder zur Sprache kam, als es darum ging, wie sehr sie sich auf ihre Ehe einlassen. In dieser Sitzung fühlte sich Herr Z. frei genug, um über seine sexuellen Wünsche und die Stimuli, die ihn erregten, zu sprechen. In der siebten Sitzung berichtete das Paar, daß sie nach sieben Jahren der Abstinenz wieder sexuelle Aktivitäten aufgenommen hätten. Beide waren über ihre „neuen Flitterwochen" begeistert. Zurückblickend läßt sich deshalb sagen, daß es richtig war, in der vierten Sitzung nicht auf diesem Thema zu beharren.

Der letzte Teil der vierten Sitzung führte dann – wie oben erwähnt – zu den guten Gefühlen am letzten Sonntag beim Familientreffen zurück. Ich schlug vor, diesen Besuch als ein Vorbild dafür zu nehmen, wie sie sich gefühlsmäßig aufeinander beziehen können, und Daisy beendete damit ihre Teilnahme an der Familien-Hypnotherapie.

Schlußbemerkung

Wenn man diesen Fall noch einmal durchgeht, fällt es nicht schwer, die dem präsentierten Problem zugrundeliegenden Probleme zu entdecken. Diese waren einerseits, daß Daisy dabei war, das Zuhause zu verlassen, und zum anderen die Beziehung des Ehepaares. Das erste Problem wurde in der vierten Sitzung behandelt; das andere wurde in den nachfolgenden Sitzungen mit dem Erfolg behandelt, daß eine Intensivierung der Verbindlichkeit in der Ehe und eine Verbesserung der Kommunikation zwischen den Ehepartnern stattfand. Der Vorfall, der das Paar gezwungen hatte, sich mit der Distanz und dem Mangel an bedeutsamem Austausch zwischen ihnen auseinanderzusetzen, war das Nackttanzen der Tochter und die peinliche Entdeckung des Vaters. Aber das war nebensächlich in bezug auf dysfunktionale Ehe. Mein hypnotherapeutischer Ansatz betonte das Erleben und nicht das Reden. Dadurch bewegte sich das Paar in dem Tempo, das für sie richtig war und vollführte bedeutsame Veränderungen, die ihre Beziehung wahrhaftig verbesserten. Dadurch, daß ich dem OLD-C-Ablauf folgte, blieb ich immer nahe an ihren unbewußten Vorstellungen und half ihnen so, sich ihrer Gefühle bewußt zu werden. Ich sah mich selbst dabei in der Rolle eines Führers und Hilfestellung-Gebenden (*facilitators*). Das half ihnen, neue Möglichkeiten und Lösungen, die aus ihrem Unbewußten kam, zu entdecken.

Für mich ist das endgültige Kriterium für eine erfolgreiche Therapie, daß der Klient das erreicht hat, was er erreichen wollte, als er mich um Hilfe bat. In diesem Fall war es von der zweiten Sitzung an offensichtlich, daß sich die Beziehung in ihrer Ehe verbesserte und für beide befriedigender wurde. Die Tochter nahm die realistische Position innerhalb des Familiensystems ein, die ihr bis dahin, vermittelt durch die Erwartungen ihrer Eltern, verwehrt wurde.

Ich hörte von diesem Paar ein Jahr später, als Herr Z. eine Quittung für die Steuer brauchte. Ich hatte Gelegenheit, mit ihm und Frau Z. am Telefon zu reden, und beide sagten mir, daß alles weiterhin befriedigend und bereichernd für sie alle war. Sie fügten hinzu, daß beide – jeder für sich – Selbsthypnose mindestens einmal pro Woche für verschiedene Zwecke, z.B. Nervosität oder Müdigkeit, anwendeten. Das war eine bemerkenswerte Generalisierung. Die in der Familien-Hypnotherapie gelernten Fähigkeiten wurden auch auf andere Bereiche des Lebens angewendet.

Sie berichteten auch, daß ihr wöchentliches Essengehen und die Abende zusammen zur Gewohnheit geworden sind und daß sie das sehr genießen würden. Nach dem Ende der Hypnotherapie empfahlen sie zwei weitere Paare an mich.

9 Ein einzigartiger Vater

Nachdem ich im letzten Kapitel einen Fall vorgestellt habe, bei dem es um ein soziales System ging, werde ich nun einen individuellen Fall vorstellen, bei dem ein systemischer Ansatz ein Umweg und eine unelegante Behandlungsform sein würde. Dieser Fall umfaßt drei Einzel-Hypnotherapiesitzungen

Allgemeiner Hintergrund

Jack rief mich an, um einen Termin für „Hypnotherapie" zu vereinbaren. Ich wurde ihm von einem seiner Nachbarn – ein Psychologe, der mich kannte – empfohlen. Wegen einer plötzlichen Terminabsage konnte ich ihm schon für den nächsten Tag einen Termin geben. Da er wußte, daß ich sehr beschäftigt bin und einen engen Terminplan habe, faßte er das als ein gutes Omen auf. Die Tatsache, daß ich persönlich am Telefon war, als er anrief, bestärkte ihn in seinem Optimismus.

Er kam fünf Minuten vor dem vereinbarten Termin, und als ich ihn zehn Minuten später hereinholte, begrüßte er mich mit den Worten: „Mann! Bin ich froh, bei Ihnen zu sein und daß Sie mich so kurzfristig empfangen konnten." Er war ordentlich aber salopp in ruhigen Farben gekleidet. Er erklärte, daß er nach der Arbeit nach Hause gegangen war, um etwas zu essen und sich bequemere Kleidung anzuziehen als die, die er tagsüber als Geschäftsführer eines großen Sanitärbedarfsgeschäfts tragen mußte. Er war 28 Jahre alt, er war freundlich und höflich und er drückte sich gut und genau aus. Das folgende ist ein Transkript der ersten Minuten nach der Begrüßung und dem Aufnehmen der wichtigsten Informationen wie Adresse und Telefonnummer.

Erste Sitzung

DLA: Was führt Sie zu mir?
Jack: Mein Vater ist vor etwas mehr als vier Monaten gestorben. Ich

215

habe ihn gehaßt, wie alle anderen ihn gehaßt haben. Und ich hasse ihn noch immer. Er war ein schlimmer, rücksichtsloser, bösartiger Geschäftsmann. Menschen haben für ihn nichts gezählt, nur das, was sie in Geld für ihn wert waren... Das Leben bestand für ihn nur aus Geschäft – ein schlimmer „Jeder für sich"-Typ... Ich sollte froh sein, daß er schließlich weg ist, aber ich bin seit einiger Zeit niedergeschlagen – ich hasse das Wort depressiv. Ich frage mich, ob das seinetwegen ist... mit ihm zu tun hat?

DLA: Sie wollen herausfinden, was für Gefühle Sie zu Ihrem Vater haben, ja? Also müssen wir uns auf Ihre Gefühle konzentrieren – die glücklichen und die niedergeschlagenen – und auf Ihren Vater, Ihre Erinnerungen an ihn.

Jack: (als wenn er laut nachdenken würde) Ich glaube, das ist es... Ja.

DLA: Lassen Sie uns also an die Arbeit gehen. Sitzen Sie bequem? Ja, Sie können sich im Stuhl zurücklehnen. Genau so... All right. Wenn Sie Ihre Augen schließen und mir zuhören, können wir anfangen. Sehr gut. Nehmen Sie sich einem Moment Zeit, um zu entspannen und in sich zu gehen... Kommt Ihnen irgend etwas in den Sinn?

Jack: Ich versuche einfach, mich zu entspannen.

DLA: Halten Sie die Augen geschlossen, wenn Sie reden. Es wird Sie nach einer Weile weniger ablenken. Vor Ihrem inneren Auge sehen Sie einen sehr entspannenden Ort, im Freien, angenehm, sicher... Die Sonne scheint, die schönste Zeit des Jahres... bestes Wetter... Was für Orte kommen Ihnen in den Sinn?

Jack: ... Verschiedene...

DLA: In Ordnung. Gehen Sie in Gedanken durch all diese Orte, bis Sie bei einem dieser entspannenden Orte verweilen... Wo sind Sie jetzt?

Jack: Eine Wiese... wunderschön... hohe Berge... viel Grün... wunderschön...

DLA: Genießen Sie den Ort, die Luft, die Ruhe, die Erhabenheit... Genießen Sie es, seien Sie voll und ganz da... Können Sie sich selbst dort sehen?

Jack: (Nickt langsam)

DLA: Sehen Sie sich selbst, wie Sie in der Position sitzen, die Sie jetzt innehaben... Sie entspannen sich noch mehr... Und dort, auf dieser wunderschönen Wiese... von grünen Bergen umgeben... lassen Sie sich dieses Gefühl der Niedergeschlagenheit, das Sie neuerdings haben, erleben... Was passiert?

Jack: (öffnet seine Augen und schaut ängstlich) Ich bin 'reingekommen. Ich will keine Depressionen.

Ich half Jack dabei, hypnotisch zu arbeiten, bzw. sich darauf vorzubereiten, und er ging bewundernswert gut darauf ein. Trotzdem, als ich die „niederdrückenden Gefühle" zur Sprache brachte, öffnete er die Augen und richtete sich erschrocken auf. Das war mein Fehler. Die Intervention kam verfrüht. Eine Möglichkeit, diesen Fehler zu vermeiden, wäre gewesen, ein altes Selbsteinschätzungsinstrument unter Nutzung der Imaginationsfähigkeit des Klienten zu verwenden. Ich hätte ihn bitten können, sich ein 30 cm langes Lineal vorzustellen, während er den wunderbaren Ort genoß, und ihn danach erst an seine Depressionen heranführen sollen. Die Zahlen auf dem Lineal geben entweder seine Entspannungstiefe oder seine Bereitschaft an, mit seiner inneren Bewußtheit oder seinem Unbewußten zu kommunizieren. Depression ist ein „N-Wort" (ein Wort, das eine Negativbotschaft enthält). Obwohl ich vermieden hatte, es zu gebrauchen, fühlte er sich durch die Erwähnung seiner „Niedergeschlagenheit" an Depressionen erinnert und öffnete die Augen und kam aus der Entspannung. Vielleicht erlebte Jack eine Art kognitive Dissonanz: auf der einen Seite beginnende Entspannung und auf der anderen Seite aufgerüttelt durch die Erinnerung an seine Depressionen. Ich erkannte meinen Fehler und fuhr fort.

DLA: Gehen Sie bitte zu der Wiese zurück. Prüfen Sie, ob Sie wieder dahin zurückgehen können... Achten Sie auf andere Details... Geräusche in der Natur... Vögel... kleine Brisen... fließendes Wasser... Genießen Sie es... Achten Sie auf einige wilde Pflanzen... ihre Farben... wie unterschiedlich sie sind. Vielleicht sehen Sie aus der Entfernung ein paar Kaninchen oder Eichhörnchen... Sie spüren den leichten Windhauch auf Ihrem Gesicht... die Sonne... Sie riechen die Erde, die Bäume... Sie spüren die Schönheit dieses Ortes... Erleben Sie es? (Er nickt bestätigend.) Sitzen Sie dort? (Ja.) ... Genießen Sie es, dort zu sein, sich geborgen und glücklich zu fühlen... sich sehr gut und stark zu fühlen?... Und während Sie dort sind, möchten Sie vielleicht über Ihr Leben nachdenken... Möchten Sie über Ihr Leben nachdenken? Ja? (Er nickt bestätigend.) Sie sind am Leben, Sie fühlen sich lebendig... in Kontakt mit der Schönheit und der Lebendigkeit dieser Wiese... Noch immer in Ordnung?... Und lassen sich jetzt in Kontakt bringen... mit Ihren Gefühlen... Ohne sich anzustrengen. Nehmen Sie einfach wahr, was in Ihnen vorgeht... wie Sie das wahrnehmen, was auf dieser Wiese passiert... Was passiert in Ihnen? Kommen Sie mit Ihrem Innersten in Berührung... Nehmen Sie all das Leben wahr... das in Ihnen ist... Ihre Gefühle... Was passiert?

Jack: Soll ich es Ihnen sagen?

DLA: Nicht notwendigerweise. Nehmen Sie zuerst all Ihre Gefühle voll und ganz wahr.

Jack: ... Ich sehe meinen Vater. Den Vater, den ich mir immer gewünscht habe... freundlich, liebevoll, ermutigend... Aber jetzt wird er mein richtiger Vater... Ich habe Angst, Wut... immer... Wir kämpfen, schreien, verletzen uns... wie immer. Es gibt keine Hoffnung... Oh, wie ich ihn hasse. (Er weint) Ich hasse ihn... ich kann ihn hören, „Du bist genau so wie ich! Worüber beschwerst du dich? Du bist genau wie ich! Du bist mein Sohn. Du hast mein Blut in dir! Du bist genau so ein Mistkerl wie ich es bin. Schau es dir an, Kleiner. Du bist wie ich!" Er schreit immer weiter. Das macht mich verrückt.

DLA: Sie sind nicht, wie er jetzt ist. Er ist tot; Sie leben.

Jack: (ignoriert meine Bemerkung) Ich weiß nicht, was ich machen soll... Ich möchte ihn umbringen...

DLA: Lassen Sie ihn sich ausschreien. Sie können ... es ertragen. Und Sie können... es verändern.

Jack: ... Jetzt ist er still... aber voller Haß... ich zittere... Bin ich wie er?... Vielleicht hat er recht. Ich bin wie er... Nicht in jeder Hinsicht... Ja, ich habe seinen Charakter, aber ich mag ihn nicht... ich will nicht so sein wie er... lieber möchte ich tot sein.

DLA: Jack, schauen Sie sich die Züge Ihrer Persönlichkeit an, in denen Sie wie Ihr Vater sind. Lassen Sie diese Persönlichkeitszüge in Ihr Bewußtsein kommen... Ebenso wie Ihr Vater sind Sie... sagen Sie zu sich selbst, „Ebenso wie mein Vater bin ich..." Beenden Sie den Satz still für sich... Machen Sie es noch einmal... Sie sind in vielerlei Hinsicht wie Ihr Vater. Gehen Sie richtig hinein in den Satz „Ebenso wie mein Vater bin ich..."

Jack: (tiefes Schweigen für ca. zwei Minuten) Ja, ich weiß. Ich habe viele seiner Eigenschaften, aber ich bin auch anders.

DLA: Ja, das sind Sie. Lassen Sie nun vor Ihrem inneren Auge all diese Eigenschaften Revue passieren... langsam... in Zeitlupe... Die Dinge in Ihnen, in denen Sie anders als Ihr Vater sind...

Jack: (wieder still; heftig konzentriert aber mehr und mehr mit einem Lächeln) Nicht wie er... überhaupt nicht.

DLA: Bleiben Sie eine Weile dabei... (ungefähr eine Minute Schweigen) Machen Sie nun einen Vergleich...in Gedanken, als ob Sie die guten Eigenschaften anziehen wie Kleidungsstücke... Sehen Sie zwei Bilder von sich selbst und fangen Sie an, das eine Bild mit all denen Ihrer Eigenschaften zu versehen, in denen Sie nicht wie Ihr Vater sind... Das andere Bild von Ihnen ist wie Ihr Vater... Eines wie er, das andere nicht wie er. Schaffen Sie das?... Machen Sie weiter, bis Sie fertig sind... Entscheiden Sie jetzt, welcher Sie sein wollen... Lassen Sie das andere Bild verblassen, verschwinden... Bleiben Sie bei dem Bild von Ihnen, das Sie sein wollen... Der Jack, der Sie sein wollen... der Jack, der Sie sein können... Bleiben Sie bei dem Jack, der Sie sein werden... Der Jack, von dem Sie wissen, das Sie so sein können... Sind Sie dabei?

Dieser Vorgang nahm ungefähr fünf Minuten Zeit in Anspruch, in denen sich Jack sichtlich entspannte und sehr langsam atmete. Ich bat ihn, bei diesen guten Gefühlen zu bleiben und das Selbst zu genießen, das er sich entschlossen hatte, wachsen und blühen zu lassen. Ich schlug dann vor, daß er diese geistige Übung zu Hause weiterführen und sie jeden Tag üben könne. Danach beendeten wir die erste Sitzung und trafen eine Verabredung, uns in sieben Tagen wiederzutreffen. Aber bevor er ging, schlug ich ihm vor, noch einmal das Erlebte in Selbsthypnose durchzugehen.

DLA: Als letzte Überprüfung schließen Sie wieder Ihre Augen und gehen noch einmal die Sitzung durch, die wir gerade miteinander hatten... Achten Sie auf Ihren Körper und was er meint, wie sich die Sitzung anfühlt... Irgendwelche Spannungen irgendwo? (Langsame Kopfbewegung, die Nein bedeutet.) Genießen Sie also die guten Gefühle und bleiben Sie bei dem, was Sie heute über sich gelernt haben... Sehen Sie sich noch einmal als den Jack, der Sie sein wollen, sein können und sein werden. Noch immer entspannt? (Jack nickt bestätigend.) Und versprechen Sie sich schließlich, daß Sie diese Übung zu Hause wiederholen werden, täglich, bis wir uns in der nächsten Woche wiedersehen.

Kommentar zur ersten Sitzung

Der erste bemerkenswerte Aspekt ist, daß das Ziel der Therapie von Anfang an klar definiert war. In Jacks Fall war das einfach. Wenn das Therapieziel jedoch anfänglich nicht klar feststeht, ist die erste Aufgabe, ein Therapieziel zu spezifizieren. Beachtenswert ist, daß die therapeutische Arbeit sofort losgeht. Bei anderen Therapieformen wäre Jack wahrscheinlich ermutigt worden, mehr über seinen Vater zu erzählen und seine Gefühle zu erklären. Mein Interesse war es, so schnell wie möglich zu einer rechtshemisphärischen Funktionsweise zu kommen, anstatt möglichst viel anfängliche Informationen zu bekommen. Die für eine Veränderung wichtigen Informationen über das Leben des Klienten kommen durch das innere Erleben spontan zum Vorschein und nicht dadurch, daß man direkt nach ihnen sucht (wie sich in der nächsten Sitzung zeigen wird).

Um den Übergang von „normaler geistiger Aktivität" zur Selbsthypnose zu machen (wie ich es neuen Klienten gegenüber häufig nenne), ist es besonders am Anfang notwendig, eine anfängliche Phase der Entspannung, der Zentrierung auf sich selbst und ein In-Selbsthypnose-Gehen oder eine Induktion (hier aber nicht in der Bedeutung eines Rituals oder stereotyper Techniken) zu durchlaufen. In den späteren Sitzungen ist diese Einführungsphase dann kürzer oder nicht vorhanden (wie man in der zweiten Sitzung mit Jack sehen wird).

Wenn das Ziel definiert und der Klient bereit ist (wenn er von links- zu rechtshemisphärischer Arbeitsweise umgeschaltet hat), kommen immer die wichtigen Punkte zum Vorschein – entweder direkt, wie in dieser Sitzung (sein Vater „erscheint" an dem Punkt, als er im Frieden mit sich selbst ist und seine Vorstellung genießt) oder symbolisch und in verhüllter Form, wie es in der zweiten Sitzung mit sexuellem Material geschieht. Als Jack erlebte, wie sein Vater ihn anschrie, erniedrigte und ihm sagte, daß er wie sein Vater wäre, führte ich zwei Dinge an: 1) Der Hauptunterschied zwischen ihnen („Sie leben und er ist tot"), wobei ich mich auf seine vorherige Erfahrung bezog, in der er sich auf der Wiese, im Kontakt mit der lebendigen Natur, gesehen hatte; 2) Mein Verweis auf seine innere Stärke und Kraft („Sie können es ertragen; Sie können es verändern"). Obwohl Jack auf meine erste Bemerkung nicht einging, verhielt er sich danach: Er bewegte sich aus der Vergangenheit in die Zukunft; er akzeptierte die wichtigste Tatsache des Lebens – Veränderung. Bezüglich meines zweiten Kommentars waren die folgenden Worte seine Antwort: „Ich will nicht so sein wie er." Im weiteren Verlauf der Sitzung baute ich auf dieser Entscheidung von Jack auf.

Bevor Jack sich die Aspekte seiner Persönlichkeit anschaute, die wie die seines Vaters sind, traf er eine Entscheidung. Diese Entscheidung spiegelt sich in einer „bedeutsamen Äußerung" (s. Kap. 4) wider – „Ich will nicht so sein wie er". Beachten Sie, wie er schließlich in einem entsprechenden geistigen Bezugsrahmen die Sitzung beendete – durch das Erleben in Hypnose bestärkt. Dadurch, daß er ermutigt wurde, die positiven Züge seiner Persönlichkeit „anzuziehen" und gleichzeitig die negativen zu erkennen, war Jack in der Lage, erlebnismäßig noch einmal die Entscheidung zu treffen und schließlich das „Nicht wie sein Vater"-Ich zu unterstützen.

Zweite Sitzung

Jack war pünktlich zu seiner 20-Uhr-Verabredung und sagte gleich, es sei ihm bis zum Tag vor der Sitzung „sehr gut" gegangen, doch die letzten beiden Tage seien „schrecklich" gewesen. Als ich ihn fragte, was „sehr gut" und „schrecklich" bedeuten würde, sagte er:

Jack: Ich habe jeden Tag geübt und diese Übungen haben mich wirklich innerlich erreicht. Ich muß nicht so sein wie mein Vater. Ich hatte ihn schon abgelehnt, als ich mich weigerte, in seiner großen Ladenkette zu arbeiten, und ging meinen

221

eigenen Weg. Nun kann ich ihn noch mehr ablehnen. Ich kann mich sogar dazu entscheiden, nicht so wie er zu sein.

DLA: Bevor Sie weiterreden, Jack, prüfen Sie diese Ablehnung mit Ihrem inneren Selbst. Schließen Sie die Augen, entspannen Sie sich und konzentrieren Sie sich darauf: „Ich will nicht wie mein Vater sein."

Jack: (entspannt sich, atmet langsamer)... Es fühlt sich gut an... Ich bin anders... Seine Persönlichkeitszüge überwältigen mich nicht... Ich kann sie neutralisieren. Ich werde nicht wie er sein... niemals! Ich fühle es.

Nach diesem Austausch bat ich ihn fortzufahren und mir mehr über seine „schrecklichen" Gefühle zu erzählen. Er antwortete mir, daß seine alten Ängste wieder da seien, daß er Alpträume von seinem Vater und sich hatte, wie sie kämpfen und sich anschreien, wie sie es von seiner Jugend bis zum Tod des Vaters unzählige Mal getan hätten. Dadurch wurde die alte Depression wieder ausgelöst. Auf meine Aufforderung hin überprüfte er, wie er sich jetzt fühlte, achtete auf Körperempfindungen, redete nicht mehr, sondern nahm Kontakt mit seinen Gefühlen auf. Während er dies tat, erinnerte ich ihn daran, wie er sich vor einigen Minuten gefühlt hatte. Das half ihm dabei, sich die positiven Gefühle wieder in Erinnerung zu rufen und bei ihnen zu bleiben und seine Entscheidung, nicht wie sein Vater zu sein, zu genießen.

DLA: Und jetzt, da Sie sich gut fühlen, gehen Sie noch einmal zu den Gefühlen zurück, die Sie gestern und heute erlebt haben... Versuchen Sie sich zu erinnern, diese schrecklichen Gefühle noch einmal zu erleben... Vergegenwärtigen Sie sich, was in Ihrem Körper passiert...

Jack: (lächelnd und entspannt) Ich kann mich jetzt nicht schrecklich fühlen... Ich fühle mich gut... Aber ich erinnere mich daran, wie ich mich gestern gefühlt habe.

DLA: Erinnern Sie sich daran, erleben Sie es wieder und schauen Sie, ob Sie daraus, wie Sie sich gefühlt haben, etwas über sich selbst lernen können.

Jack: (Konzentriert, aber noch immer lächelnd) Ich war blöd... ich habe mich von den alten Ängsten überwältigen lassen... Es ist nichts dran... ich kann es schaffen, ich kann das sein, was ich weiß, das ich bin.

DLA: Dann lassen Sie den Jack, der wie Ihr Vater ist, noch einmal los... Lassen Sie ihn gehen.

Jack: Der gute Jack ist stärker... ich kann den anderen Teil von mir loslassen.

DLA: Machen Sie es jetzt. Lassen Sie den Jack, den Sie nicht haben wollen, schrumpfen, verschwinden... Lassen Sie ihn so schwach werden, daß er verschwindet... voll und ganz.

Jack: (nach ungefähr einer Minute des Schweigens) Ja, es ist komisch. Ich sehe mein negatives Selbst schrumpfen, verschwinden... Es fühlt sich gut an. Daneben sehe ich mein positives Selbst... stark, lebendig und es wächst noch immer...

DLA: Genießen Sie diese Energie, die wächst, stärker wird... die Ihr ganzes Wesen erfüllt.

Jack: (runzelt die Stirn) Es wird zu groß... Bitte nicht so groß...

DLA: Sie können es auf die Größe bringen, die Sie wollen... mit der Sie sich wohl fühlen...

Jack: Ja, jetzt ist es nicht mehr so groß. Es fühlt sich gut an. So kann ich sein...

DLA: Bleiben Sie noch eine Weile dabei. Gewöhnen Sie sich an das Selbst, daß Sie sein wollen, so daß das andere Selbst keine Chance mehr hat. (Jack blieb eine Weile dabei und machte einen entspannten Eindruck.) Was machen Sie?... Das Selbst, das Sie sein wollen?

Jack: Ich bin mit meiner Freundin zusammen... ich genieße es mit ihr, ohne sie zu benutzen...

DLA: Bleiben Sie bis zum Schluß bei dieser Szene. Seien Sie so mit ihr zusammen, wie Sie stolz auf sich selbst sein können.

Jack: Ja, glücklich... liebevoll, gemeinsam, sexuell...

DLA: Bleiben Sie dabei... Wenn Sie zufrieden mit dieser Szene sind, lassen Sie Ihr inneres Selbst eine andere Szene zu Tage bringen... anders... Was kommt Ihnen in den Sinn?

Jack: Im Laden, mit meinen Leuten...ich helfe ihnen.

DLA: Und wieder sind Sie voll da, Jack. Sie sehen sich, wie Sie sich voll und ganz wie Sie selbst verhalten... anders als Ihr Vater...es ist nichts mehr von Ihrem Vater in Ihnen.

Jack: Ja, das tut gut... Und wieder mit meiner Freundin... wirklich Sahne...

Jack wechselte ein paarmal zwischen diesen beiden Szenen hin und her und bestätigt sich darin, der Mensch zu sein, der er sein will, indem er das Bild von sich stärkt, bei dem er bleiben wollte. Er übte dieses im Geiste und schwächte so die „Vater-Eigenschaften", die er loswerden wollte, indem er die Eigenschaften stärker werden ließ, in denen er sich unterschiedlich zu seinem Vater sah. Die Sitzung ging in dieser Art und Weise noch eine Viertelstunde lang weiter. Am Ende sprachen wir über seine Erlebnisse. Er erkannte jetzt, daß er nichts mehr zu befürchten hatte und daß er fühlte, daß er die Eigenschaften, die er bei seinem Vater wie bei sich selbst nicht mochte, wirklich losgelassen hatte. Wir machten noch eine abschließende hypnotische Überprüfung, um sicherzugehen, daß jeder Teil in ihm mit den in der Sitzung gemachten Erlebnissen übereinstimmte. Diese Überprüfung (in Einklang mit dem OLD-C-Modell) bestand aus einer nochmaligen Entspannung, in der der Körper als subjektives Biofeedback-Instrument benutzt wurde. Während sich Jack sein Selbst, so wie er es sich wünschte, vorstellte, achtete er darauf, wie sein Körper darauf reagierte. Während er entspannt war und sich wohl fühlte, wurde er ermutigt, so zu tun, als wenn seine Entscheidung richtig gewesen sei. Falls sich in diesem Fall Spannung im Körper aufgebaut hätte, hätte man sich auf diese Spannung konzentriert, und es wären neue Probleme zum Vorschein gekommen. Er fühlte sich jedoch entspannt und befriedigt, und so endete diese Sitzung.

Kommentar zur zweiten Sitzung

Einige wichtige Details kommen in dieser Sitzung zum Vorschein. Jack schien willens zu sein, sich auf sein „Versagen" der letzten beiden Tage zu konzentrieren, obwohl er das in der ersten Sitzung Erreichte durch zu Hause praktizierte Selbsthypnose gefestigt hatte. Ich führte ihn dahin, sich noch einmal auf das Erreichte statt auf das Versagen zu konzentrieren. Nachdem wir noch einmal die Gefühle aufgegriffen hatten, die bei seiner Entscheidung, nicht wie sein Vater zu sein, aufkamen, konzentrierten wir uns darauf, wie „schrecklich" er sich in den letzten beiden Tagen gefühlt hatte. Dadurch war er in der Lage, seine Angst, wie sein Vater zu sein, als lächerlich zu erken-

nen und wegzuschicken. Um diese Wahrnehmung der Wie-Vater/
Nicht-wie-Vater-Dichotomie zu unterstützen, führte ich die beiden
Vorstellungen seiner Selbst ein, bei der das eine Selbst stärker und
das andere immer schwächer wurde. Ich benutzte die Sprachfigur
des „Schrumpfens" (eine Vorstellung, die er selbst zuvor nicht gebraucht hatte), und er ging gut darauf ein.

Dem ersten Schritt des OLD-C-Modells zufolge – des Beobachtens –, sollte der Hypnotherapeut die Bilder benutzen, die der Klient
anbietet. Als ich das Bild des Schrumpfens einführte, griff ich eine
vorherige Äußerung von ihm wieder auf („Der gute Jack ist stärker...
ich kann den anderen Teil von mir loslassen."). Vom visuellen Standpunkt aus ist es so, daß wenn „der andere Teil" fortgeht, er
schrumpft, und er immer kleiner wird, bis er verschwindet. In der
gleichen Sequenz sagte ich: „Lassen Sie ihn so schwach werden, daß
er verschwindet". Das war meine unbewußte Reaktion auf seine Beschreibung des starken „guten Selbst". Jack griff mein Bild des
Schrumpfens sofort auf, was Klienten in so einer Situation häufig
machen. Wenn Klienten in rechtshemisphärischer Aktivität absor-
biert sind, nehmen sie neue mentale Bilder, die der Hypnotherapeut
vorschlägt, bereitwillig an, sofern es sich dabei um Erweiterungen
der Bilder handelt, die sie direkt davor benutzt haben. Diese Aufnahmebereitschaft in Hypnose, wie Wick (1983) es nennt, erlaubt dieses
Zusammenspiel des Unbewußten von Therapeut und Klient (s.
Kap. 5 über die Interaktion zwischen Klient und Hypnotherapeut).

Wiederum führte ich neue Begriffe ein („Energie, die wächst,
stärker wird... die Ihr ganzes Wesen erfüllt") – in Einklang mit dem,
was Jack zu dem Zeitpunkt erlebte. Dann kam dieser Moment, als
Jack etwas Angst bekam und sagte, das Selbst, das er wolle, werde
„zu groß". Unter Vernachlässigung jeglicher Spekulationen über
mögliche sexuelle Konnotationen, Angst vor homosexuellen Neigungen oder Beschäftigung mit der Penisgröße, blieb ich bei den
Bildern, mit denen wir arbeiteten. Dieses führte ihn dazu, sich selbst
mit seiner Freundin zu sehen (eine mögliche Verbindung mit der ver-
hüllten sexuellen Bedeutung der vorhergehenden Gesprächsse-
quenz über das „zu groß"). Man könnte darüber spekulieren, daß
sich die unbewußte Verbindung so glatt herstellen ließe, weil ich ihn
vorher, bei den ersten Andeutungen, nicht gezwungen hatte, Exkur-
sionen in sexuelle Gebiete zu machen. Dieses Paradox, die sexuelle

Andeutung zu ignorieren, um eine spontane Würdigung ihrer Bedeutung zu ermöglichen, steht in Einklang mit der Forderung der Neuen Hypnose, nicht zu interpretieren. Ohne konkret zu werden, bezieht sich Jack in vier Worten auf Sex („glücklich, liebevoll, gemeinsam, sexuell"), und ich ermutige ihn, sich die ganze Szene zusammen mit seiner Freundin vorzustellen.

Das nächste Bild, das aus Jacks Unbewußtem entstand, war das der Arbeit – und das hatte tiefere Bedeutung als das, sich selbst zu sehen, wie er sich anders als sein Vater verhielt. Freuds „Arbeiten und Lieben" kam mir in den Sinn, während ich zuschaute, wie Jack zwischen den beiden Szenen hin- und herpendelte. Er würde anders sein als sein Vater – sowohl in der Liebe wie auch bei der Arbeit. Das ursprüngliche Ziel der Therapie war damit erreicht.

Dritte Sitzung

Acht Tage später kam Jack wieder. Er fühlte sich sehr glücklich und ermutigt. Er sagte, er wisse jetzt, daß er nicht wie sein Vater sein müsse, und er berichtete, daß seine Depressionen nicht wiedergekommen seien. Er sprach über die gleichgültige Rücksichtslosigkeit seines Vater und wie er Frauen mißbrauchte, ohne dabei diskret zu sein oder Rücksicht auf seine Mutter zu nehmen. Er sprach auch darüber, daß sein Vater „Menschen bis zum letzten Heller ausraubte", solange er ungeschoren davonkam (und das war meistens der Fall, da er Verbindungen zu dunklen Kreisen hatte und korrupte Freunde in der Verwaltung hatte). Er stand sogar dreimal unter Mordverdacht, die Anklage ist jedoch jedes Mal später fallengelassen worden.

Weil die Dinge, dessentwegen Jack in Hypnotherapie gekommen war, sich in gesunder Art und Weise zu konsolidieren schienen, schlug ich vor, noch einmal auf seinen Zustand der „Niedergeschlagenheit" zurückzukommen, den er in der ersten Sitzung erlebt hatte. Ich erzählte ihm, daß es ihm nützen könnte, diesen Punkt zu klären, um sich so gegen solche Gefühle in der Zukunft zu immunisieren. Er willigte ein, wie die folgende wörtliche Niederschrift zeigt.

DLA: Und nun gehen Sie zurück zu Ihrer Selbsthypnose. Schließen Sie die Augen, genau so, und nehmen Sie sich einen Augenblick zum Entspannen..., sich ins Gleichgewicht zu bringen. Sie wollen mit diesem Gefühl der Niedergeschlagenheit Kontakt aufnehmen... Überprüfen Sie Ihren Körper... Was passiert mit ihm, wenn Sie an diese Niedergeschlagenheit im Zusammenhang mit Ihrem Vater denken?

Jack: ... Ich bin plötzlich sehr aufgeregt.

DLA: Bleiben Sie bei diesem Gefühl in Ihrem Körper. Wo ist die Aufregung?... „Sehr aufgeregt"... was passiert in Ihrem Körper, das Sie „sehr aufgeregt" nennen?

Jack: ... Überall, wie ein Zittern...

DLA: Vermeiden Sie es nicht. Folgen Sie ihm... Lassen Sie es stärker werden oder schwächer. Folgen Sie ihm.

Jack: (zeigt Spannung und Stirnrunzeln)... Traurig ... sehr traurig...

DLA: Erlauben Sie irgendwelchen Bildern, hochzukommen, irgendwelche Erinnerungen, Szenen...

Jack: Dunkel... alles ist dunkel... ich bin verloren. (Die letzte Äußerung sagte er mit kindlicher Stimme.)

DLA: Bleib' im Dunkeln. Wo bist du?

Jack: Draußen... nachts... kalt, mir ist kalt... alles ist dunkel... im Wind...

DLA: Wie alt bist du?

Jack: Zehn, fast elf... (noch immer mit sehr kindlicher Stimme) Ich bin kein großes Kind...

DLA: Wie heißt du?

Jack: Johnnie... ich allein (er weint und ist erregt)...

DLA: Wo warst du vorher, Johnnie?

Jack: ... Bei meiner Mutter.

DLA: Wo?

Jack: ... Im Haus... Ferienhaus...

DLA: Was ist passiert?

Jack: Pappi hat Mamma geschlagen... Sie haben gekämpft... geschrieen. Er hat sie geschlagen... er hat sie doll geschlagen... ich bin weggerannt... ich bin so allein (weint noch immer).

DLA: Was passierte danach, Johnnie?

Jack: Ich höre Pappi, wie er mich ruft... ich antworte nicht...

DLA: Und was passiert dann?

Jack: Er kommt mit einer großen Taschenlampe 'raus... Er sieht mich nicht. Ich renne... leise. Es ist sehr dunkel... mir ist kalt...

DLA: Erzähle weiter, Johnnie.

Jack: ... Und dann renne ich. Er hat Mamma geschlagen... Sie hat geweint... Ich hasse Pappi, er ist böse...

DLA: Läufst du immer noch, Johnnie?

Jack: Nein, ich verstecke mich... am Schuppen... Ich habe Angst...

DLA: Was passiert dann, Johnnie?

Jack: Ich höre Mamma. Sie ruft mich... Ich bin so glücklich, daß sie o.k. ist. Papa ist böse...

DLA: Was sagt deine Mutter?

Jack: Ich höre Pappi. Er sagt: „Laß ihn wo er ist, das verzogene Gör. Er wird schon zurückkommen. Er ist nicht blöd, der verfluchte Bengel." Er knallt die Tür zu, kräftig...

DLA: Und?...

Jack: Aber Mamma sagt: „Du läßt mich in Ruhe."... Ich bin so froh, daß es ihr gut geht.

DLA: Was ist noch, Johnnie?

Jack: Es ist Mammis Stimme, „Hab' keine Angst, Johnnie." Ich höre sie. „Alles ist in Ordnung. Daddy wird dir nicht wehtun..."

DLA: Und was machst du?

Jack: „Hier bin ich, Mammi." Sie umarmt mich. „Daddy wird dir nicht wehtun. Auch mir wird er nie mehr wehtun. Alles ist gut..."

DLA: Bist jetzt glücklich?

Jack: (kommt aus der Selbsthypnose und spricht mit seiner Erwachsenenstimme) Junge, das war ja 'ne Szene! Wissen Sie, als wir nach Hause kamen, war er weg. Er ging in der Nacht in die Stadt zurück. Danach haben sie sich getrennt. Aber nach sechs Monaten waren sie wieder zusammen. Das hat aber nicht lange gehalten, vielleicht drei Jahre oder so. Das war dann die Zeit, als er seine blöde Freundin mit nach Hause brachte, um meine Mutter aufzubringen. Dann haben sie sich scheiden lassen. Ich war ungefähr 15 zu der Zeit. Sie starb als ich fast 20 war. Ich kreide ihm noch immer ihren Tod an. Die Scheidung war die reine Hölle. Er hat ihr unglaublichen Kummer bereitet. Hat sie gequält. Sie war noch nicht mal 45 als sie starb... ich glaube, ich bin noch immer deprimiert davon... obwohl, nein.

Ich habe meine Mutter betrauert. Ich habe ihr gegenüber nur noch gute Gefühle... Aber er...

DLA: Wir haben uns auf Ihre Depression konzentriert, als Sie sich plötzlich aufgeregt fühlten, und das brachte Sie dann zu der Szene, die Sie gerade wiedererlebt haben. Gehen Sie noch einmal zurück in sich und fragen Sie sich, ob diese Szene etwas mit Ihren Gefühlen der Niedergeschlagenheit zu tun hat.

Jack: (lächelt) Sie können ruhig „Depression" sagen. Ich habe gesagt, ich hasse das Wort, weil mein Vater mich immer beschuldigt hat, depressiv zu sein – und das war für ihn etwas sehr Schlechtes, weil er immer viel Energie hatte. Wenn er sie doch nur zu etwas Besserem benutzt hätte. Er hat viel Geld gemacht, aber niemand hat ihn gemocht. Aber das ist jetzt vorbei... Was haben Sie gesagt? Ja, die Depression und die eindrucksvolle Szene, die ich gerade wiedererlebt habe. In Ordnung (schließt die Augen und atmet tief)...

DLA: Schauen Sie sich noch einmal ganz vorsichtig an, was die depressiven Gefühle mit der Szene, die Sie gerade erlebt haben, zu tun haben... Denken Sie nicht nach und analysieren Sie nicht. Lassen Sie einfach den Gedanken aufkommen... die Bilder, Gefühle, Körperempfindungen kommen von allein.

Jack: (entspannt sich tiefer)... Ich glaube, ich weiß. Ich hatte nie einen Pappi (fast peinlich berührt), Entschuldigung, ich meine, einen Vater...

DLA: Ja, machen Sie weiter.

Jack: (jetzt wieder in Hypnose) So lange er lebte, hatte ich Hoffnung... Eines Tages, vielleicht... könnte ich ihn lieben...

DLA: Aber nun ist er tot.

Jack: Ja, und ich hab' ihn nie... wirklich... geliebt. Ich hasse ihn noch immer... Er hat mir nie erlaubt, ihn zu lieben...

DLA: Sie müssen vielleicht mit der Trauer leben, aber nicht mit dem Haß.

Jack: Ja... ich will nicht mehr hassen... Er hat's nicht besser gewußt... Er hatte eine schwere Kindheit... Er hatte keine Erziehung. Nur reich und gemein...

DLA: Ich glaube, Sie verstehen, warum er so schlecht war.

Jack: ... Ja, ich muß ihn nicht hassen...

DLA: Zu verstehen heißt zu vergeben.

Jack: Ja, ich vergebe ihm... Ich bin so sehr anders als er... Er hat nie jemandem vergeben, niemals...

DLA: Schauen Sie sich jetzt Ihren Haß an.

Jack: Er ist jetzt nicht mehr da... nur Trauer... zu schade! (Langes, intensives Schweigen:) Sehr traurig...

DLA: Ihr Vater hat Sie verletzt, aber Sie wachsen über den Haß hinaus. Das wird Ihre Traurigkeit für den Rest Ihres Lebens sein, aber Sie können frei von Haß sein.

Jack: Ja, ich hasse ihn nicht... Ich vergebe ihm... ich bin traurig, daß ich nie einen Vater hatte, aber ich vergebe ihm...

DLA: Bleiben Sie noch einen Moment dabei, Jack. Sie vergeben jetzt Ihrem Vater. Sie fühlen sich frei von Haß. Sie werden frei von Haß sein, aber Sie werden die Trauer immer in sich behalten. Bleiben Sie einen Moment dabei.

Jack: (sehr entspannt und mit einem traurigen Lächeln)... That's life, wie Frank Sinatra singt, ... that's life. Alles ist gerichtet. Alles ist klar. Kein fauliger Geruch mehr... Ich habe einen guten Geschmack im Mund... Ja, sehr schön... Es klingt schön, sehr schön...Ja.

DLA: Ich glaube, Sie haben das ein für allemal aufgelöst, Jack. Herzlichen Glückwunsch! Sie haben jetzt die Freiheit, Sie selbst zu sein.

Jack: (noch immer entspannt; ein fröhlicheres Lächeln im Gesicht) Ja, ich fühle mich leicht und glücklich... aber auch traurig. Es ist merkwürdig, aber ich fühle mich gleichzeitig traurig und glücklich.

DLA: Dann gehen Sie es noch einmal durch, Jack. Sie können Sie selbst sein. Sehen Sie sich, wie Sie anders als Ihr Vater sind. Kein Haß. Nur Traurigkeit... kein Grund mehr, depressiv zu sein.

Jack: Ja, ich werde all das sein, was mein Vater nicht war. (Öffnet die Augen und lacht:) Das wird's ihm zeigen, dem Lump! Er hat's selbst gesagt, denken Sie daran: „Ich bin nicht doof".

Die Sitzung dauerte noch ein paar Minuten, in denen wir über das sprachen, was Jack erlebt hatte. Weil es keinen weiteren Bereich seines Lebens gab, den er bearbeiten wollte, entschlossen wir uns, mit der Therapie aufzuhören. Wir machten aber noch einen abschließenden Termin in sechs Wochen für ein Nachgespräch.

Kommentar zur dritten Sitzung

Obwohl Jack in einer guten mentalen Verfassung zur Sitzung kam, war das Problem seiner Depressionen, die er seit dem Tod seines Vaters hatte, nicht aufgelöst worden. Dieses wurde das Ziel dieser Sitzung und vervollständigte so das übergeordnete Ziel, das Jack sich selbst gesetzt hatte, als er in Hypnotherapie kam. Jack war jetzt in der Lage, schnell und sanft in Selbsthypnose zu kommen. Statt sich jedoch zu entspannen, fühlte er sich erregt. Ich führte ihn tiefer in diese Erregung hinein und legte dabei besonderen Wert darauf, daß er sich seiner Körperempfindungen bewußt wird („Was passiert in Ihrem Körper, das Sie ‚sehr aufgeregt' nennen?"). Er erlebte ein inneres Zittern im ganzen Körper, das sich dann später in Traurigkeit verwandelte. Als ich ihn aufforderte, auf Bilder und Vorstellungen zu achten, die aufkamen, dachte ich an eine Art Materialisierung (s. Kap. 3) seiner Traurigkeit: daß er seine Traurigkeit vielleicht als ein schweres Gewicht auf der Brust oder als einen dicken Nebel erleben würde. Aber meine Erwartungen wurden nicht erfüllt. Er regredierte spontan in eine wichtige Szene im Alter von 10 Jahren. Diese erwies sich dann als entscheidend für ihn und notwendig, um seine Traurigkeit richtig einordnen zu können und mit den Depressionen, die er nach dem Tod seines Vaters erlebt hat, umgehen zu können. Seine Spontanregression wurde durch einen Wechsel der Stimmlage – seine Stimme wurde kindlich – angekündigt. Ich begleitete ihn in seiner Regression, indem ich Fragen in der Gegenwart formulierte („Wo bist du? Wie heißt du? Wie alt bist du?") und ihm so half, in dem Regressionserlebnis zu bleiben. Ich sagte außerdem Johnnie zu ihm. Während er den elterlichen Kampf im Ferienhaus schilderte, waren seine Affekte wie die eines Kindes, er hätte fast geschluchzt. Es ist interessant, daß er sich in der Regression anfangs allein im Dunkeln befand, während er später dann in der Hütte nicht länger allein war, und den Teil des Ferienhauses, in dem er sich befand, wiedererkannte.

Die ganze Sitzung verlief in Zeitlupe, mit vielen Pausen, wie im Transkript gezeigt wird. Seine kindliche Angst verschwand dann schnell, als er seine Mutter nach ihm rufen hörte und er sich glücklich und zufrieden fühlte. Seine Mutter gab ihm Sicherheit, und als er keine Angst mehr vor seinem Vater hatte, enthüllte er ihr sein Versteck. Daraufhin wurde die Angst in der Regression durch das Wiedererleben der Rettung durch die Mutter aufgelöst, und Jack kam aus der Selbsthypnose ohne merklichen Übergang, und er ging daran, diese „Szene" auszuwerten. In erinnerungsträchtiger Stimmung erzählte er mir dann das Ende der Beziehung seiner Eltern und vom Tod der Mutter. Das brachte ihn zu seinen negativen Gefühlen gegenüber seinem Vater zurück, und dadurch, daß er in diese Gefühle ging, löste er diese Depressionen auf. Es ist amüsant zu sehen, wie man den Übergang von links- zu rechtshemisphärischer Tätigkeit (und zurück) an dem Versprecher („Pappi – Entschuldigung, ich meine, einen Vater") festmachen kann. Danach ging er noch einmal in Hypnose und kam aus ihr mit einer Erklärung für seine Depressionen zurück. Solange sein Vater am Leben war, hatte er gehofft, eine normale Beziehung zu ihm bekommen zu können, und nun war alle Hoffnung geschwunden.

Obwohl er auf der bewußten und logischen Ebene verleugnete, sich unbewußt eine Chance gewünscht zu haben, seinen Vater lieben zu können, eine Chance, die ihm sein Vater nie gegeben hat. Ich habe diese Traurigkeit persönlich gespürt und sagte, daß er „vielleicht mit der Traurigkeit leben muß, aber nicht mit dem Haß". Damit hatte ich seine wahre Sehnsucht, den Haß loszuwerden, angesprochen und brachte ihn spontan zu einer schönen und schnellen Aufzählung der Tatsachen, die ihm halfen, die Bösartigkeit und Schlechtigkeit seines Vaters zu verstehen. Das Verstehen kann den Haß verringern und so den Weg zum Vergeben ebnen. In Jacks Fall war der Zeitpunkt des Verzeihens gekommen, wie sein schnelles Akzeptieren meiner Bemerkung („Zu Verstehen heißt zu vergeben") zeigte. Die Auflösung seiner Depressionen, die das Ziel dieser Sitzung gewesen war, bestärkte ihn im übergeordneten Therapieziel, das darin bestand, „nicht wie sein Vater zu sein". Meine Bemerkung über das Hinauswachsen über seinen Vater lenkte in dieselbe Richtung.

Ich ermutigte ihn darin, seine Traurigkeit – *seine* existentielle Realität – darüber, daß er nie einen Vater im emotionalen Sinne gehabt hatte, zu akzeptieren. Erst als er in der Lage war, den Haß von der Traurigkeit zu trennen, war das Problem abgeschlossen. Der Haß, von dem er durch das Verstehen und das Verzeihen befreit wurde, gab ihm die Freiheit, er selbst zu sein. Durch das Akzeptieren der Traurigkeit darüber, ohne die Liebe seines Vaters und der Liebe für einen Vater aufgewachsen zu sein, war er in der Lage, sein Leben zu führen und es stärker zu genießen.

Es es besonders interessant zu sehen, wie Jack das Problem unter Verwendung aller seiner Sinne abschloß. Die Tatsache, daß er dieses spontan tat, zeigte mir, daß ein vollständiger Konsolidierungs- und Auflösungsprozeß stattgefunden hatte („Alles ist gerichtet" – Berührungssinn; „alles ist klar" – visueller Sinn; „Kein fauliger Geruch mehr" – olfaktorischer Sinn; „Ich habe einen guten Geschmack im Mund" – Geschmackssinn; „Es klingt schön" – Gehörsinn). Es sollte darauf hingewiesen werden, daß Jack weder psychologisch gebildet noch belesen war. Dieser Prozeß kam wirklich aus einer Ebene des Erlebens, es ist seine Art, das Problem unbewußt zu integrieren.

Schlußbemerkung

Das Nachgespräch dauerte ungefähr eine halbe Stunde und zeigte, daß die in den drei Hypnotherapiesitzungen erreichten Dinge angehalten hatten. Mehr noch: Es zeigte sich eine Generalisierung der Ergebnisse im persönlichen wie im beruflichen Bereich. Jack war sehr zufrieden mit dem, was wir in Hypnotherapie erreicht hatten, und er sagte, daß sein ganzes Leben entspannter und schöner sei. Er war sogar noch produktiver und ambitionierter geworden und hoffte, eine viel bessere Stellung zu bekommen, für die er vor drei Tagen ein Vorstellungsgespräch geführt hatte. Er lachte und sagte, daß er schließlich doch noch wie sein Vater enden werde. Er erzählte, daß die Beziehung zu seiner Freundin so gut wie noch nie geworden war und daß er ihr Entspannung und Selbsthypnose beigebracht hatte und sie es häufig zusammen üben würden. Weil Jack wegen eines bestimmten Problems in Hypnotherapie gekommen war und dieses Problem gelöst war, wurde die therapeutische Beziehung beendet.

Der erfahrene Leser mag darüber spekulieren, wie der Fall verlaufen wäre, wenn man traditionelle Formen nichthypnotischer „Rede"-Therapie eingesetzt hätte. Aber hier ist nicht der Ort für Vergleiche.

Ich hoffe nur, daß die beiden detaillierten Fallbeschreibungen in diesem und im vorangehenden Kapitel denen mit einem „beginner's mind" (wie im Kap. 5 erwähnt) helfen werden, den Nutzen dieses Ansatzes für menschliche Veränderungen – die *Metanoia* – zu erkennen.

Epilog

Einer meiner Großväter, José León Suárez, war ein berühmter Mann in Argentinien. Es gibt eine Stadt in der Nähe von Buenos Aires und eine Straße in der Hauptstadt, die nach ihm benannt sind. Er war ein Schriftsteller, ein Intellektueller, ein Politikwissenschaftler und ein Diplomat. Ich wuchs mit ihm als meinem Vorbild auf, obwohl er vor meiner Geburt gestorben war. Ich wollte so sein wie er: ein berühmter Mann wie mein Großvater, berühmt wegen der Dinge, die er schreibt. Als jedoch die Jahre vergingen, stellte ich fest, daß ich Angst davor hatte, daß in dem Moment, da mein erstes Buch fertig sei, ich sterben müsse. Weil sich meine abergläubische Prophezeiung nicht erfüllte, ging es mir besser, als ich das vorliegende Buch schrieb. Ein weiterer Punkt, der mich beeinflußt hat, war die Ermutigung, die ich durch all die Buchbesprechungen meines ersten Buches *Hypnosis and Sex Therapy* erhalten habe, und durch viele Organisationen, die mich baten, Vorträge oder Seminare zu dem Thema zu halten. In jenem Buch war ein Kapitel über die Neue Hypnose. Auf die Anregung vieler Leute hin, die ich respektiere und verehre, nahm ich mir vor, das Konzept der Neuen Hypnose weiter auszuarbeiten und zu verdeutlichen. Als ich anfing, merkte ich, daß viel mehr als das, was ich zu schreiben vorhatte, darüber gesagt werden könnte. Das Problem war, die wichtigsten Punkte und Ideen herauszugreifen und sie klar und deutlich und mit Bezug auf die klinische Anwendbarkeit darzustellen.

Ich habe versucht, eine praktische Sicht der Hypnose als eine wertvolle klinische Methode darzulegen. Ich hoffe, daß nicht nur die Leser mit einem „beginner's mind" sich durch die Seiten dieses Buches ackern mögen. Es wird meine Freude sein, zu wissen, daß die „Seelendoktoren" Mittel darin finden werden, die ihre Arbeit effektiver machen. Die Menschen, die uns Psychotherapeuten vertrauen, fordern zwar viel von uns, aber verdienen auch nicht weniger als das beste, was wir ihnen geben können. Obwohl ich angefangen habe, als klassischer Analytiker zu arbeiten, bin ich durch den Einfluß verschiedener großartiger Lehrer – unter ihnen *Erich Fromm* – dahin gekommen, weniger „orthodoxe" Methoden auszuprobieren.

Nachdem ich durch eine Reihe sehr verschiedener Methoden und theoretischer Schulen gewandert war, habe ich schließlich den in diesem Buch dargestellten Ansatz als den effektivsten, elegantesten und den gegenüber dem Klienten respektvollsten gefunden. Nachdem ich seit mehr als sieben Jahren damit gearbeitet hatte, hielt ich die Zeit für gekommen, ihn in einem Buch darzustellen.

Einige Punkte meiner Darlegung werden sicher hinterfragt und debattiert werden. Ich glaube, daß Widersprüche das geeignete Vehikel sind, um neue Wissensbereiche zu erreichen, da Widersprüche, sofern sie respektvoll sind, weitere Untersuchungen und Forschungen anregen und so zu neuen Erkenntnissen führen. Ich habe das Glück, daß dieses Buch zu einem Zeitpunkt erscheint, zu dem sowohl die Öffentlichkeit als auch die Fachkreise aufnahmebereit zu sein scheinen für die Idee der unbewußten Vorgänge, die Wichtigkeit des inneren Erlebens und den Wert des rechtshemisphärischen Denkens (wie ich es in diesem Buch genannt habe und so aus didaktischen Gründen Prozesse stark vereinfacht habe, die alles andere als gründlich erforscht sind). Die fortwährende Beachtung der inneren Prozesse und des Erlebens der Klienten hat mich zu der Überzeugung gebracht, daß die sogenannten wissenschaftlichen Methoden alles andere als adäquat für Forschung sind. Ich bin froh, daß einige ernstzunehmende Denker aus unseren Bereichen (s. *Lieberman*, 1977) ihre Zweifel an der experimentellen Methode kompetenter, als ich es könnte, dargestellt haben.

Dieses Buch wurde in einer schwierigen Periode meines Lebens geschrieben, in der ich viele persönliche und familiäre Veränderungen erlebt habe, mit allen Verletzungen, Verwirrungen und Illusionen, die durch solche Umstände entstehen. Das Schreiben wurde häufig schwierig und schmerzlich. Ich habe zu einer Zeit geschrieben, in der ich mit meinen eigenen Dämonen gekämpft habe. Sie haben mich häufig am Schreiben gehindert. Die Aufmunterungen durch viele Leute, die ich in den Danksagungen erwähnt habe, machten die Vollendung dieses Buch erst möglich – besonders erwähnt seien Bernie Mazel und Ann Alhadeff vom Verlag Brunner and Mazel.

Die Neue Hypnose stellt einen persönlichen Trinkspruch auf zerbrochene Träume und neue Regenbogen dar. Es ist eine Darstellung meiner Arbeit und meines beruflichen Credos. Obwohl es „nichts

Neues unter der Sonne gibt", hat das Neue, das auf dem Alten basiert, die Kraft zur Bereicherung. Die Neue Hypnose versucht diese Möglichkeit der Bereicherung denen zu zeigen, deren Aufgabe es ist, anderen zu helfen, durch den Prozeß der Metanoia zu gehen.

Literatur

Ader, R. (Ed.). *Psychoneuroimmunology.* New York: Academic Press, 1981.

American Society of Clinical Hypnosis. *Syllabus of Hypnosis.* Des Plains, IL: American Society of Clinical Hypnosis, 1973.

Applebaum, S.A. A psychoanalyst looks at Gestalt therapy. In C. Hatcher & P. Himelstein (Eds.), *The Handbook of Gestalt Therapy.* New York: Jason Aronson.

Araoz, D.L. Clinical hypnosis in couple therapy. *The Journal of American Society of Psychosomatic Dentistry and Medicine,* 1978, 25(2), 58-67.

—. Hypnosis in couples group counseling. Paper presented to the American Psychological Association Meeting, New York, 1979.

—. Negative self-hypnosis. *Journal of Contemporary Psychotherapy,* 1981, 12(1), 45-51.

—. Hypnosis and Sex Therapy. New York: Brunner/Mazel, 1982. (a).

—. The New Hypnosis. Paper presented to the 25th Annual Scientific Meeting, American Society of Clinical Hypnosis, Denver, CO, 1982. (b).

—. The paradox of the New Hypnosis. Paper presented at the meeting of the American Society of Clinical Hypnosis, Dallas, TX, November, 1983.

—. The New Hypnosis: The quintessence of client-centeredness. In J.K. Zeig (Ed.), *Ericksonian Psychotherapy. Vol. 1: Structures.* New York: Brunner/Mazel, 1985.

—. Use of hypnotic techniques with oncology patients. *Journal of Psychosocial Oncology,* 1984, 1(4), 47-54. (a).

—. Hypnosis in management training and development. In W.C. Wester, II & A. H. Smith (Eds.), *Clinical Hypnosis: A Multidisciplinary Approach.* Philadelphia, P.A: Lippincott, 1984. (b).

—. Hypnosex therapy: What if it is more than just about sexual functioning? Presentation to the International Society of Professional Hypnosis, New York, 1984. (c).

—. & Bleck, R. T. *Hypnosex.* New York: Arbor House, 1982. Barber, J. Hypnosis and the unhypnotizable. *American Journal of Clinical Hypnosis,* 1980, 23, 4-9.

Barber, J. Incorporating hypnosis in the management of chronic pain. In J. Barber & C. Adrian (Eds.), *Psychological Approaches to the Management of Pain.* New York: Brunner/Mazel, 1982.

—. & *Adrian, C. Psychological Approaches to the Management of Pain.* New York: Brunner/Mazel, 1982.

Barber, T.X. Hypnosis as perceptual-cognitive restructuring: III. From somnambulism to autohypnosis. *Journal of Psychology,* 1957, 44, 299-304.

—. *Hypnosis: A Scientific Approach.* New York: Van Nostrand Reinhold, 1969. (Reprinted in 1981 by Powers Publishers, 60 Vose, South Orange, NJ).

—. *LSD, Marihuana, Yoga and Hypnosis.* Hawthorne, NY: Aldine 1970.

—. Suggested „Hypnotic" behavior: The trance paradigm vs. an alternative paradigm. In E. Fromm & R.E. Shor (Eds.), *Hypnosis: Research Developments and Perspectives.* Chicago, IL: Aldine, 1972.

—. *Hypnosis and Psychosomatics.* San Francisco, CA: Proseminar Institute, 1978.

—. Training students to use self-suggestions for personal growth: Methods and word-by-word instructions. *Journal of Suggestive-Accelerative Learning and Teaching,* 1979, 4(2), 111-128. (a).

—. Eidetic imagery and the ability to halucinate at wil. *Behavioral and Brain Sciences,* 1979, 2, 596-597. (b).

—. Innovations and limitations in Erickson's hypnosis. *Contemporary Psychology*, 1981, 26(11), 825-827. (a).

—. Medicine, suggestive therapy and healing. In R.J. Kastenbaum, T.X. Barber, S.C. Wilson, B.L. Ryder &. B.L. Ryder & L.B. Hathaway (Eds.), *Old, Sick and Helpless: Where Therapy Begins*. Cambridge, MA: Ballinger, 1981. (b).

—. Hypnosuggestive procedures in the treatment of clinical pain: Implications for theories of hypnosis and suggestive therapy. In T. Millon, C. Green & R. Meagher (Eds.), *Handbook of Clinical Health Psychology*. New York: Plenum Press, 1982, 521-560. (a).

—. Eidetic imagery as very vivid imagery and as hallucinatory behavior. *Journal of Mental Imagery*, 1982, 6(1), 32-35. (b).

—. Hypnosuggestive techniques. (Two day professional training program). *Evaluation Research Associates*. Syacuse, NY: 1983.

—. Changing „unchangeable" bodily processes by (hypnotic) suggestions: A new look at hypnosis, cognitions, imagings and the mind-body problem. In A.A. Sheikh (Ed.), *Imagination and Healing*. Farmingdale, NY: Baywood, 1984. (a).

—. Hypnosis, deep relaxation and active relaxation: Data, theory and clinical applications. In P. Lehrer & R. Wolfolk (Eds.), *Principles and Practice of Stress Management*. New York: Guilford Press, 1984. (b).

—. Hypnosuggestive procedures as catalysts for all psychotherapies. In S. Lynn & J.P. Garske (Eds.), *Contemporary Psychotherapies: Modells and Methods*. Columbus, OH: Charles E. Merrill, in press.

—. Spanos, N.P., & Chaves, J.F., *Hypnotism: Imagination and Human Potentialities*. New York: Pergamon, 1974.

—. & Wilson, S.C. Hypnosis, suggestions and altered states of consciousness: Experimental evaluation of the new cognitive-behavioral theory and the traditional trance-state theory of „hypnosis". *Annals of the New York Academy of Sciences*, 1977, 296, 34-47.

—. & Wilson, S.C. The Barber Suggestibility Scale and the Creative Imagination Scale: Experimental and clinical applications. *American Journal of Clinical Hypnosis*, 1979, 21, 83-108.

Barett-Lennard, G. Dimensions of perceived therapist response related to therapeutic change, Doctoral dissertation, University of Chicago, 1959.

Baudouin, C. Suggestion and Autosuggestion. New York: Dodd, Mead, 1922, dt.: Suggestion und Autosuggestion. Schwabe & Co., Basel 1972.

Beck, A.T. Cognitive therapy and Autosuggestion. New York: International Universities Press 1976; dt.: Wahrnehmung der Wirklichkeit und Neurose. Pfeiffer, München 1979.

Beisser, A.R. The paradoxial theory of change. In J. Fagan & J.L. Shepherd (Eds.), *Gestalt Therapy Now*. Palo Alto, CA: Science and Behavior Books, 1970.

Bennett, H. Z. The Doctor Within. New York: Clarkson N. Potter, 1981.

Benson, H., & Epstein, M.D. The placebo effect: A neglected asset in the care of patients. *Journal of the American Medical Association*, 1975, 232, 1225-1227.

Bernheim, H.M. Hypnosis and Suggestion in Psychotherapy: A Treatise on the Nature and Uses of Hypnotism. (English translation, 1888, reissued by E.R. Hilgard). New Hyde Park, NY: University Books, 1964.

Blumenthal, R.A. Rational suggestion therapy: A subconscious approach to RET. *Medical Hypnoanalysis*, 1984, 5(5), 57-60.

Boszormenyi-Nagy , I. The concept of change in family therapy. In A. Friedman (Ed.), *Psychotherapy for the Whole Family*. New York: Springer, 1965.

Bowers, K.S. Hypnosis: An informational approach. *Annals of the New York Academy of Sciences*, 1977, 206, 222-237.
—. & *Kelly, P.* Stress, desease, psychotherapy and hypnosis. *Journal of Abnormal Psychology*, 1979, 85(5), 490-505.
Boy, A.V., & Pine, G. J. Client-centered Counseling: A Renewal. Boston: Allyn & Baconö, 1982.
Braun, B.G. Family therapy with hypnosis. Unpublished paper. Chicago, IL: Associated Mental Health Services, 1978.
—. Hypnosis in family therapy. In W.C. Wester, II & A. H. Smith (Eds.), *Clinical Hypnosis: A Multidisciplinary Approach.* Philadelphia, PA: Lipincott, 1984.
Bresler, D. Free Yourself from Pain. New York: Simon & Schuster, 1977.
Calof, D. Hypnosis in marital therapy: Toward a transgenerational approach. In J.K. Zeig (Ed.), *Ericksonian Psychotherapy. Vol. II: Clinical Applications.* New York: Brunner/Mazel, 1985.
Coe, W.C., & Ryken, K. Hypnosis and risk to human subjects. *American Psychologist*, 1979, 34, 673-681.
—. & *Sharcoff, J.* An Empirical evaluation of the Neurolinguistic Programming model. Paper presented at the annual meeting of the American Psychological Association, Anaheim, CA, 1983.
Dammann, C. Family therapy. Paper presented at the 2nd International Congress of Ericksonian Approaches to Hypnosis and Psychotherapy, Phoenic, AZ, 1983.
De Stefano, R. The „inoculation" effect in think-with instructions for „hypnotic-like" experiences. Doctoral dissertation, Temple University, 1977.
Diamond, M.J. The use of observationally-presented information to modify hypnotic susceptibility. *Journal of Abnormal Psychology*, 1972, 79, 174-180.
—. Modification of hypnotizability. A review. *Psychological Bulletin*, 1974, 81, 180-198.
—. Hypnotizability is modifiable: An alternative approach. *International Journal of Clinical and Experimental Hypnosis*, 1977, 25, 147-166. (a).
—. Issues and methods for modifying responsivity to hypnosis. *Annals of the New York Academy of Sciences*, 1977, 296, 199-228. (b).
—. Clinical hypnosis: Towards a cognitive-based skill approach. Paper presented at the annual meeting of the American Psychological Association, Toronto, 1978.
—. The client-as-hypnotist: Furthering hypnotherapeutic change. *International Journal of Clinical and Experimental Hypnosis*, 1980, 28, 197-207.
—. It takes two to tango: Some thoughts on the neglected importance of the hypnotist in an interactive hypnotherapeutic relationship. Paper presented at the Annual Scientific Meeting, American Society of Clinical Hypnosis, Denver, CO, 1982. (a).
—. Modifying hypnotic experience by means of indirect hypnosis and hypnotic skill training: An update (1982). *Research Communications in Psychology, Psychiatry and Behavior*, 1982, 7, 233-239. (b).
—. Reflections on the interactive nature of the hypnotic experience: On the relational dimensions of hypnosis. Presidential address, Division of Psychological Hypnosis of the American Psychological Association, Anaheim, CA, 1983. (a).
—. The cognitive skills model: An emerging paradigm for investigating hypnotic phenomena. Unpublished manuscript, 1983. (b).
Edelstien, M.G. Trauma, Trance and Transformation: A Clinical Guide to Hypnotherapy. New York: Brunner/Mazel, 1981.
Einstein, A. Ether and the theory of relativity. In W. Perret & G. B. Jeffrey (Eds.), *Side Lights on Relativity.* London: Methuen, 1922.
—. & *Infeld, L. The Evolution of Physics.* New York: Simon & Schuster, 1961; dt.: *Die Evolution der Physik:* Zsolnay, Wien, 1978.

Ellis, A. *Humanistic Psychotherapy.* New York: McGraw-Hill, 1973.

Engel, G.L. Sudden and rapid death during psychological stress: Folklore or folk wisdom; *Annals of Internal Medicine*, 1971, 74, 771-782.

Erickson, M. H. A study of an experimental neurosis hypnotically induced in a case of ejaculation precox. *British Journal of Medical Psychology*, 1935, 15, 34-50.

—., & Rossi, F.L. Varietis of double bind. *American Journal of Clinical Hypnosis*, 1975, 17, 143-157.

—.. Hypnotherapy: An Exploraty Casebook. New York: Irvington, 1979; dt.: *Hypnotherapie*, Pfeiffer, München 1981.

—. *Experiencing Hypnosis.* New York: Irvington, 1981.

—. & Rossi, S. *Hypnotic Realities.* New York: Irvington, 1976; dt.: *Hypnose*, Pfeiffer, München 1986[2.]

Evans-Wentz, W.Y. (1927) The Tibetan Book of the Dead. New York: Oxford University Press, 1960; dt.: *Das tibetanische Totenbuch*. Walter, Olten 1986[18.]

Eysenck, H.J. The Biological Basis of Personality. Springfield, IL: Charles C. Thomas, 1967.

Field, P.B. Humanistic aspects of hypnotic communication. In E. Fromm & R. E. Shor (Eds.), *Hypnosis: Developments in Research and New Perspektives* (2nd Edition). Hawthorne, NY: Aldine, 1979.

Finkelstein, S., & Howard, M.G. Cancer prevention – A three year pilot study. *American Journal of Clinical Hypnosis*, 1983, (2-3), 17-183.

Flavell, J.H. The Developmental Psychology of Jean Piaget. New York: Van Nostrand, 1963.

Ford, D.H., & Urban. B.H. Systems of Psychotherapy. New York: Wiley 1965.

Framo, J. Family Interaction: A Dialogue Between Family Researchers and Family Therapists. New York: Springer, 1972.

Fromm, E. An ego-psychological theory of altered states of consciousness. *International Journal of Clinical and Experimental Hypnosis*, 1977, 25, 372-387.

—., Brown, D.P., Hurt, S.W., Oberlander, J.Z., Boxer, A.M., & Pheiffer, G. The phenomenia and characteristics of self-hypnosis. *International Journal of Clinical and Experimental Hypnosis*, 1981, 29, 189-246.

Gendlin, E. Focusing. New York: Everest House, 1978; dt.: *Focusing*. Otto Müller, Salzburg 1981.

Gibson, H.B. Book review of E.L. Rossi (Ed.), *The Collected Papers of Milton H. Erickson on Hypnosis* (Vols. I & II). New York: Irvington, 1980. *International Journal of Clinical and Experimental Hypnosis*, 1984, 32(2), 254-256.

Gill, M.M., & Brenman, M. Hypnosis and Related States. New York: International Universities Press, 1959.

Goba, H.K. Hypnosis in marriage counseling. Paper presented at the annual meeting of the American Society of Clinical Hypnosis, St. Louis, MO, 1978.

—. Guided self-hypnosis. In G.D. Burrows, D.R. Collison, & L. Dennerstein (Eds.), *Hypnosis 1979*. New York: Elsevier North-Holland Biomedical Press, 1979.

—. *Your Thoughts and You.* Calgary: H.K. Goba, 1983.

Gordon, D. Therapeutic Metaphors. Cupertino, CA: Meta Publications, 1978; dt.: *Therapeutische Metaphern*. Junfermann, Paderborn 1987[2.]

Gross, M. Aspects of self hypnosis. Medical Hypnoanalysis, 1984, 6(2), 75-79.

Haley, J. (Ed.). Advanced Techniques of Hypnosis and Therapy: Selected Papers of M. H. Erickson. New York: Grune & Stratton, 1967.

—. *Uncommon Therapy: The Psychiatric Techniques of M. H. Erickson.* New York: Norton, 1973; dt.: *Die Psychotherapie Milton H. Ericksons*. Pfeiffer, München 1978.

—. *Problem-Solving Therapy.* San Francisco, CA: Jossey-Bass, 1976.

Halkides, G. An experimental study of four conditions necessary for therapeutic personality change. Doctoral dissertation, University of Chicago, 1958.

Hall, H.R. *Hypnosis and the immune system. A review with implications for cancer and the psychology of healing.* American Journal of Clinical Hypnosis, 1983, 25(2-3), 92-103.
—. Imagery and cancer. In A.A. Sheikh (Ed.), *Imagination and Healing.* Farmingdale, NY: Baywood, 1984.
Hart, J.T., & Tomilson, T.M. (Eds.) *New Directions in Client-centererd Therapy.* Boston, MAS: Houghton Mifflin, 1970.
Hilgard, E.R. *Divided Consciousness: Multiple Controls in Human Thought and Action.* New York: Wiley, 1977.
—. & Hilgard, F.R. *Hypnosis in the Relief of Pain.* Los Altos, CA: William Kaufman, 1975.
Holden, C. Cancer and the mind: How they are connected. *Science,* 1978, 200, 1363-1369.
Hunt, M. Self-hypnosis works. *The Reader's Digest,* April 1984, 164-169.
Ikemi, Y., & Ikemi, A. Psychosomatic medicine: A meeting ground of Eastern and Western medicine. *Journal of the American Society of Psychosomatic dentistry and Medicine,* 1983, 30, 3-16.
Illich, I. *Medical Nemesis.* New York: Pantheon, 1976; dt.: *Die Nemesis der Medizin,* Rowohlt-Tb., Reinbek 1981.
Jaffe, D.T. *Healing From Within.* New York: Bantam Books, 1980; dt.: *Kräfte der Selbstheilung.* Klett-Cotta, Stuttgart 1983.
Kaplan, H.S. *The New Sex Therapy.* New York: Brunner/Mazel, 1976.
Katz, N.W. Hypnotic inductions as training in cognitive self-control. *Cognitive Therapy and Research,* 1978, 2, 365-369.
—. Increasing hypnotic responsiveness: Behavioral training vs. trance induction. *Journal of Consulting and Clinical Psychology,* 1979, 47 (1), 119-127.
—. Crawford, V.L. A little trance and a little skill: Interaction between models of hypnosis and type of hypnotic induction. Paper presented at the annual meeting of the Society for Clinical and Experimental Hypnosis, Ashville, NC, 1978.
Kinney, J.M., & Sachs, L.B. Increasing hypnotic susceptibility. *Journal of Abnormal Psychology,* 1974, 83, 145-150.
Kleimann, A., Eisenberg, L., & Good, B. Culture, illness and care: Clinical lessons from anthropologic and cross-cultural research. *Annals of Internal Medicine,* 1978, 88(2), 251-258.
Kramer, C. (Ed.), The theoretical position: Diagnostic and therapeutic implications. In: *Beginning Phase of Family Treatment.* Chicago, IL: Kramer Foundation, 1968.
Kris, E. *Psychoanalytic Explorations in Art.* New York: International Universities Press, 1952. (Original publication, 1934).
Kroger, W.S., & Fezler, W.D. *Hypnosis and Behavior Modification: Imagery Conditioning.* Philadelphia, PA: Lippincott, 1976.
Krumboltz, J.D. *Behavior Therapy or Client-Centered Therapy* (A debat with C. H. Patterson). Film, American Personell and Guidance Association, 1979.
Kuhner, A. Hypnosis without hypnosis. *International Journal of Clinical and Experimental Hypnosis,* 1962, 10, 93-99.
Lankton, S.R. Multiple-embedded metaphor and diagnosis. In J.K. Zeig (Ed.), *Ericksonian Psychotherapy. Vol 1: Structures.* New York: Brunner/Mazel, 1985.
—. & Lankton. C.H. Indirect suggestions and binds in family therapy. (Workshop handout). *Ericksonian Approaches to Psychotherapy.* Gulf Breeze, FL: Lankton, 1982.
—. & Lankton, C.H. *The Answer Within: A Clinical Framework of Ericksonian Hypnotherapy.* New York: Brunner/Mazel, 1983.
Levi-Strauss, C. *Structural Anthropology.* New York: Basic Books, 1963; dt.: *Strukturale Anthropologie,* Suhrkamp, Frankfurt 1978.
Levitsky, A., & Simkin, J.S. Gestalt therapy. In L.N. Solomon & B. Berzon (Eds.), *New Perspectives on Encounter Groups.* San Francisco, CA: Jossey-Bass, 1972.

Ley, R.G., & Freemann, R.J. Imagery, cerebral laterality and the healing process. In A.A. Sheikh (Ed.), *Imagination and Healing.* Farmingdale, NY: Baywood, 1984.

Liebermann, L.R. Hypnosis research and the limitations of the experimental method. *Annals of the New York Academy of Sciences,* 1977, 296, 60-68.

Loriedo, C. Tailoring suggestions in family therapy. In J. K. Zeig (Ed.), *Ericksonian Psychotherapy. Vol II: Clinical Applications.* New York: Brunner/Mazel, 1985.

Lovern, J.D., & Zohn, J. Utilization and indirect suggestion in multiple family group therapy with alcoholics. *Journal of Marital and Family Therapy,* 1982, 8, 325-333.

Lynch, J.J. The Broken Heart: The Medical Consequences of Loneliness. New York: Basic Books, 1977, dt.: *Das gebrochene Herz,* Rowohlt, Reinbek 1978 (siehe auch: Lynch, J. *Die Sprache des Herzens,* Junfermann, Paderborn 1986).

Madanes, C. Strategic Family Therapy. San Francisco, CA: Jossey-Bass, 1981.

Mahrer, A.R. Experimental Psychotherapy: Basic Pratices. New York: Brunner/Mazel, 1983.

Maturana, H. Biology of Cognition (Report A.O.). Urbana IL: Biological Computer Laboratory, 1970; dt.: *Biologie der Kognition.* Feoll,Paderborn 1975.

May, R. Contributions of existential psychotherapy. In Mac, E. Angel, & H.F. Ellenberger (Eds.), *Existence: A New Dimension in Psychiatry and Psychology.* New York: Basic Books, 1958.

Mazza, J. Family therapy. Paper presented at the 2nd International Congress of Ericksonian Approaches to Hypnosis and Psychotherapy, Phoenix, AZ, 1983.

McMahon, C.E. The role of imagination in the disease process: Pre-Cartesian history. *Psychological Medicine,* 1976, 6, 179-184.

Meador, B.D., & Rogers, C.R. Person-centered-therapy. In R.J. Corsini (Ed.), *Current Psychotherapies* (2nd edition). Itasca, IL: F.E. Peacock, 1979.

Mears, A. Mind and cancer. *Lancet,* 1979, 8123, 978.

Meichenbaum, D. Cognitive Modification. Morristown, NJ: General Learning Press 1974.

Miller, G.A., Galanter, E., & Pribram, K.H. Plans and the Structure of Behavior. New York: Holt, Rinehart & Winston, 1960; dt.: *Strategien des Handelns.* Klett-Cotta, Stuttgart 1973.

Miller, H. Process therapy. Paper presented at the meeting of the American Society of Clinical Hypnosis, Boston, MA, 1981.

Minuchin, S. Families and Family Therapy. Cambridge, MA: Harvard University Press, 1974; dt.: *Familie und Familientherapie.* Lambertus, Freiburg 1987[7.]

—., *Baker, L., & Rosman, B.* Psychosomatic Families. Cambridge, MA: Harvard University Press, 1978; dt.: *Psychosomatische Krankheiten in der Familie.* Klett-Cotta, Stuttgart 1986[3.]

Morris, G.O., & Gardner, C.W. Contributions to the theory of the hypnotic process and the established hypnotic state. *Psychiatry,* 1959, 22, 377-398.

Morrison, J.K. The use of imagery techniques in Family Therapy. *American Journal of Family Therapy,* 1981, 9(22), 52-56.

M'Uzan, M. de. Psychodynamic mechanism in psychosomatic symptom formation. *Psychotherapy and Pychosomatics,* 1974, 23, 103-110.

Naranjo, C. The unfolding of Man. Menlo Park, CA: Stanford Research Institute, 1969.

Nunberg, H. Practice and Theory of Psychoanalysis. New York: Nervous and Mental Disease Monographs, 1948.

Oyle, I. The Healing Mind. New York: Pocket Books, 1976.

Pelletier, K. Mind as Healer, Mind as Slayer. New York: Delta, 1979; dt.: *Die neue Medizin.* Fischer Tb-Verlag, Frankfurt 1988.

Perls, F. Gestalt therapy verbatim: Introduction. In C. Hatcher & O. Himelstein (Eds.), *The Handbook of Gestalt Therapy.* New York: Jason Aronson, 1976; dt. *Gestalt-Therapie in Aktion,* Klett-Cotta, Stuttgart 1976.

Perls, L. Some aspects of Gestalt therapy. Paper presented at the annual meeting of the American Orthopsychiatric Association, New York, 1973.

Polany, M. Personal Knowledge: Toward a Postcritical Philosophy. New York: Harper & Row, 1964.

Popper, K.R. Unended Quest. La Salle, IL: Open Court, 1974; dt.: *Ausgangspunkte: meine intellektuelle Entwicklung.* Hoffmann & Campe, Hamburg 1979.

Pribram, K. Languages of the Brain: Experimental Paradoxes and Principles in Neuropsychology. Monterey, CA: Brooks/Cole, 1971.

Remen, N. The Human patient. New York: Doubleday, 1980.

Rittermann, M. Using Hypnosis in Family Therapy. San Francisco, CA: Jossey-Bass, 1983.

Rogers, C.R. A theory of therapy, personality and interpersonal relationships as developed in the client-centered framework. In S. Koch (Ed.), *Psychology: A Study of a Science, Vol. III, Formulations of the Person and the Social Context.* New York: McGraw-Hill, 1959; dt.: *Eine Theorie der Psychotherapie, der Persönlichkeit und der zwischenmenschlichen Beziehungen,* GwG, Köln 1987.

—. On Becoming a Person. Boston, M.A: Houghton Mifflin, 1961; dt.: *Entwicklung der Persönlichkeit.* Klett-Cotta, Stuttgart 1983.

—. *Gendlin, E.T., Kiesler, D.J., & Louac, C.* (Eds.), *The Therapeutic Relationship and Its Impact: A Study of Psychotherapy With Schizophrenics.* Madison, WI: University of Wisconsin Press, 1967.

Rosenthal, R., & Jacobson, L. Pygmalion in the Classroom: Teacher Ecpectation and Pupils' Intellectual Ability. New York: Holt, Rinehart & Winston, 1968.

Rossi, E.L. The cerebral hemispheres in analytical psychology. *Journal of Analytical Psychology,* 1977, 22, 32-51.

—. (Ed.). *The Collected Papers of Milton H. Erickson on Hypnosis* (4 vols.). New York: Irvington, 1980.

Sacerdote, P. Teaching self-hypnosis to adults. *International Journal of Clinical and Experimental Hypnosis,* 1981, 29, 282-299.

Sachs, L.B., & Anderson, W.L. Modification of Hypnotic susceptibility. *International Journal of Clinical and Experimental Hypnosis,* 1967, 15, 172-180.

Samuels, M. & Bennett, H. Z. Spirit Guides. New York: Random House/Bookwords, 1974.

Sarbin, T.R. Contributions to role-taking theory: 1. Hypnotic behavior. *Psychological Review,* 1950, 57, 255-270.

—. Attempts to understand hypnotic phenomena. In L. Postman (Ed.), *Psychology in the Making: History of Selected Research Problems.* New York: Knopf, 1962.

—. & Andersen, M.L. Role-theoretical analysis of hypnotic behavior. In J.E. Gordon (Ed.), *Handbook of Clinical and Experimental Hypnosis.* New York: Macmillan, 1967.

—. & Coem W.C. Hypnosis: A Social Psychological Analysis of Influence Communication. New York: Macmillan, 1972.

Schleifer, S.J., Keller, S.E., McKegney, F.P., & Stein, M., Bereavement and lymphocyte function. Paper presented at the annual meeting of the American Psychiatric Association, San Francisco, CA, 1980.

Selvini Palazzoli, M. Why a long interval between sessions? In M. Andolfi & I. Zwerling (Eds.), *Dimensions of Family Therapy.* New York: Guilford Press, 1980.

—. *Boscolo, L., Cecchin, G., & Prata, G. Paradox and Counterparadox,* New York: Jason Aronson, 1978; dt.: *Paradoxon und Gegenparadoxon.* Klett-Cotta, Stuttgart 1985[4].

Selye, H. *Stress in Health and Disease*. Reading, MA: Butterworths, 1976; dt.: *Stress*. Piper, München 1988.

Shame, R., & Sterin, C. *Healing with Mind Power*. Emmaus, PA: Rodale Press, 1978.

Shaw, L.H. *Hypnosis in Practice*. London: Baillière Tindal, 1977.

Sheikh, A.A. (Ed.) *Imagery: Current Theory, Research and Applications*. New York: Wiley, 1982.

—. Richardson, P., & Moleski, L.M. *Psychosomatics and mental imagery*. In A.A. Sheikh & J.T. Shafer (Eds.), *The Potential of Fantasy and Imagination*. New York: Brandon House, 1979.

—. & Shaffer, J.T. (Eds.). *The Potential of Fantasy and Imagination*. New York: Brandon House, 1979.

Shekelle, R.B., Raynor, Jr., W.J. Ostfeld., A.M., Carron, D.C., Bieliauskas, L.A., Liu, S.C., Malizza, C., & Oglesby, P. Psychological depression and 17-year-old-risk of death from cancer. *Psychosomatic Medicine*, 1981, 43, 117-125.

Shertzer, B., & Stone, S.C. *Fundamentals of Counseling* (2nd edition). Boston, MA: Houghton Mifflin, 1974.

Shor, R.E. Hypnosis and the concept of the generalized reality-orientation. *American Journal of Psychotherapy*, 1959, 13, 582-602.

Shulik, A.M. Right- vs. left-hemispheric communication styles in hypnotic inductions and the facilitation of hypnotic trance. Doctoral dissertation, California School of Professional Psychology. San Francisco, CA. 1979.

Simkin, J.S. Gestalt therapy. In R.J. Corsini (Ed)., *Current Psychotherapies* (2nd edition). Itasca, IL: F.E. Peacock, 1979.

Singer, J.L. *The Inner World of Daydreaming*. New York: Harper & Row, 1975; dt.: *Phantasie und Tagtraum*. Pfeiffer, München.

—. & Pope, K.S. (Eds.) *The Power of Human Imagination*. New York: Plenum Press, 1978; dt.: *Imaginative Verfahren in der Psychotherapie:* Junfermann, Paderborn, 1986.

Spagnos, N.P. Goal-directed fantasy and the performance of hypnotic test suggestions. *Psychiatry*, 1971, 34, 86-96.

Spiegel, H. *Manual for Hypnotic Induction Profile: Eye Roll Levitation Method* (revised edition). New York: Soni Medica, 1973.

Stuart, R.B. *Trick or Treatment: How and When Psychotherapy Fails*. Champaign, IL: Research Press, 1970.

Sullivan, H.S. *The Interpersonal Theory of Psychiatry*. New York: Norton, 1953; dt.: *Die interpersonale Theorie der Psychiatrie*, Fischer, Frankfurt, 1983.

Suzuki, S. *Zen Mind, Beginner's Mind*. New York: Weatherhill, 1970; dt.: *Zen-Geist. Anfänger-Geist*. Thesen, Küsnacht 1983[4]

Szent-Gyoergyi. Drive in living matter to perfect itself. *Synthesis*, 1974, 1(1), 12-24.

Tart, C.T. Quick and convenient assessment of hypnotic depth: Self-report scales. *American Journal of Clinical Hypnosis*, 1979, 21, 186-207.

Tossi, D.J., Reardor, J.P., & Rudy, D. Cognitive experiential therapy. Paper presented at the annual meeting of the American Society of Clinical Hypnosis, Atlanta, GA, 1977.

Truax, C.B., & Carkhuff, R.R. *Towards Effektive Counseling and Psychotherapy: Training and Practice*. Chicago, IL: Aldine, 1967.

—. & Mitchell, K.M. Research on certain therapist interpersonal skills in relation to process outcome. In A.E. Bergin & J.L. Garfield (Eds.), *Handbook of Psychotherapy and Behavior Change*. New York: Wiley, 1971.

Watkins, J.G. The affect bridge: A hypnoanalytic technique. *International Journal of Clinical and Experimental Hypnosis*, January 1971, 19, 21-27.

—. *The Therapeutic Self*. New York: Human Sciences Press, 1978.

Watzlawick, P. *How Real is Real? Confusion, Disinformation, Communication*. New York: Random House, 1976; dt.: *Wie wirklich ist die Wirklichkeit?*, Piper, München 1976.

—. *The Language of Change*. New York: Basic Books, 1978.
—. Erickson's contribution to the intereactional view of psychotherapy. In J.K. Zeig (Ed.), *Ericksonian Approaches to Hypnosis and Psychotherapy*. New York: Brunner/Mazel, 1982.
—. (Ed.) *The Invented Reality*. New York: Norton, 1984.
Watzlawick, P. Hypnotherapy without trance. In J.K. Zeig (Ed.), *Ericksonian Psychotherapy. Vol. I: Structures*. New York: Brunner/Mazel, 1985.
—. *Weakland, J., & Fisch, R. Change: Principles of Problem Formation and Problem Resolution*. New York: Norton, 1974; dt.: *Lösungen*. Huber, Bern 1974.
Weeks, G.R., & L'Abate, L. Paradoxical Psychotherapy. New York: Brunner/Mazel, 1982.
Weinstock, C. Further evidence on psychobiological aspects of cancer. *International Journal of Psychosomatics*. 1984, 31(1), 20-22.
Weithenhoffer, A.M. General Techniques of Hypnotism. New York: Grune & Stratton, 1957.
—. & *Hilgard, E.R.* Stanford Hypnotic Susceptibility Scale, Forms A and B. Palo Alto, CA: Consulting Psychologists Press, 1959.
—. & *Hilgard, E.R.* Stanford Hypnotic Susceptibility Scale, Form C. Palo Alto, CA: Consulting Psychologists Press, 1962.
Wick, E. Unification of hypnosis theories. Paper presented to the annual meeting of the New York Society of Clinical Hypnosis, New York, 1983.
Wilson, S.C., & Barber, T.X. The Creative Imagination Scale as a measure of hypnotic responsiveness. *American Journal of Clinical Hypnosis*, 1978, 20, 235-249.
—. & *Barber, T.X.* The fantasy-prone personality: Implications for understanding imagery, hypnosis and parapsychological phenomenia. In A. A. Sheikh (Ed.), *Imagery: Current Theory, Research and Applications*. New York: Wiley, 1982.
Wolberg, L.R. Hypnoanalysis. New York: Grune & Stratton, 1964.
Yalom, I.D. Existential Psychotherapy. New York: Basic Books, 1980; dt.: *Existentielle Psychotherapie*. Edition Humanistische Psychologie, Köln 1989.
Zeig, J. (Ed.). *Ericksonian Approaches to Hypnosis and Psychotherapy*, New York: Brunner/Mazel, 1982.
—. (Ed.) *Ericksonian Psychotherapy. Vol. II; Clinical Applications*. New York: Brunner/Mazel, 1985.
Zilbergeld, B. The Shrinking of America. Boston, MA: Little Brown, 1983.
Zukav, G. The Dancing Wu Li Masters. New York: Bantam Books, 1979; dt.: *Die tanzenden Wu Li Meister*. Rowohlt, Reinbek 1985.

Mind Games Seiner ART

MILTON H. ERICKSON
ERNEST L. ROSSI

DER FEBRUARMANN

Persönlichkeits- und
Identitätsentwicklung
in Hypnose

1991, 380 Seiten, kart.
DM 48,-
ISBN 3-87387-033-9

Rossi hat ein vollständiges Transkript einer Therapie Ericksons ausgegraben und es mit gehaltvollen Kommentaren und Gesprächen zwischen Erickson und Rossi verziert. In dieser Form reflektiert es die reichhaltige Mikrodynamik der Behandlung, die mehr als drei Jahrzehnte zuvor durchgeführt wurde. Dieses ist nicht *irgendeine* Therapie – es ist der *Februarmann*, eine von Ericksons erfinderischsten Behandlungen...
– *Jeffrey K. Zeig*

Rossis wertvollster Beitrag zum Verständnis des „reinen" Ericksons in dessen Blütezeit. Ein wunderbarer

Bericht über Ericksons einzigartigen Ansatz der Hypnotherapie, die ihren Höhepunkt in der Entwicklung einer erweiterten Identität der Patientin findet. – *Kay F. Thompson*

Der Februarmann kann in bezug auf Ericksons Arbeit mit einer Phobie das repräsentieren, was der Fall Dora in bezug auf die Arbeit Sigmund Freuds repräsentiert. – *Jay Haley*

...eine der zentralen Grundlagen des NLP - von der „Veränderung der persönlichen Geschichte" bis zum „Decision Destroyer"! – *Thies Stahl*

Der Autor: Milton H. Erickson ist der weltweit anerkannte Begründer der modernen Hypnotherapie.

JUNFERMANN VERLAG • **Postfach 1840**
4790 Paderborn • **Telefon 0 52 51/3 40 34**